今注本二十四史

晋書

二五

載記〔三〕

唐 房玄齡等 撰

梁滿倉 主持校注

中国社会科学出版社

晋書　卷一一五

載記第十五

苻丕　苻登 索泮 徐嵩

苻丕

苻丕，字永叔，[1]堅之長庶子也。少而聰慧好學，博綜經史。堅與言將略，嘉之，命鄧羌教以兵法。文武才幹亞于苻融，爲將善收士卒情，出鎮于鄴，[2]東夏安之。

[1]苻丕，字永叔：中華本校勘記："《斠注》：《御覽》一二二引《十六國春秋·前秦録》《魏書·苻健傳》'永叔'均作'永敘'。'叔'與'敘'形近致譌，疑當作'敘'。按：《册府》二一九、《通志》一八九亦並作'敘'，'叔'字當訛。"

[2]鄴：縣名，曹魏五都之一。治所在今河北省臨漳縣西南。

堅敗歸長安，[1]丕爲慕容垂所逼，[2]自鄴奔枋頭。[3]堅之死也，丕復入鄴城，將收兵趙魏，[4]西赴長安。會幽州刺史王永、平州刺史苻冲頻爲垂將平規等所敗，[5]乃遣昌黎太守宋敞焚燒和龍、薊城宫室，[6]率衆三萬進屯壺關，[7]遣使招丕。丕乃去鄴，率男女六萬餘口進如潞川。[8]驃騎張蚝、并州刺史王騰迎之，[9]入據晉陽，[10]始知堅死問，[11]舉哀于晉陽，三軍縞素。王永留苻冲守壺關，率騎一萬會丕，勸稱尊號，丕從之，乃以太元十年僭即皇帝位于晉陽南。立堅行廟，大赦境内，改元曰太安。[12]置百官，以張蚝爲侍中、司空，[13]封上黨郡公；王永爲使持節、侍中、都督中外諸軍事、車騎大將軍、尚書令，[14]進封清河公；王騰爲散騎常侍、中軍大將軍、司隸校尉、陽平郡公；[15]苻冲爲左光禄大夫、尚書左僕射、西平王；[16]俱石子爲衛將軍、濮陽公；[17]楊輔爲尚書右僕射、濟陽公；[18]王亮爲護軍將軍、彭城公；[19]强益耳、梁暢爲侍中，徐義爲吏部尚書，[20]並封縣公。自餘封授各有差。

[1]長安：縣名，治所在今陝西省西安市西北。

[2]慕容垂：字道明，本書卷一二三有載記。

[3]枋頭：地名，在今河南省浚縣西南淇門渡。

[4]趙魏：指戰國時趙國和魏國故地。今山西及河北兩省南部。

[5]幽州：治所在薊縣（今北京市西南）。　平州：治所在襄平縣（今遼寧省遼陽市）。

[6]昌黎：郡名，治所在昌黎縣（今遼寧省義縣）。　和龍：和龍城，又名黄龍城、龍都。即今遼寧省朝陽市。　薊城：薊縣城，位於今北京市西南。薊，宋本作“蒯”。

[7]壺關：縣名，治所在今山西省長治市北。

[8]潞川：亦稱潞水，即今山西省濁漳河。

[9]驃騎：官名，即驃騎將軍。西漢時爲重號將軍，東漢以後，居諸名號將軍之首，僅作爲軍府名號加授大臣或重要州郡長官。晉二品，開府位從公者一品。　并州：治所在晉陽縣（今山西省太原市西南）。

[10]晉陽：縣名，治所在今山西省太原市西南。

[11]死問：死亡的消息。

[12]改元曰太安：中華本校勘記："《御覽》一二二引《前秦録》'太安'作'太平'，《通鑑》一〇六又作'大安'。"

[13]侍中：官名，東漢建安中與給事黄門侍郎出入禁中，省尚書事。曹魏時爲門下之侍中省長官。常侍衛皇帝左右，掌顧問應對、諫諍糾察、平議奏事、駁奏異議等，權力甚重。晉三品。　司空：官名，魏晉南北朝爲名譽宰相，多爲大臣加官。晉八公之一，位在三公之末。晉一品。

[14]使持節：漢朝官吏奉使外出時，或由皇帝授予節杖，以提高其權力。魏晉以後，凡重要軍事長官出征或出鎮，加使持節，可誅殺二千石以下官員。　都督中外諸軍事：官名，亦稱都督中外諸軍。全國最高軍事統帥，總統中央地方的内外諸軍，權力極大。　車騎大將軍：官名，西晉置，位在車騎將軍之上，多授予元老重臣，以示尊崇。開府置僚屬，一般不領兵。晉二品，開府位從公者一品。　尚書令：官名，秦漢時爲尚書署長官。秩位雖低，權力甚重。魏晉時沿置，爲尚書省長官，綜理全國政務，參議大政，爲高級政務長官。晉三品。

[15]散騎常侍：官名，三國魏文帝黄初年間置，侍從皇帝左右，諫諍得失，顧問應對，與侍中等共平尚書奏事。也用作宰相、諸公等加官，入宫議政。晉三品。　中軍大將軍：官名，三國魏文帝黄初年間置，地位顯要，禄與特進同。晉二品，開府位從公者一品。　司隸校尉：官名，三國魏時先治弘農，後治河南，轄司州所屬河南、河東、河内、弘農、平陽五郡。掌監察京師，糾察京都百官。西晉沿置。晉三品。

［16］左光禄大夫：官名，齊王曹芳正始元年（240）在光禄大夫上增置左、右，位在光禄大夫上。在朝顯職的加官，或授予年老有病致仕者，或授予死者。西晋時禄賜與特進同。晋二品，開府位從公者一品。　尚書左僕射：官名，尚書省次官，輔助尚書令執行政務，參議大政，諫諍得失，監察糾彈百官。有時尚書省不置令，衹設左右僕射，此時左僕射居右僕射之上。晋三品。

［17］衛將軍：官名，魏晋時位在名號將軍之上，多爲軍府名號，加給大臣、重要州郡長官。晋二品，開府位從公者一品。

［18］尚書右僕射：官名，尚書令副手，掌拆閲封緘奏章文書，參議政事，諫諍駁議，監察百官。位在左僕射之下。晋三品。

［19］護軍將軍：官名，東漢建安十二年（207）曹操改丞相府護軍爲中護軍，資重者可遷護軍將軍，典武官選舉，與中領軍同掌禁軍。曹魏時四品，西晋時三品。

［20］吏部尚書：官名，三國魏時爲尚書省吏部曹長官，位居列曹尚書之上。晋三品。

是時安西吕光自西域還師，[1]至于宜禾，[2]堅凉州刺史梁熙謀閉境距之。[3]高昌太守楊翰言於熙曰：[4]“吕光新定西國，兵强氣鋭，其鋒不可當也。度其事意，必有異圖。且今關中擾亂，[5]京師存亡未知，[6]自河已西迄于流沙，[7]地方萬里，帶甲十萬，鼎峙之勢實在今日。若光出流沙，其勢難測。高梧谷口，[8]水險之要，宜先守之而奪其水。彼既窮渴，自然投戈。如其以遠不守，伊吾之關亦可距也。[9]若度此二要，雖有子房之策，[10]難爲計矣。地有所必争，真此機也。”熙弗從。美水令犍爲張統説熙曰：[11]“主上傾國南討，覆敗而還。慕容垂擅兵河北，泓、冲寇逼京師，[12]丁零雜虜，[13]跋扈關洛，[14]州郡奸豪，所在風扇，王綱弛絶，人懷利己。今吕光回師，將軍何以抗也？”[15]熙曰：“誠深憂之，未知計之所出。”統曰：“光雄果勇毅，明略絶人，今以蕩西域之威，擁歸師之鋭，鋒若猛火之盛於原，弗可敵也。將軍世受殊恩，忠誠夙著，立勛王室，宜在於今。行唐公洛，上之從弟，勇冠一時。爲將軍計者，莫若奉爲盟主，以攝衆望，推忠義以總率群豪，則光無異心也。資其精鋭，東兼毛興，連王統、楊璧，集四州之衆，掃凶逆於諸夏，寧帝室於關中，此桓文之舉也。”[16]熙又不從。殺洛于西海，[17]以子胤爲鷹揚將軍，[18]率衆五萬距光于酒泉。[19]敦煌太守姚静、晋昌太守李純以郡降光。[20]胤及光戰于安彌，[21]爲光所敗。武威太守彭濟執熙迎光，[22]光殺之。建威、西郡太守索泮，[23]奮威、督洪池已南諸軍事、酒泉太守宋皓等，[24]並爲光所殺。

[1]安西：官名，即安西將軍。東漢建安年間置，與安東、安南、安北將軍合稱四安將軍，爲出鎮某一地區的軍事長官，或作爲刺史等兼理軍務的加官，權任頗重。晋三品，加持節都督者二品。 吕光：字世明，本書卷一二二有載記。 西域：古代對玉門關以西地區的總稱。狹義西域指葱嶺以東，廣義則指通過狹義西域所到達的地區。

[2]宜禾：縣名，治所在今甘肅省瓜州縣南。

[3]涼州：東漢治所在隴縣（今甘肅省張家川回族自治縣），三國魏移治姑臧縣（今甘肅省武威市）。

[4]高昌：郡名，治所在高昌城（今新疆維吾爾自治區吐魯番市東南高昌廢址）。

[5]關中：地區名，函谷關以西秦國故地，包括今河南省靈寶

市以西及陝西省、甘肅省東部和四川省部分地區。

［6］京師：國都。《春秋公羊傳·桓公九年》："京師者何？天子之居也。"

［7］流沙：西域地區。

［8］高梧谷：位於今新疆維吾爾族自治區吐魯番市西北。

［9］伊吾：縣名，治所在今甘肅省瓜州縣北。

［10］子房：張良，秦末人，字子房，韓國貴族後裔。隨劉邦起兵反秦，爲重要謀士。屢出奇策，被劉邦譽爲"運籌帷幄之中，決勝千里之外"。劉邦稱帝後封爲留侯。

［11］美水：縣名，確址不詳。　犍爲：郡名，治所在武陽縣（今四川省眉山市彭山區東）。

［12］泓：慕容泓，昌黎棘城（今遼寧省義縣西）人，慕容儁之子，十六國時西燕創建者。　冲：慕容冲，小字鳳凰，昌黎棘城（今遼寧省義縣西）人，慕容儁之子。西燕國主。

［13］丁零：古民族名。又稱"丁令""丁靈"。漢時爲匈奴屬國，游牧於我國北部和西北部廣大地區。魏晋南北朝時有部分進入中原。

［14］關洛：指潼關至洛陽地區。

［15］何以抗也：也，宋本作"之"。

［16］桓：齊桓公，春秋時齊國國君，名小白，僖公之子，襄公之弟。公元前685至前643年在位。爲公子時因國家内亂出走至莒，襄公死後被迎回立爲國君。在位時任用管仲，改革内政，國力漸强。九合諸侯，尊王攘夷，成爲春秋五霸之首。　文：晋文公，名重耳，晋獻公之子，因受迫害而流亡在外十九年，歷盡艱難險阻。回國即位後改革朝政，加强軍備，國力漸强，終成春秋五霸之一。

［17］西海：今青海湖。

［18］鷹揚將軍：官名，雜號將軍中地位較高者，曾作爲荆州、兖州等州刺史的加官。晋五品。

[19]酒泉：郡名，西漢武帝置，治所在福禄縣（今甘肅省酒泉市）。

[20]敦煌：郡名，治所在敦煌縣（今甘肅省敦煌市西）。 晋昌：郡名，治所在冥安縣（今甘肅省瓜州縣鎖陽城）。 降光：殿本作“降之”，宋本作“光降”。

[21]安彌：縣名，治所在今甘肅省酒泉市東。

[22]武威：郡名，西漢武帝置，治所在姑臧縣（今甘肅省武威市）。

[23]建威：官名，即建威將軍。領兵征戰，曹魏、孫吴、西晋皆置。晋四品。 西郡：治所在日勒縣（今甘肅省永昌縣西北）。

[24]奮威：官名，即奮威將軍。爲雜號將軍。晋四品。 督洪池已南諸軍事：洪池嶺以南地區軍事行政長官，位低於都督和監。洪池，即洪池嶺，位於今甘肅省武威市東南。

堅尚書令、魏昌公苻纂自關中來奔，拜太尉，[1]進封東海王。以中山太守王兖爲平東將軍、平州刺史，[2]阜城侯苻定爲征東將軍、冀州牧，[3]高城侯苻紹爲鎮東將軍、督冀州諸軍事，[4]重合侯苻謨爲征西將軍、幽州牧，[5]高邑侯苻亮爲鎮北大將軍、督幽并二州諸軍事，[6]並進爵郡公。[7]定、紹據信都，[8]謨、亮先據常山，[9]慕容垂之圍鄴城也，並降于垂，聞丕稱尊號，遣使謝罪。王兖固守博陵，[10]與垂相持。左將軍竇衝、秦州刺史王統、河州刺史毛興、益州刺史王廣、南秦州刺史楊壁、衛將軍楊定，[11]並據隴右，[12]遣使招丕，請討姚萇。[13]丕大悦，以定爲驃騎大將軍、雍州牧，[14]衝爲征西大將軍、梁州牧，[15]統鎮西大將軍，[16]興車騎大將軍，壁征南大將軍，[17]並開府儀同三司，[18]加散騎常侍，廣安西將軍，皆進位州牧。

［1］太尉：官名，曹操爲丞相後，太尉府屬官歸相府，晋時太尉雖爲八公之一、三公之首，實爲名譽宰相，多爲大臣加官。晋一品。

［2］平東將軍：官名，與平北、平南、平西將軍合稱四平將軍，權任很重，多持節都督或監某一地區的軍事，有時亦作爲刺史等地方官員兼理軍務的加官。晋三品，加持節都督者二品。

［3］征東將軍：官名，東漢末置，與征西、征南、征北將軍合稱四征將軍。魏晋時多爲持節都督，出鎮方面。晋三品，加持節都督者二品。　冀州：治所在房子縣（今河北省高邑縣西南）。

［4］鎮東將軍：官名，東漢建安年間置，與鎮西、鎮南、鎮北將軍合稱四鎮將軍，多爲持節都督，出鎮方面。曹魏二品。晋三品，加持節都督者二品。　督冀州諸軍事：冀州地區軍事行政長官，位低於都督和監。

［5］征西將軍、幽州牧：中華本校勘記：“周校：幽州不當爲征西。按下文云‘征北苻謨’，知‘西’乃‘北’之誤。”征西將軍，官名，東漢永元年間置，地位與雜號將軍、偏將軍、裨將軍等同。建安年間與征東、征南、征北將軍合稱四征將軍，地位提高。晋三品，加持節都督者二品。

［6］鎮北大將軍：官名，三國蜀、吴置，職掌與鎮北將軍同，唯資歷深者得任此職，不常置。晋二品，開府位從公者一品。　督幽并二州諸軍事：上述二州軍事行政長官，位低於都督和監。

［7］“以中山太守王兖”至“並進爵郡公”：中華本此處標點爲：以中山太守王兖爲平東將軍、平州刺史、阜城侯，苻定爲征東將軍、冀州牧、高城侯，苻紹爲鎮東將軍、督冀州諸軍事、重合侯，苻謨爲征西將軍、幽州牧、高邑侯，苻亮爲鎮北大將軍、督幽并二州諸軍事，並進爵郡公。今注按：依中華本標點，以上王兖、

苻定、苻紹、苻謨、苻亮五人剛封侯，即“並進爵郡公”，似不合理。實考王兖從未封阜城侯，此阜城侯乃指苻定，見卷一一三《苻堅載記下》、《通鑑》卷一〇五孝武帝太元九年四月；高城侯乃指苻紹，《通鑑》卷一〇五孝武帝太元九年四月作“高城男”；重合侯乃指苻謨，高邑侯乃指苻亮，均見卷一一三《苻堅載記下》、《通鑑》卷一〇五孝武帝太元九年四月。所以，此處阜城侯、高城侯、重合侯、高邑侯不應上屬，而應下屬。

[8]信都：縣名，治所在今河北省衡水市冀州區。

[9]常山：郡名，治所在真定縣（今河北省石家莊市）。

[10]博陵：郡名，東漢桓帝置，治所在博陵縣（今河北省蠡縣南），西晋改爲國，治所在安平縣（今河北省安平縣）。

[11]左將軍：官名，漢代爲重號將軍，與前、後、右將軍並爲上卿。魏晋時爲常設官職，權位較兩漢漸低，僅爲武官名號，略高於一般雜號將軍，不典禁兵。晋三品。　秦州：治所在天水郡（治所在今甘肅省天水市）。　河州：治所在枹罕縣（今甘肅省臨夏市西南）。　益州：治所在成都縣（今四川省成都市）。
南秦州：十六國前秦置，治所在仇池（今甘肅省成縣西南）。

[12]隴右：地區名，指今甘肅省隴山以西地區。

[13]姚萇：字景茂，本書卷一一六有載記。

[14]驃騎大將軍：官名，魏晋制度，驃騎將軍爲重號將軍，僅次於大將軍，高於諸名號將軍，本不需加“大”字。然兩晋時將軍名號越授越濫，遂又增置此號，居諸名號將軍之首。多加於權臣元老，以示尊崇。開府置僚屬，不領兵。晋二品，開府位從公者一品。　雍州：治所在長安（今陝西西安市西北）。

[15]征西大將軍：官名，屬將軍名號，多授予統兵出鎮在外，都督數州諸軍事者。位在征西將軍之上。晋二品，開府位從公者一品。　梁州：治所在今陝西省漢中市東。

[16]鎮西大將軍：官名，三國魏置，職掌與鎮西將軍同，唯資歷深者得任此職，不常置。晋二品，開府位從公者一品。

[17]征南大將軍：官名，屬將軍名號，多授予統兵出鎮在外，都督數州諸軍事者。位在征南將軍之上。晋二品，開府位從公者一品。

[18]開府儀同三司：官名，三國魏始置。爲大臣加號，意謂與太尉、司徒、司空三司待遇相同，許開設府署，任命僚屬。

於是王永宣檄州郡曰："大行皇帝棄背萬國，[1]四海無主。征東大將軍、長樂公，[2]先帝元子，聖武自天，受命荆南，威振衡海，分陝東都，[3]道被夷夏，仁澤光于宇宙，德聲侔于下武。[4]永與司空蚝等謹順天人之望，以季秋吉辰奉公紹承大統，銜哀即事，栖谷總戎，[5]枕戈待旦，志雪大耻。慕容垂爲封豕于關東，[6]泓冲繼凶于京邑，致乘輿播越，[7]宗社淪傾。羌賊姚萇，我之牧士，乘釁滔天，親行大逆，有生之巨賊也。永累葉受恩，世荷將相，不與驪山之戎、滎澤之狄共戴皇天，[8]同履厚土。諸牧伯公侯或宛沛宗臣，[9]或四七勛舊，[10]豈忍捨破國之醜豎，縱殺君之逆賊乎！主上飛龍九五，實協天心，靈祥休瑞，史不輟書，投戈效義之士三十餘萬，少康、光武之功可旬朔而成。[11]今以衛將軍俱石子爲前軍師，[12]司空張蚝爲中軍都督。[13]武將猛士，風烈雷震，志殄元凶，義無他顧。永謹奉乘輿，恭行天罰。君臣終始之義，[14]在三忘軀之誠，[15]戮力同之，以建晋鄭之美。"[16]

[1]大行皇帝：剛死而尚未定謚號的皇帝。

[2]征東大將軍：官名，三國魏文帝黄初三年（222）置，職

掌與征東將軍同，但位在其上，多統兵出鎮方面，都督數州軍事。不常置。晋二品，開府位從公者一品。

[3]分陝：西周初周公旦、召公奭分陝而治，周公治陝以東，召公治陝以西。

[4]下武：謂有聖德能繼先王功業。《詩·大雅·下武》："下武維周，世有哲王。"鄭玄箋："下，猶後也。哲，知也。後人能繼先祖者，維有周家最大。"

[5]栖谷總戎：寄身山谷，統領軍隊。

[6]封豕：大猪，比喻貪暴者。　關東：地區名，指函谷關或潼關以東地區。

[7]乘輿播越：皇帝流徙。

[8]驪山：位於今陝西省西安市臨潼區東南。　滎澤：古湖名。又稱泂澤。春秋屬衛國，位於今河南省浚縣西。

[9]宛沛宗臣：皇室宗臣。宛爲東漢光武帝劉秀家鄉，沛爲漢高祖劉邦家鄉。

[10]四七勛舊：開國功臣。東漢開國功臣雲臺二十八將。《文選·張衡〈東京賦〉》："我世祖忿之，乃龍飛白水，鳳翔參墟，授鉞四七，共工是除。"李善注："四七，二十八將也。"

[11]少康：夏王，相之子。夏太康失位，后羿取代夏政，寒浞又殺后羿。夏相之后緡逃回母家，生少康。後夏臣伯靡聚衆殺寒浞，迎少康復位。史稱"少康中興"。

[12]前軍師：官名，丞相府主要僚屬，在中軍師下，參議軍國大事。三國魏、蜀漢、十六國前燕、前秦均置。

[13]中軍都督：官名，統兵征討，三國孫吴、十六國前秦、北朝北魏均置。

[14]終始之義：終始，殿本乙作"始終"。

[15]在三：尊敬君父師。典出《國語·晋語一》："'民生於三，事之如一。'父生之，師教之，君食之。非父不生，非食不長，非教不知，生之族也，故一事之，唯其所在，則致死焉。"韋昭注：

“三，君、父、師也。”

［16］晋鄭之美：春秋初期晋文侯和鄭武公，二人曾爲輔翼東周的功臣。

先是，慕容驎攻王兖于博陵，至是糧竭矢盡，郡功曹張猗逾城聚衆應驎。[1]兖臨城數之曰：“卿，秦之人也。吾，卿之君也。起衆應賊，號稱義兵，何名實相違之甚！卿兄往合鄉宗，親逐城主，天地不容，爲世大戮。身滅未幾，卿復續之。卿見爲吾吏，親尋干戈，競爲戎首，爲爾君者，不亦難乎！今人可取卿一切之功，[2]寧能忘卿不忠不孝之事！古人有云，求忠臣必出孝子之門，卿母在城，不能顧之，何忠義之可望！惡不絶世，卿之謂也。不圖中州禮義之邦，而卿門風若斯。卿去老母如脱屣，吾復何論哉！”既而城陷，兖及固安侯苻鑒並爲驎所殺。

［1］功曹：官名，即功曹史。郡縣屬官，職掌人事，參與郡縣政務。兩晋時，不開府將軍、太子二傅、特進、郡縣皆置。

［2］今人可取卿一切之功：可，原本、殿本作“何”，宋本作“可”，據宋本、中華本校勘記改。

丕復以王永爲司徒、録尚書事，[1]徐義爲尚書令，加右光禄大夫。[2]

［1］司徒：官名，西漢哀帝元壽二年（前1）改丞相爲大司徒，東漢光武帝時改名爲司徒，東漢末又改爲丞相。三國魏恢復三公制，改丞相爲司徒，管理民政。兩晋沿制，爲八公之一，在太尉之

下、司空之上。與丞相通職，一般不並置，爲名譽宰相。晋一品。錄尚書事：官名，初爲職銜名，重臣加此名義始得總知國事，綜理政務，成爲真宰相。魏晋多以公卿權重者居之，總領尚書省政務，凡重號將軍、刺史皆得命曹授用，位在三公之上。

[2]右光禄大夫：官名，齊王曹芳正始元年（240）在光禄大夫上增置左、右，位在光禄大夫上。在朝顯職的加官，或授予年老有病致仕者，或授予死者。西晋時禄賜與特進同。晋二品，開府位從公者一品。宋本無“右”字。

初，王廣還自成都也，[1]奔其兄秦州刺史統。及長安不守，廣攻河州牧毛興于枹罕。[2]興遣建節將軍、臨清伯衛平率其宗人千七百夜襲廣軍，[3]大敗之。王統復遣兵助廣，興於是嬰城固守。既而襲王廣，敗之，廣亡奔秦州，爲隴西鮮卑匹蘭所執，[4]送詣姚萇。興既敗王廣，謀伐王統，平上邽。[5]枹罕諸氐皆窘於兵革而疲不堪命，乃殺興，推衛平爲使持節、安西將軍、河州刺史，遣使請命。

[1]成都：縣名，治所在今四川省成都市。

[2]枹罕：縣名，治所在今甘肅省臨夏縣西南。

[3]建節將軍：官名，東漢末建安年間曹操置，三國魏、十六國一些政權及北魏皆置。

[4]隴西：郡名，治所原在狄道縣（今甘肅省臨洮縣），曹魏時徙治襄武縣（今甘肅省隴西縣東南）。

[5]上邽：縣名，治所在今甘肅省天水市。

刁雲殺慕容忠，乃推慕容永爲使持節、大都督中外諸軍事、大將軍、大單于、雍秦梁凉四州牧、録尚書事、河東王，[1]稱藩于垂。征東苻定、鎮東苻紹、征北苻謨、鎮北苻亮皆降于慕容垂。[2]

[1]慕容永：字叔明，十六國時西燕國主，被後燕慕容垂攻殺。　大都督中外諸軍事：官名，都督中外諸軍事爲全國最高軍事統帥，總統中央地方的内外諸軍，權力極大。在都督中外諸軍事上加"大"，地位極高。　大將軍：官名，高級軍事統帥。曹魏時多以之屯駐長安，對付蜀漢，蜀漢以其爲最高軍事長官，孫吴則别置上大將軍居其上。西晋時爲八公之一，位居上公、大司馬下，三公之上。東晋時常專擅軍政事務。晋一品。　大單于：本匈奴最高首領名，十六國時期一些少數民族政權亦置。

[2]征北：官名，即征北將軍。與征東、征西、征南將軍合稱四征將軍。三國魏蜀吴、兩晋皆置，出鎮方面，地位顯要。晋三品，加持節都督者二品。　鎮北：官名，即鎮北將軍。東漢建安年間置，與鎮西、鎮南、鎮東將軍合稱四鎮將軍，多爲持節都督，出鎮方面。曹魏二品。晋三品，加持節都督者二品。

丕又進王永爲左丞相，[1]苻纂爲大司馬，[2]張蚝爲太尉，王騰爲驃騎大將軍、儀同三司，[3]徐義爲司空，苻冲爲車騎大將軍、尚書令、儀同三司，俱石子爲衛大將軍、尚書左僕射，[4]領官皆如故。永又檄州郡曰："昔夏有窮夷之難，[5]少康起焉；王莽毒殺平帝，世祖重光漢道；百六之運，[6]何代無之！天降喪亂，羌胡猾夏，先帝晏駕賊庭，京師鞠爲戎穴，神州蕭條，生靈塗炭。天未亡秦，社稷有奉。主上聖德恢弘，道侔光武，所在宅心，天人歸屬，必當隆中興之功，復配天之美。姚萇殘虐，慕容垂凶暴，所過滅户夷烟，毁發丘墓，毒遍存亡，痛纏幽顯，雖黄巾之害於九州，赤眉之暴于四海，方之未爲甚也。今素秋將及，行師令辰，公侯牧守，壘主鄉豪，或戮力國家，乃心王室，各率所統，以孟冬上旬會大駕于臨晋。"[7]於是天水姜延、馮翊寇明、河東王昭、新平張晏、京兆杜敏、扶風馬郎、建忠高平牧官都尉王敏等咸承檄起兵，[8]各有衆數萬，遣使應丕。皆就拜將軍、郡守，封列侯。冠軍鄧景擁衆五千據彭池，[9]與竇衝爲首尾，擊萇平凉太守金熙。[10]安定北部都尉鮮卑没奕于率鄯善王胡員吒、護羌中郎將梁苟奴等，[11]與萇左將軍姚方成、鎮遠强京戰于孫丘谷，[12]大敗之。

[1]左丞相：官名，魏晋南北朝時丞相有時分左右，此時地位高於右丞相。

[2]大司馬：官名，八公之一，位在上公之下、大將軍及三公之上，高級將帥，多爲大臣加官。晋一品。

[3]儀同三司：即開府儀同三司。

[4]衛大將軍：官名，高級統帥，地位在衛將軍上。十六國北朝一些政權均置。

[5]窮夷之難：夏代有窮之君，名羿，因居東夷，故稱夷羿。太康無道，夏衰，羿因夏民以代夏政。後因溺於田獵，不修民事，爲寒浞所殺。事見《左傳·襄公四年》。

[6]百六：灾難。古代道家稱天厄爲"陽九"，地厄爲"百六"。《文選·袁宏〈三國名臣序贊〉》："百六道喪，干戈迭用。"吕延濟注："四千六百一十七歲爲一元，一百六歲曰陽九之厄。"因以"陽九百六"指灾難或厄運。

[7]臨晋：縣名，治所在今陝西省渭南市大荔縣東南朝邑鎮

西南。

［8］天水：郡名，東漢、三國魏治所在冀縣（今甘肅省甘谷縣東南），西晋治所在上邽縣（今甘肅省天水市）。　馮翊：郡名，三國魏以左馮翊改置，治所在臨晋縣（今陝西省大荔縣）。　河東：郡名，治所在安邑縣（今山西省夏縣西北禹王城）。　新平：郡名，治所在漆縣（今陝西省彬州市）。　京兆：郡名，治所在長安縣（今陝西省西安市西北）。　扶風：封國名，治所在郿縣（今陝西省眉縣東渭河北岸）。　建忠：官名，即建忠將軍，統兵。東漢末置，十六國後秦、後凉、西秦、北凉、北朝北魏皆置。　高平：郡名，治所在昌邑縣（今山東省巨野縣南）。　牧官都尉：官名，三國魏置，掌管邊郡苑馬的牧養。下設司馬。西晋改置典牧都尉。十六國前秦復置。晋六品。

［9］冠軍：官名，即冠軍將軍。曹魏、孫吴、西晋皆置。西晋時領營兵。晋三品。　彭池：位於今甘肅省鎮原縣東。

［10］平凉：郡名，治所在平凉縣（今甘肅省平凉市西北）。

［11］安定：郡名，西漢置，治所在高平縣（今寧夏回族自治區固原市），東漢治所在臨涇縣（今甘肅省鎮原縣東南），東晋治所在安定縣（今甘肅省涇川縣北）。　北部都尉：官名，因安定郡較大，分南北二部，各置都尉一人，統郡國兵，負責地方治安。　鄯善：西域國名，國都在伊循城（今新疆維吾爾自治區若羌縣東）。　護羌中郎將：官名，掌管西部羌人事務。

［12］鎮遠：官名，即鎮遠將軍。統兵，臨時所設，事畢即罷。　孫丘谷：位於今甘肅省平凉市東南。

枹罕諸氐以衛平年老，不可以成事業，議廢之，而憚其宗强，連日不决。氐有啖青者，謂諸將曰：“大事宜定，東討洮萇，不可沈吟猶豫。一旦事發，反爲人害。諸軍但請衛公會集衆將，青爲諸軍决之。”衆以爲然。於是大饗諸將，青抽劍而前曰："今天下大亂，豺狼塞路，吾曹今日可謂休戚是同，非賢明之主莫可濟艱難也。衛公朽耄，不足以成大事，宜反初服，以避賢路。狄道長苻登雖王室疏屬，[1]而志略雄明，請共立之，以赴大駕。諸君若有不同者，便下異議。"乃奮劍攘袂，將斬貳己者，衆皆從之，莫敢仰視。於是推登爲帥，遣使於丕請命。丕以登爲征西大將軍、開府儀同三司、南安王、持節及州郡督因其所稱而授之。[2]又以徐義爲右丞相。[3]

[1]狄道：縣名，治所在今甘肅省臨洮縣。

[2]持節：官員外出持有皇帝授予的節杖，代表高等權威，常用於軍事長官出征。

[3]右丞相：官名，魏晋南北朝時丞相有時分左右，此時地位低於左丞相。

丕留王騰守晋陽，楊輔戍壺關，率衆四萬進據平陽。[1]王統以秦州降姚萇。慕容永以丕至平陽，恐不自固，乃遣使求假道還東，丕弗許。遣王永及苻纂攻之。以俱石子爲前鋒都督，[2]與慕容永戰于襄陵。[3]王永大敗，永及石子皆死之。

[1]平陽：郡名，治所在平陽縣（今山西省臨汾市西南）。

[2]前鋒都督：前鋒部隊的統帥。

[3]襄陵：縣名，治所在今山西省臨汾市東南古城莊。

初，苻纂之奔丕也，部下壯士三千餘人，丕猜而忌之。及永之敗，懼爲纂所殺，率騎數千南奔東垣。[1]晋揚威將軍馮該自陝要擊，[2]敗之，斬丕首，執其太子寧、長樂王壽，送于京師，朝廷赦而不誅，歸之於苻宏。徐義爲慕容永所獲，械埋其足，將殺之。義誦《觀世音經》，至夜中，土開械脱，於重禁之中若有人導之者，遂奔楊佺期，[3]佺期以爲洛陽令。苻纂及弟師奴率丕餘衆數萬，奔據杏城。[4]苻登稱尊號，僞謚丕爲哀平皇帝。丕之臣佐皆没慕容永，永乃進據上黨之長子，[5]僭稱大號，改元曰中興。丕在位二年而敗。

[1]東垣：縣名，治所在今山西省垣曲縣東南。

[2]揚威將軍：官名，雜號將軍，領兵。晋四品。

[3]楊佺期：本書卷八四有傳。

[4]杏城：杏城鎮，在今陝西省黄陵縣西南。

[5]上黨：郡名，治所在潞縣（今山西省黎城縣南）。　長子：縣名，治所在今山西省長子縣西南。

苻登

登，字文高，堅之族孫也。父敞，健之世爲太尉司馬、隴東太守、建節將軍，[1]後爲苻生所殺。堅即僞位，追贈右將軍、涼州刺史，[2]以登兄同成嗣。毛興之鎮上邽，以爲長史。登少而雄勇，有壯氣，粗險不修細行，故堅弗之奇也。長而折節謹厚，頗覽書傳。拜殿上將軍，稍遷羽林監、揚武將軍、長安令，[3]坐事黜爲狄道長。

[1]太尉司馬：官名，太尉府的高級幕僚。掌参讚軍務、管理府内武職，位僅次於長史。晋六品。　隴東：郡名，治所在秦汧縣故城（今陝西省隴縣東南）。

[2]右將軍：官名，漢代重號將軍之一，與前、左、後將軍並爲上卿。魏晋時常設，權位漸低，僅爲武官名號，略高於一般雜號將軍。晋三品。

[3]羽林監：官名，東漢置羽林左右監，三國魏不分左右，祇置一監，領營兵，掌宿衛。五品。　揚武將軍：官名，統兵出征。晋四品。

及關中亂，去縣歸毛興。同成言於興，請以登爲司馬，常在營部。登度量不群，好爲奇略，同成常謂之曰："汝聞不在其位，不謀其政，無數干時，將爲博識者不許。吾非疾汝，恐或不喜人妄豫耳，自是可止。汝後得政，[1]自可專意。"時人聞同成言，多以爲疾登而抑蔽之。登乃屏迹不妄交游。興有事則召之，戲謂之曰："小司馬可坐評事。"登出言輒析理中，興内服焉，然敬憚而不能委任。姚萇作亂，遣其弟碩德率衆伐毛興，相持久之。興將死，告同成曰："與卿累年共擊逆羌，事終不克，何恨之深！可以後事付卿小弟司馬，殄碩德者，必此人也。卿可换攝司馬事。"

[1]汝後得政：政，原本、殿本作"意"，宋本作"政"，據宋本改。

登既代衛平，遂專統征伐。是時歲旱衆飢，道殣相望，登每戰殺賊，名爲熟食，謂軍人曰："汝等朝戰，暮便飽肉，何憂於飢！”士衆從之，噉死人肉，輒飽健能鬭。姚萇聞之，急召碩德曰：“汝不來，必爲苻登所食盡。”碩德於是下隴奔萇。

及丕敗，丕尚書寇遺奉丕子渤海王懿、濟北王昶自杏城奔登。[1]登乃具丕死問，[2]於是爲丕發喪行服，三軍縞素。登請立懿爲主，衆咸曰：“渤海王雖先帝之子，然年在幼冲，未堪多難。國亂而立長君，春秋之義也。三虜跨僭，寇旅殷强，豺狼梟獍，[3]舉目而是，[4]自古厄運之極，莫甚於斯。大王挺劍西州，鳳翔秦隴，偏師暫接，[5]姚萇奔潰，一戰之功，可謂光格天地。宜龍驤武奮，拯拔舊京，以社稷宗廟爲先，不可顧曹臧、吴札一介微節，[6]以失圖運之機，不建中興之業也。”登於是以太元十一年僭即皇帝位，大赦境内，改元曰太初。

[1]尚書：官名，東漢尚書臺六曹各置尚書，秩六百石。魏晋出爲朝官，分掌尚書省諸曹，品秩提高。晋三品。　渤海：郡名，西漢置，治所在浮陽縣（今河北省滄州市東南舊滄州），西晋治所在南皮縣（今河北省南皮縣東北）。　濟北：郡國名，治所在盧子城（今山東省平陰縣舊東阿東北）。　杏城：杏，宋本作“幸”。

[2]具丕死問：知道了苻丕的死訊。

[3]梟獍：舊説梟爲惡鳥，生而食母；獍爲惡獸，生而食父。比喻忘恩負義之徒或狠毒的人。

[4]舉目而是：目，殿本作“日”。

[5]偏師：偏，殿本作“徧”。

[6]曹臧：春秋時曹國人，名子臧。《左傳·成公十五年》：諸侯將見子臧于王而立之，子臧辭曰：“《前志》有之，曰：‘聖達節，次守節，下失節。’爲君，非吾節也。雖不能聖，敢失守乎？”遂

逃，奔宋。　吴札：春秋時吴國人，名季札。《左傳·襄公十四年》：吴王諸樊將立季札。季札辭曰："曹宣公之卒也，諸侯與曹人不義曹君，將立子臧。子臧去之，遂弗爲也，以成曹君。君子曰：'能守節。'君，義嗣也。誰敢奸君？有國，非吾節也。札雖不才，願附於子臧，以無失節。"　一介微節：微不足道的風節。

立堅神主于軍中，載以輜軿，[1]羽葆青蓋，[2]車建黄旗，武賁之士三百人以衛之，將戰必告，凡欲所爲，啓主而後行。繕甲纂兵，將引師而東，乃告堅神主曰："維曾孫皇帝臣登，以太皇帝之靈恭踐寶位。昔五將之難，賊羌肆害于聖躬，實登之罪也。今合義旅，衆餘五萬，精甲勁兵，足以立功，年穀豐穰，足以資贍。即日星言電邁，直造賊庭，奮不顧命，隕越爲期，庶上報皇帝酷冤，下雪臣子大耻。惟帝之靈，降監厥誠。"因歔欷流涕。將士莫不悲慟，皆刻鉾鎧爲"死休"字，示以戰死爲志。每戰以長矟鈎刃爲方圓大陣，知有厚薄，從中分配，故人自爲戰，所向無前。

[1]輜軿：輜車和軿車。泛指有屏蔽的車子。
[2]羽葆：帝王儀仗中以鳥羽聯綴爲飾的華蓋。

初，長安之將敗也，堅中壘將軍徐嵩、屯騎校尉胡空各聚衆五千，[1]據險築堡以自固，而受姚萇官爵。及萇之害堅，嵩等以王禮葬堅于二堡之間。至是，各率衆降登。拜嵩鎮軍將軍、雍州刺史，[2]空輔國將軍、京兆尹。[3]登復改葬堅以天子之禮。又僭立其妻毛氏爲皇后，弟懿爲皇太弟。遣使拜苻纂爲使持節、侍中、都督中外諸軍事、太師,[4]領大司馬,進封魯王,纂弟師奴爲撫軍大將軍、并州牧、朔方公。[5]纂怒謂使者曰:“渤海王世祖之孫,先帝之子,南安王何由不立而自尊乎?”纂長史王旅諫曰:[6]“南安已立,理無中改。賊虜未平,不可宗室之中自爲仇敵,願大王遠踪光武推聖公之義,[7]梟二虜之後,徐更圖之。”纂乃受命。於是貳縣虜帥彭沛穀、屠各董成、張龍世、新平羌雷惡地等盡應之,[8]有衆十餘萬。纂遣師奴攻上郡羌酋金大黑、金洛生,[9]大黑等逆戰,大敗之,斬首五千八百。

[1]中壘將軍:官名,三國魏置。初領中壘營兵,正始六年(245)曹芳解散中壘營後,僅作爲名號。晋四品。　屯騎校尉:官名,北軍五校尉之一,隸屬中領軍,掌本營騎士,戍衛京師。晋四品。

[2]鎮軍將軍:官名,三國時始置,西晋罷又復置。位在鎮軍大將軍下,與中軍將軍、撫軍將軍並爲三名號將軍,位比四鎮將軍。晋三品。

[3]輔國將軍:官名,屬將軍名號,三國兩晋皆置。十六國前秦亦置。晋三品。　京兆尹:官名,京畿地方行政長官,職掌如郡守,但地位高於郡守。晋三品。

[4]太師:官名,八公之一、上公之首,位在太傅、太保之上,居百官之首,名位極尊。晋一品。

[5]撫軍大將軍:官名,三國魏文帝始置,皇帝出征,總管留守事。晋二品,開府位從公者一品。

[6]長史:官名,掌顧問參謀,爲所在官署掾屬之長。魏晋南北朝時王府、公府、軍府、邊郡均置。晋八至六品。

[7]聖公：即劉玄，新莽末南陽蔡陽（今湖北省棗陽市西南）人，字聖公。劉秀族兄。新莽末投靠平林軍，爲安集掾。地皇四年（23）正月，號更始將軍，旋被擁立爲帝，建元更始，都宛城。後投降赤眉軍，封長沙王。最終爲赤眉軍所殺。

[8]貳縣：《資治通鑑》卷一一五《晋紀》安帝義熙五年胡三省注："貳城，貳縣城也，在杏城西北，平凉東南。"貳縣，原本、殿本作"二縣"，宋本作"貳縣"，據宋本改。　屠各：又稱休屠各、休著屠各等。匈奴部落名。後漢至西晋雜居西北沿邊諸郡。《後漢書》卷七三《公孫瓚傳》："續爲屠各所殺。"李賢注："屠各，胡號。"唐長孺先生對此有考論。（參見唐長孺《魏晋南北朝史論叢・魏晋雜胡考》，河北教育出版社 2000 年版）

[9]上郡：治所在膚施縣（今陝西省榆林市東南）。

登以竇衝爲車騎大將軍、南秦州牧，楊定爲大將軍、益州牧，楊璧爲司空、梁州牧。

苻纂敗姚碩德于涇陽，[1]姚萇自陰密距纂，[2]纂退屯敷陸。[3]竇衝攻萇汧、雍二城，[4]克之，斬其將軍姚元平、張略等。[5]又與萇戰于汧東，爲萇所敗。登次于瓦亭。[6]萇攻彭沛穀堡，[7]陷之，沛穀奔杏城，萇還陰密。[8]登征虜、馮翊太守蘭犢率衆二萬自頻陽入于和寧，[9]與苻纂首尾，將圖長安。師奴勸其兄纂稱尊號，纂不從，乃殺纂，自立爲秦公。蘭犢絶之，皆爲姚萇所敗。

[1]涇陽：縣名。治所在今甘肅省平凉市西北。

[2]陰密：縣名，治所在今甘肅省靈臺縣西南。

[3]敷陸：地名，在今陝西省洛川縣東南鄜城一帶。

[4]汧：縣名，治所在今陝西省隴縣東南。　雍：縣名，治所在今陝西省鳳翔縣西南豆腐村。

[5]姚元平：元，宋本作“方”。

[6]瓦亭：地名，在今寧夏回族自治區隆德縣東北。

[7]彭沛穀堡：《資治通鑑》卷一〇七《晋紀》孝武帝太元十二年胡三省注：“彭沛穀，盧水胡也，立堡於貳縣。杜佑曰：杏城在坊州西。”

[8]萇遷陰密：中華本校勘記：“《通鑑》一〇七‘遷’作‘還’。上云‘姚萇自陰密拒纂’，疑作‘還’是。”

[9]征虜：即征虜將軍，既是武官名，也作爲高級文職官員的加官。晋三品。　頻陽：縣名，治所在今陝西省富平縣東北美原鎮西南。　和寧：地名，疑在今陝西省宜君縣境。

登進據胡空堡，戎夏歸之者十有餘萬。姚萇遣其將軍姚方成攻陷徐嵩堡，[1]嵩被殺，悉坑戎士。登率衆下隴入朝那，[2]姚萇據武都相持，[3]累戰互有勝負。登軍中大飢，收葚以供兵士。立其子崇爲皇太子，弁爲南安王，尚爲北海王。姚萇退還安定。登就食新平，留其大軍于胡空堡，率騎萬餘圍萇營，四面大哭，哀聲動人。萇惡之，乃命三軍哭以應登，登乃引退。

[1]徐嵩堡：《讀史方輿紀要》卷五四《陝西三·邠州》：“胡空堡，在州（今陝西省彬州市）西南。空，苻秦將也。其西又有徐嵩堡。秦敗，二人皆築壘自守，堡因以名。”

[2]朝那：縣名，治所在今寧夏回族自治區固原市東南。

[3]武都：郡名，治所在下辯縣（今甘肅省成縣西）。

萇以登頻戰輒勝，謂堅有神驗，亦於軍中立堅神主，請曰："往年新平之禍，非萇之罪。臣兄襄從陝北渡，[1]假路求西，狐死首丘，[2]欲暫見鄉里。陛下與苻眉要路距擊，不遂而没。襄敕臣行殺，非臣之罪。苻登陛下末族，尚欲復讎，臣爲兄報耻，於情理何負！昔陛下假臣龍驤之號，謂臣曰：'朕以龍驤建業，卿其勉之！'明詔昭然，言猶在耳。陛下雖過世爲神，豈假手于苻登而圖臣，忘前征時言邪！今爲陛下立神象，可歸休於此，勿計臣過，聽臣至誠。"登進師攻萇，既而升樓謂萇曰："自古及今，安有殺君而反立神象請福，望有益乎！"大呼曰："殺君賊姚萇出來，吾與汝決之，何爲枉害無辜！"萇懼而不應。萇自立堅神象，戰未有利，軍中每夜驚恐，乃嚴鼓斬象首以送登。

[1]陝：縣名，治所在今河南省三門峽市陝州區。

[2]狐死首丘：《禮記·檀弓上》："古之人有言曰：'狐死正丘首'，仁也。"鄭玄注："正丘首，正首丘也。"孔穎達疏："所以正首而向丘者，丘是狐窟穴根本之處，雖狼狽而死，意猶向此丘。"此作故鄉之思。

登將軍竇洛、竇于等謀反發覺，出奔于萇。登進討彭池不克，攻彌姐營及繁川諸堡，[1]皆克之。萇連戰屢敗，乃遣其中軍姚崇襲大界，登引師要之，大敗崇于安丘，[2]俘斬二萬五千。進攻萇將吴忠、唐匡于平凉，克之，以尚書苻碩原爲前禁將軍、滅羌校尉，[3]戍平凉。登進據苟頭原以逼安定。[4]萇率騎三萬夜襲大界營，陷之，殺登妻毛氏及其子弁、尚，擒名將數十人，驅掠男女五萬餘口而去。

[1]繁川：地名，亦作樊川，亦稱樊鄉，在今陝西省西安市東南。

[2]安丘：地名，在今甘肅省靈臺縣境。

[3]前禁將軍：官名，十六國前秦置，四禁將軍之一。統兵駐於京師，亦經常率軍出征。　滅羌校尉：官名，爲對抗後秦姚萇所設。

[4]苟頭原：地名，在今甘肅省涇川縣東。

登收合餘兵，退據胡空堡，遣使賫書加竇衝大司馬、驃騎將軍、前鋒大都督、都督隴東諸軍事，[1]楊定左丞相、上大將軍、都督中外諸軍事，[2]楊璧大將軍、都督隴右諸軍事。[3]遣衝率見衆爲先驅，自繁川趣長安。登率衆從新平逕據新豐之千户固。[4]使定率隴上諸軍爲其後繼，璧留守仇池。[5]又命其并州刺史楊政、冀州刺史楊楷率所統大會長安。萇遣其將軍王破虜略地秦州，楊定及破虜戰於清水之格奴坂，[6]大敗之。登攻張龍世于鴦泉堡，[7]姚萇救之，登引退。萇密遣其將任瓫、宗度詐爲内應，[8]遣使招登，許開門納之。登以爲然。雷惡地馳謂登曰："姚萇多計略，善御人，必爲奸變，願深宜詳思。"登乃止。萇聞惡地之詣登也，謂諸將曰：[9]"此羌多奸智，今其詣登，事必無成。"登聞萇懸門以待之，大驚，謂左右曰："雷征東其殆聖乎！微此公，朕幾爲豎子所誤。"萇攻陷新羅堡。[10]扶風太守齊益男奔登。[11]登將軍路柴、强武等並以衆降於萇。登攻萇將張業生于隴東，萇救之，不克而退。登將軍魏褐飛攻姚當成于杏城，爲萇所殺。

[1]前鋒大都督：官名，前鋒部隊的統帥。　都督隴東諸軍事：隴東地區最高軍事行政長官。

[2]上大將軍：官名，位在大將軍之上。

[3]都督隴右諸軍事：隴右地區最高軍事行政長官。宋本“都督”下有“中外”二字。

[4]新豐：縣名，治所在今陝西省西安市臨潼區東北。　千户固：在今陝西省西安市臨潼區西。

[5]仇池：位於今甘肅省西和縣西仇池山上，又名百頃池。

[6]清水：縣名，治所在今甘肅省清水縣西北。　格奴坂：地名，在今甘肅省清水縣境。

[7]鶩泉堡：確址不詳。

[8]任瓫：瓫，原本作“瓮”，宋本、殿本作“瓫”，據宋本、殿本改。

[9]謂諸將曰：宋本無“曰”字。

[10]新羅堡：位於今陝西省眉縣東南。

[11]扶風太守齊益男奔登：原本、宋本、殿本“扶風太守”上有“萇”字。中華本校勘記：“《通鑑》一〇七稱：‘後秦主萇攻秦扶風太守齊益男於新羅堡，克之，益男走。’則益男乃苻登之扶風太守。疑此‘萇’字衍。”此校所疑可以《十六國春秋》實證之。《十六國春秋》卷四〇《前秦録·苻登傳》：“太初五年春三月，萇攻陷新羅堡，扶風太守齊益男棄郡奔還登。”今據改。（參見李之亮、許華偉《〈晋書〉、〈十六國春秋〉對堪劄記》，《鄭州大學學報》1998 年第 3 期）

馮翊郭質起兵廣鄉以應登，[1]宣檄三輔曰："義感君子，利動小人。吾等生逢先帝堯舜之化，累世受恩，非常伯納言之子，[2]即卿校牧守之胤，而可坐視豺狼忍害君父！裸尸薦棘，痛結幽泉，山陵無松隧之兆，靈主無清廟之頌，賊臣莫大之甚，自古所未聞。雖茹荼之苦，[3]銜蓼之辛，[4]何以諭之！姚萇窮凶肆害，毒被人神，於圖讖曆數萬無一分，而敢妄竊重名，厚顔瞬息，日月固所不照，二儀實亦不育。皇天雖欲絶之，亦將假手于忠節。凡百君子，皆夙漸神化，有懷義方，含耻而存，孰若蹈道而没乎！"衆咸然之。唯鄭縣人苟曜不從，[5]聚衆數千應姚萇。登以質爲平東將軍、馮翊太守。[6]質遣部將伐曜，大敗而歸。質乃東引楊楷，以爲聲援，又與曜戰于鄭東，[7]爲曜所敗，[8]遂歸于萇，萇以爲將軍，質衆皆潰散。

[1]廣鄉：地名，在今陝西省渭南市華州區西。

[2]常伯：皇帝近臣泛稱。《尚書·主政》："王左右常伯、常任。"孔穎達疏："王之親近左右，常所長事，謂三公也。"　納言：侍中的别稱。職掌傳宣上命，受納奏言。

[3]茹荼：茹荼，吃苦菜。比喻受尽苦難。

[4]銜蓼：咬着辛菜。蓼，辛菜。

[5]鄭縣：治所在今陝西省渭南市華州區。

[6]平東將軍：平東，原本、殿本作"東平"，宋本作"平東"，據宋本改。

[7]鄭東：鄭縣東。

[8]所敗：宋本"所"下有"戰"字。

登自雍攻萇將金温于范氏堡,[1]克之，遂渡渭水，攻萇京兆太守韋范于段氏堡,[2]不克，進據曲牢。[3]苟曜有衆一萬，據逆方堡,[4]密應登，登去曲牢繁川，次于馬頭原。[5]萇率騎來距，大戰敗之，斬其尚書吴忠，進攻新平。萇率衆救之，登引退，復攻安定，爲萇所敗，據路承堡。[6]

[1]金温：中華本校勘記："《通鑑》一〇七作'金榮'。" 范氏堡：確址待考，疑位於今陝西省鳳翔縣、咸陽市間渭河北岸。

[2]段氏堡：确址待考，疑位於今陝西省西安市西北渭水南岸。

[3]曲牢：曲牢城，位於今陝西省西安市長安區境。

[4]據逆方堡：中華本校勘記："周校：'逆方堡'，《姚萇載記》作'逆萬堡'，疑'萬'古作'万'而誤爲'方'也。按：《御覽》二九三引《十六國春秋》、《通典》一五四並作'萬'，周説是。"

[5]馬頭原：地名，疑在今陝西省西安市附近。

[6]路承堡：確址待考，疑位於今甘肅省涇川縣、陝西省彬州市之間地區。

是時萇疾病，見苻堅爲祟。登聞之，秣馬厲兵，告堅神主曰："曾孫登自受任執戈，幾將一紀，未嘗不上天錫祐，皇鑒垂矜，所在必克，賊旅冰摧。今太皇帝之靈降灾疢于逆羌,[1]以形類推之，醜虜必將不振。登當因其隕斃，順行天誅，拯復梓宫，謝罪清廟。"於是大赦境内，百寮進位二等。與萇將姚崇争麥于清水，累爲崇所敗。進逼安定，去城九十餘里。萇疾小瘳，率衆距登，登去營逆萇，萇遣其將姚熙隆别攻登營，登懼，退還。萇夜引軍過登營三十餘里以躡登後。旦而候人告曰：[2]"賊諸營已空，不知所向。"登驚曰："此爲何人，去令我不知，來令我不覺，謂其將死，忽然復來，朕與此羌同世，何其厄哉！"遂罷師還雍。

[1]灾疢：灾難疾病。

[2]候人：偵查敵情的士兵。

以竇衝爲右丞相。尋而衝叛，自稱秦王，建年號。登攻之于野人堡，[1]衝請救於姚萇，萇遣其太子興攻胡空堡以救之。登引兵還赴胡空堡，衝遂與萇連和。

[1]野人堡：位於今陝西省蒲城縣西北。

至是萇死，登聞之喜曰："姚興小兒，吾將折杖以笞之。"於是大赦，盡衆而東，攻屠各姚奴、帛蒲二堡，[1]克之，自甘泉向關中。興追登不及數十里，登從六陌趣廢橋，[2]興將尹緯據橋以待之。[3]登爭水不得，衆渴死者十二三。與緯大戰，爲緯所敗，其夜衆潰，登單馬奔雍。

[1]姚奴：姚奴堡，確址待考，疑位於今陝西省彬州市境。帛蒲：帛蒲堡，疑位於姚奴堡附近。

[2]六陌：地名，在今陝西省乾縣西北。　廢橋：位於今陝西省乾縣西北。

[3]尹緯：字景亮，本書卷一一八有載記。

初，登之東也，留其弟司徒廣守雍，太子崇守胡空堡。廣、崇聞登敗，出奔，衆散。登至，無所歸，遂奔平涼，收集遺衆入馬毛山。[1]興率衆攻之，登遣子汝陰王宗質于隴西鮮卑乞伏乾歸，[2]結婚請援，乾歸遣騎二萬救登。登引軍出迎，與興戰于山南，爲興所敗，登被殺。在位九年，時年五十二。崇奔于湟中，[3]僭稱尊號，改元延初。僞謚登曰高皇帝，廟號太宗。崇爲乾歸所逐，崇、定皆死。[4]

[1]馬毛山：位於今甘肅省平涼市西。

[2]乞伏乾歸：十六國時西秦主，本書卷一二五有載記。

[3]湟中：指今青海省湟水兩岸地區。

[4]崇、定皆死：中華本校勘記："《斠注》：《御覽》一二二引《前秦録》，崇奔於楊定，帥衆二萬攻乾歸，爲乾歸所敗，崇、定皆死。是'定'爲楊定，《載記》漏書楊定，不詳始末。按：乾歸敗斬楊定，亦見《乾歸載記》。此處先未見楊定，忽云'崇、定皆死'，令人不解定是何人。"

始，健以穆帝永和七年僭立，至登五世，凡四十有四歲，以孝武帝太元十九年滅。

索泮，字德林，敦煌人也。世爲冠族。泮少時游俠，及長，變節好學，有佐世才器。張天錫輔政，[1]以泮爲冠軍、記室參軍。[2]天錫即位，拜司兵，[3]歷位禁中録事。[4]執法御掾，[5]州府肅然，郡縣改迹。遷羽林左監，[6]有勤幹之稱。出爲中壘將軍、西郡武威太守、典戎校尉。[7]政務寬和，戎夏懷其惠，天錫甚敬之。苻堅見而嘆曰："凉州信多君子!"既而以泮河西德望，拜别駕。[8]

[1]張天錫：字純嘏，本書卷八六有傳。

[2]記室參軍：官名，又稱記室參軍事。西晋始置，爲記室曹長官，掌文書表奏。

[3]司兵：十六國前凉置，掌軍務，率兵出征。

[4]禁中録事：官名，十六國前凉置，掌宫禁中文書文簿。

[5]執法御掾：官名，十六國前凉置，掌刑律。

[6]羽林左監：官名，隸屬羽林中郎將，主管羽林左騎。晋五品。

[7]典戎校尉：官名，十六國前凉置，掌管少數民族事務。

[8]别駕：官名，别駕從事、别駕從事史省稱。州部佐官，因從刺史行部，别乘傳車，故稱。位居州吏之右。

吕光既克姑臧，[1]泮固郡不降，光攻而獲之。光曰："孤既平西域，將赴難京師，梁熙無狀，絶孤歸路，此朝廷之罪人，卿何意阻郡固迷，自同元惡!"泮厲色責光曰："將軍受詔討叛胡，可受詔亂凉州邪？寡君何罪，而將軍害之？泮但苦力寡，不能固守以報君父之仇，豈如逆氐彭濟望風反叛！主滅臣死，禮之常也。"乃就刑于市，神色不變。

[1]姑臧：縣名，治所在今甘肅省武威市。

弟菱有雋才，仕張天錫爲執法中郎、冗從右監。[1]

苻堅世至伏波將軍、典農都尉,[2]與泮俱被害。

[1]執法中郎：官名，十六國前凉置，職掌不詳。　冗從右監：官名，十六國前凉置，職掌不詳。

[2]伏波將軍：官名，屬名號將軍，地位較高。晋五品。　典農都尉：官名，掌管屯田事務，管理所部吏民，相當於縣令。晋七品。

徐嵩，字元高，盛之子也。少以清白著稱。苻堅時舉賢良，爲郎中,[1]稍遷長安令，貴戚子弟犯法者，嵩一皆考竟，請託路絶。堅甚奇之，謂其叔父成曰：“人爲長吏，故當應耳。此年少落落，有端貳之才。”[2]遷守始平郡,[3]甚有威惠。

[1]郎中：官名，尚書省郎曹長官。位次尚書、左右丞，分曹執行政務。與“尚書郎”互稱。晋六品。

[2]端貳：尚書僕射的别稱。

[3]守：暫時署理職務。多指官階低而署理較高的官職。　始平：郡名，治所在槐里縣（今陝西省興平市）。

及壘陷，姚方成執而數之，嵩厲色謂方成曰：“汝姚萇罪應萬死，主上止黄眉之斬而宥之，叨據内外，位爲列將，無犬馬識養之誠，首爲大逆。汝曹羌輩豈可以人理期也！何不速殺我，早見先帝，取姚萇於地下。”方成怒，三斬嵩，漆其首爲便器。登哭之哀慟，贈車騎大將軍、儀同三司，謚曰忠武。

史臣曰：自兩京殄覆，九土分崩，赤縣成蛇豕之墟，紫宸遷鼃黽之穴，[1]干戈日用，戰争方興，猶逐鹿之並驅，若瞻烏之靡定。苻洪擅鑾陬之桀黠，乘羯虜之危亡，乃附款江東而志圖關右，禍生蠆毒，[2]未逞狼心。健既承家，克隆凶緒，率思歸之衆，投山西之隙，據億丈之巖險，總三秦之果鋭，敢窺大寶，遂竊鴻名，校數奸雄，有可言矣。長生慘虐，禀自率由。睹辰象之灾，謂法星之夜飲；忍生靈之命，疑猛虎之朝飢。但肆毒於刑殘，曾無心於戒懼。招亂速禍，不亦宜乎！

[1]紫宸：宫殿，指朝廷。　鼃（wā）黽（měng）：蛙類動物。

[2]蠆毒：蠆尾之毒。亦比喻禍害、毒害。

永固雅量瓌姿，[1]變夷從夏，叶魚龍之謡咏，挺草付之休徵，克翦奸回，纂承僞曆，遵明王之德教，闡先聖之儒風，撫育黎元，憂勤庶政。王猛以宏材緯軍國，苻融以懿戚贊經綸，[2]權、薛以諒直進規謨，鄧、張以忠勇恢威略，雋賢效足，[3]杞梓呈才，[4]文武兼施，德刑具舉。乃平燕定蜀，擒代吞凉，跨三分之二，[5]居九州之七，遐荒慕義，幽險宅心，因止馬而獻歌，託栖鸞以成頌，因以功侔曩烈，豈直化洽當年！雖五胡之盛，莫之比也。

[1]雅量瓌姿：氣度宏大，風姿瑰瑋。

[2]懿戚贊經綸：皇親國戚贊襄治理國家。

[3]效足：足，宋本作“能”。

[4]杞梓：杞和梓，兩木皆良材。比喻優秀人才。

[5]三分之二：宋本作“二分之二”。

既而足以夸世，愎諫違謀，輕敵怒鄰，窮兵黷武。懟三正之未叶，[1]耻五運之猶乖，[2]傾率土之師，起滔天之寇，負其犬羊之力，肆其吞噬之能。自謂戰必勝，攻必取，便欲鳴鑾禹穴，駐蹕疑山，疏爵以侯楚材，築館以須歸命。曾弗知人道助順，神理害盈，雖矜涿野之强，[3]終致昆陽之敗。[4]遂使凶渠候隙，狡寇伺間，步摇啓其禍先，[5]燒當乘其亂極，[6]宗社遷於他族，身首罄於賊臣，貽戒將來，取笑天下，豈不哀哉！豈不謬哉！

[1]懟三正之未協：怨恨天地人之正道不協和。

[2]耻：宋本作“取”。　五運：據五行生克説推算出的王朝興替的氣運。

[3]涿野：涿鹿之野。黄帝與蚩尤戰於涿野。

[4]昆陽：縣名，治所在今河南省葉縣。劉秀大敗王莽軍的地方。

[5]步摇：古代妇女附在簪钗上的一种首饰。《釋名·釋首饰》：“步摇上有垂珠，步則摇動也。”此指慕容鮮卑。

[6]燒當：漢代西羌部族名。《後漢書》卷八七《西羌傳》：“元帝時，彡姐等七種羌寇隴西，遣右將軍馮奉世擊破降之。從爰劍種五世至研，研最豪健，自後以研爲種號。十三世至燒當，復豪健，其子孫更以燒當爲種號。”

苻丕承亂僭竊，尋及傾敗，斯可謂天之所廢，[1]人不能支。苻登集離散之兵，厲死休之志，雖衆寡不敵，難以立功，而義烈慷慨，有足稱矣。

[1]天之所廢：之，原本、殿本作“人”，宋本作“之”，據宋本改。

贊曰：洪惟壯勇，威棱氐種。健藉世資，遂雄關隴。長生昏虐，敗不旋踵。永固禎祥，肇自龍驤。垂旒負扆，竊帝圖王。患生縱敵，亂起矜强。丕登僭假，淪胥以亡。[1]

[1]淪胥：淪喪。

晋書　卷一一六

載記第十六

姚弋仲　姚襄　姚萇

姚弋仲

姚弋仲，南安赤亭羌人也。[1]其先有虞氏之苗裔。[2]禹封舜少子于西戎，世爲羌酋。其後燒當雄於洮罕之間，[3]七世孫填虞，漢中元末寇擾西州，[4]爲楊虚侯馬武所敗，[5]徙出塞。虞九世孫遷那率種人内附，漢朝嘉之，假冠軍將軍、西羌校尉、歸順王，[6]處之于南安之赤亭。那玄孫柯迴爲魏鎮西將軍、綏戎校尉、西羌都督。[7]迴生弋仲，少英毅，不營産業，唯以收恤爲務，衆皆畏而親之。永嘉之亂，東徙榆眉，[8]戎夏繦負隨之者數萬，自稱護西羌校尉、雍州刺史、扶風公。[9]

[1]南安：郡名，治所在獂道縣（今甘肅省隴西縣東南）。赤亭：位於今甘肅省隴西縣西。

[2]有虞氏：即舜。舜的後裔爲夏代諸侯，稱有虞（今河南省

虞城縣西南)。

［3］燒當：漢代西羌部族名。《後漢書》卷八七《西羌傳》："元帝時，彡姐等七種羌寇隴西，遣右將軍馮奉世擊破降之。從爰劍種五世至研，研最豪健，自後以研爲種號。十三世至燒當，復豪健，其子孫更以燒當爲種號。"　洮罕：指洮水（今甘肅省黄河支流洮河)、枹罕（今甘肅省臨夏縣西南)。

［4］西州：地區名，泛指涼州，相當於今甘肅中部與西北部。

［5］馬武：東漢初南陽湖陽（今河南省唐河縣西南）人，字子張，曾任更始政權振威將軍，後依附劉秀。歷任侍中、騎都尉，屢立戰功，封楊虚侯。明帝初任捕虜將軍，大破西羌。爲雲臺二十八將之一。

［6］冠軍將軍：官名，曹魏、孫吴、西晋皆置。西晋時領營兵。晋三品。　西羌校尉：官名，亦作護西羌校尉。掌西北羌人事務，鎮姑臧。晋四品。

［7］鎮西將軍：官名，與鎮東、鎮南、鎮北將軍合稱四鎮將軍。多爲持節都督，出鎮方面。曹魏二品。晋改三品，加持節都督者二品。　綏戎校尉：官名，三國曹魏置，授予羌人首領。　西羌都督：官名，三國曹魏置，授予羌人首領，管理羌人事務。

［8］榆眉：榆眉城，位於今陝西省千陽縣東。

［9］雍州：治所在長安縣（今陝西省西安市西北)。

劉曜之平陳安也，[1]以弋仲爲平西將軍，[2]封平襄公，邑之于隴上。[3]及石季龍克上邽，[4]弋仲説之曰："明公握兵十萬，功高一時，正是行權立策之日。隴上多豪，秦風猛勁，道隆後服，道洿先叛，宜徙隴上豪强，虚其心腹，以實畿甸。"季龍納之，啓勒以弋仲行安西將軍、六夷左都督。[5]後晋豫州刺史祖約奔於勒，[6]勒禮待之，弋仲上疏曰："祖約殘賊晋朝，逼殺太后，不忠於主，而陛下寵之，臣恐奸亂之萌，此其始矣。"勒善之，後竟誅約。

[1]劉曜：字永明，本書卷一〇三有載記。　陳安：十六國時劉曜部下，後叛劉曜，襲汧城，士馬雄盛，衆十餘萬，自稱使持節、大都督、假黄鉞、大將軍、雍涼秦梁四州牧、凉王。後爲劉曜征討，被殺於隴城。安善於撫接，吉凶夷險與衆同之，及其死，隴上歌之曰："隴上壯士有陳安，軀幹雖小腹中寬，愛養將士同心肝。驪驄父馬鐵瑕鞍，七尺大刀奮如湍，丈八蛇矛左右盤，十蕩十决無當前。戰始三交失蛇矛，棄我驪驄竄巖幽，爲我外援而懸頭。西流之水東流河，一去不還奈子何！"

[2]平西將軍：官名，與平北、平南、平東將軍合稱四平將軍，權任很重，多持節都督或監某一地區的軍事，有時亦作爲刺史等地方官員兼理軍務的加官。晋三品，加持節都督者二品。

[3]隴上：地區名，泛指今陝北、甘肅及其以西一帶地方。

[4]石季龍：即石虎，字季龍，本書卷一〇六有載記。　上邽：縣名，治所在今甘肅省天水市。

[5]行：兼攝官職。　安西將軍：官名，東漢建安年間置，與安東、安南、安北將軍合稱四安將軍，爲出鎮某一地區的軍事長官，或作爲刺史等兼理軍務的加官，權任頗重。晋三品，加持節都督者二品。　六夷左都督：官名，十六國後趙置，管理少數民族事務。

[6]豫州：治所在陳縣（今河南省周口市淮陽區）。　祖約：字士少，本書卷一〇〇有傳。

勒既死，季龍執權，思弋仲之言，遂徙秦雍豪傑於關東。[1]弋仲率步衆數萬遷於清河，[2]拜奮武將軍、西羌大都督，[3]封襄平縣公。及季龍廢石弘自立，弋仲稱疾不賀。季龍累召之，乃赴，正色謂季龍曰："奈何把臂受託而反奪之乎！"季龍憚其强正而不之責。遷持節、十郡六夷大都督、冠軍大將軍。[4]性清儉鯁直，不修威儀，屢獻讜言，無所回避，季龍甚重之。朝之大議，靡不參決，公卿亦憚而推下之。武城左尉，[5]季龍寵姬之弟也，曾擾其部，弋仲執尉，數以迫脅之狀，命左右斬之。尉叩頭流血，左右諫，乃止。其剛直不回，皆此類也。

[1]秦：州名，治所在上邽縣（今甘肅省天水市）。　關東：地區名，指今函谷關或潼關以東地區。

[2]步衆：步，宋本作"部"。　清河：郡名，治所在清河縣（今山東省臨清市東北）。

[3]奮武將軍：官名，雜號將軍，地位較高。晋四品。　西羌大都督：官名，十六國後趙置，統率本部羌人。

[4]持節：官員外出持有皇帝授予的節杖，代表高等權威，常用於軍事長官出征。　冠軍大將軍：官名，統兵征伐，與冠軍將軍職責同，地位高於冠軍將軍。十六國後趙、前凉、後凉、西秦皆置。晋二品，開府位從公者一品。

[5]武城：縣名，治所在今山東省武城縣西北。　左尉：官名，大縣設左右尉，縣令佐官。

季龍末，梁犢敗李農於滎陽，[1]季龍大懼，馳召弋仲。弋仲率其步衆八千餘人屯於南郊，輕騎至鄴。[2]時季龍病，不時見弋仲，引入領軍省，賜其所食之食。弋仲怒不食，曰："召我擊賊，豈來覓食邪！我不知上存亡，若一見，雖死無恨。"左右言之，乃引見。弋仲數季龍曰：“兒死來愁邪？乃至於疾！兒小時不能使好人輔相，至令相殺。兒自有過，責其下人太甚，故反耳。汝病久，所立兒小，若不差，天下必亂。當宜憂此，不煩憂賊也。犢等因思歸之心，共爲奸盜，所行殘賊，此成擒耳。老羌請效死前鋒，使一舉而了。”弋仲性狷直，[3]俗無尊卑皆汝之，季龍恕而不責，於坐授使持節、侍中、征西大將軍，[4]賜以鎧馬。弋仲曰：“汝看老羌堪破賊以不？”於是貫鉀跨馬于庭中，策馬南馳，不辭而出，遂滅梁犢。以功加劍履上殿，入朝不趨，進封西平郡公。

[1]滎陽：縣名，治所在今河南省滎陽市東北。

[2]鄴：縣名，曹魏五都之一。治所在今河北省臨漳縣西南。

[3]狷直：直，原本、宋本、殿本作“且”，據中華本改。

[4]使持節：漢朝官吏奉使外出時，或由皇帝授予節杖，以提高其權力。魏晉以後，凡重要軍事長官出征或出鎮，加使持節，可誅殺二千石以下官員。　侍中：官名，東漢建安中與給事黄門侍郎出入禁中，省尚書事。曹魏時爲門下之侍中省長官。常侍衛皇帝左右，掌顧問應對、諫諍糾察、平議奏事、駁奏異議等，權力甚重。晉三品。　征西大將軍：官名，屬將軍名號，多授予統兵出鎮在外，都督數州諸軍事者。位在征西將軍之上。晉二品，開府位從公者一品。

冉閔之亂，[1]弋仲率衆討閔，次於混橋。[2]石祗僭號于襄國，[3]以弋仲爲右丞相，[4]待以殊禮。祗與閔相攻，弋仲遣其子襄救祗，戒襄曰：“汝才十倍於閔，若不梟擒，不須復見我也。”襄擊閔於常盧澤，[5]大破之而歸。

弋仲怒襄之不擒閔也，杖之一百。

［1］冉閔：字永曾，本書卷一〇七有載記。

［2］混橋：位於今河北省臨漳縣西南故鄴城東北。

［3］石祗：十六國後趙國君，石虎庶子。石閔殺石鑒自立，石祗聞而在襄國稱帝。石閔率軍十萬攻打襄國，石祗懼而去帝號，稱趙王。後爲部將劉顯所殺。　襄國：縣名，治所在今河北省邢臺市。

［4］右丞相：官名，魏晋南北朝時丞相有時分左右，此時地位低於左丞相。

［5］常盧澤：中華本校勘記："《冉閔載記》、《通鑑》九九'常盧'作'長蘆'。《水經·濁漳水》注見'長蘆水'。字當作'長'。'常'，蓋當後秦史臣避姚萇嫌名而改，唐人未及回改者。"

弋仲部曲馬何羅博學有文才，張豺之輔石世也，背弋仲歸豺，豺以爲尚書郎。[1]豺敗，復歸，咸勸殺之。弋仲曰："今正是招才納奇之日，當收其力用，不足害也。"以爲參軍。[2]其寬恕如此。

［1］尚書郎：官名。東漢之制，取孝廉中之有才能者入尚書臺，在皇帝左右處理政務，初入臺稱守尚書郎中，滿一年稱尚書郎，滿三年稱侍郎。魏晋以後尚書各曹有侍郎、郎中等官，綜理職務，通稱爲尚書郎。晋六品。

［2］參軍：官名，亦作參軍事，謂參謀軍事。兩晋公府、軍府皆置。

弋仲有子四十二人，常戒諸子曰："吾本以晋室大亂，石氏待吾厚，故欲討其賊臣以報其德。今石氏已滅，中原無主，自古以來未有戎狄作天子者。我死，汝便歸晋，當竭盡臣節，無爲不義之事。”乃遣使請降。永和七年，拜弋仲使持節、六夷大都督、都督江淮諸軍事、車騎大將軍、儀同三司、大單于，[1]封高陵郡公。八年，卒，時年七十三。

[1]六夷大都督：官名，東晋置，督統北方各少數民族。　都督江淮諸軍事：中華本校勘記：“《御覽》一二三引《後秦録》、《通鑑》九九‘江淮’作‘江北’。胡《注》：‘江北’恐當作‘河北’。按：江淮爲東晋根本重地，地域甚廣，豈能以都督授弋仲。戈仲時在清河，亦未必使其都督江北。胡説疑是。”　車騎大將軍：官名，西晋置，位在車騎將軍之上，多授予元老重臣，以示尊崇。開府置僚屬，一般不領兵。晋二品，開府位從公者一品。　儀同三司：官名，即開府儀同三司。三國魏始置。爲大臣加號，意謂與太尉、司徒、司空三司待遇相同，許開設府署，任命僚屬。　大單于：本匈奴最高首領名，十六國時期一些少數民族政權亦置。

子襄之入關也，爲苻生所敗，[1]弋仲之柩爲生所得，生以王禮葬之于天水冀縣。[2]萇僭位，追謚曰景元皇帝，廟號始祖，墓曰高陵，置園邑五百家。

[1]苻生：字長生，本書卷一一二有載記。

[2]天水：郡名，東漢、三國魏治所在冀縣（今甘肅省甘谷縣東南），西晋治所在上邽縣（今甘肅省天水市）。　冀縣：治所在今甘肅省甘谷縣東南。

姚襄

襄，字景國，弋仲之第五子也。年十七，身長八尺五寸，臂垂過膝，雄武多才藝，明察善撫納，士衆愛敬之，咸請爲嗣。弋仲弗許，百姓固請者日有千數，乃授之以兵。石祇僭號，以襄爲使持節、驃騎將軍、護烏丸校尉、豫州刺史、新昌公。[1]晋遣使拜襄持節、平北將軍、并州刺史、即丘縣公。[2]

[1]驃騎將軍：官名，西漢時爲重號將軍，東漢以後，居諸名號將軍之首，僅作爲軍府名號加授大臣或重要州郡長官。晋二品，開府位從公者一品。　護烏丸校尉：官名，掌管内附烏丸事務，魏晋及十六國多置此職。晋四品。

[2]平北將軍：官名，與平東、平西、平南將軍合稱四平將軍。多持節都督或監某一地區的軍事，有時作爲刺史等地方官員監理軍務的加官。晋三品，加持節都督者二品。　并州：治所在晋陽縣（今山西省太原市西南）。

弋仲死，襄秘不發喪，率户六萬南攻陽平、元城、發干，[1]皆破之，殺掠三千餘家，屯於碻磝津。[2]以太原王亮爲長史，[3]天水尹赤爲司馬，[4]略陽伏子成爲左部帥，[5]南安斂岐爲右部帥，[6]略陽王黑那爲前部帥，[7]强白爲後部帥，[8]太原薛讚、略陽權翼爲參軍。南至滎陽，始發喪行服。與高昌、李歷戰于麻田，[9]馬中流矢死，賴其弟萇以免。晋處襄于譙城，[10]遣五弟爲任，單騎度淮，見豫州刺史謝尚于壽春。[11]尚命去仗衛，幅巾以待之，一面交款，便若平生。

[1]陽平：縣名，治所在今山東省莘縣。　元城：縣名，治所在今河北省大名縣東北。　發干：縣名，治所在今山東省冠縣東南。干，宋本作“于”。

[2]碻磝津：一作敲囂津，位於今山東省聊城市茌平區西南古黄河上，南岸有碻磝城。

[3]太原：郡名，治所在晋陽縣（今山西省太原市西南）。長史：官名，掌顧問參謀，爲所在官署掾屬之長。魏晋南北朝時王府、公府、軍府、邊郡均置。晋八至六品。

[4]司馬：官名，府署高級幕僚。掌参讚軍務、管理府内武職，位僅次於長史。魏晋南北朝時王府、公府、軍府、邊郡均置。晋八至六品。

[5]略陽：郡名，西晋泰始中以廣魏郡改名，治所在臨渭縣（今甘肅省天水市東北渭河北岸）。　左部帥：官名，十六國時羌人姚襄置，統領羌人左部。

[6]右部帥：官名，十六國時羌人姚襄置，統領羌人右部。

[7]前部帥：官名，十六國時羌人姚襄置，統領羌人前部。

[8]後部帥：官名，十六國時羌人姚襄置，統領羌人後部。

[9]麻田：地名，亦稱麻田壁，在今河南省洛陽市東。

[10]譙城：一名譙陵城，位於今河南省夏邑縣北。

[11]謝尚：字仁祖，本書卷七九有傳。　壽春：縣名，治所在今安徽省壽縣東南。

襄少有高名，雄武冠世，好學博通，雅善談論，英濟之稱著于南夏。中軍將軍、楊州刺史殷浩憚其威名，[1]乃因襄諸弟，[2]頻遣刺客殺襄，刺客皆推誠告實，襄待之若舊。浩潛遣將軍魏憬率五千餘人襲襄，襄乃斬憬而并其衆。浩愈惡之，乃使將軍劉啓守譙，遷襄於梁國蠡臺，[3]表授梁國内史。[4]襄遣權翼詣浩，浩曰：“姚平北每舉動自由，[5]豈所望也。”翼曰：“將軍輕納奸言，自生疑貳，愚謂猜嫌之由，不在於彼。”浩曰：“姚君縱放小人，盜竊吾馬，王臣之體固若是乎？”翼曰：“將軍謂姚平北以威武自强，終爲難保，校兵練衆，將懲不恪，取馬者欲以自衛耳。”浩曰：“何至是也。”浩遣謝萬討襄，[6]襄逆擊破之。浩甚怒，會聞關中有變，浩率衆北伐，襄乃要擊浩於山桑，[7]大敗之，斬獲萬計，收其資仗。使兄益守山桑壘，復如淮南。浩遣劉啓、王彬之伐山桑，襄自淮南擊滅之，鼓行濟淮，屯于盱眙，[8]招掠流人，衆至七萬，分置守宰，勸課農桑，遣使建鄴，[9]罪狀殷浩，并自陳謝。

[1]中軍將軍：官名，西晋時統左右衛、前後左右驍騎等宿衛七營禁軍，主管京師及朝廷警衛。泰始四年（268）罷，置北軍中候代其職。後爲將軍名號，與鎮軍將軍、撫軍將軍並爲三名號將軍，不統禁兵。晋三品。宋本作“中軍將”。　楊州：即揚州，治所在建鄴縣（今江蘇省南京市）。　殷浩：字深源，本書卷七七有傳。

[2]因：通過。

[3]梁國：郡國名，治所在睢陽縣（今河南省商丘市）。　蠡臺：地名，在今河南省商丘市内。

[4]内史：官名，西晋武帝太康十年（289）改諸王國相爲内史，掌管民政。晋五品。周家禄《晋書校勘記》認爲：“晋制，以郡爲國，内史治民事，若郡太守。國除爲郡，復稱太守。然二名往往混淆，史家亦互稱之。”

[5]舉動自由：行動自作主張。

[6]謝萬：字萬石，本書卷七九有傳。萬，宋本作“方”。

[7]山桑：縣名，治所在今安徽省蒙城縣北。

[8]盱眙：縣名，治所在今江蘇省盱眙縣東北。

[9]建鄴：縣名，治所在今江蘇省南京市。

流人郭斁等千餘人執晋堂邑内史劉仕降于襄，[1]朝廷大震，以吏部尚書周閔爲中軍將軍，[2]緣江備守。襄將佐部衆皆北人，咸勸襄北還。襄方軌北引，自稱大將軍、大單于，[3]進攻外黄，[4]爲晋邊將所敗。襄收散卒而勤撫恤之，於是復振。乃據許昌，[5]將如河東以圖關右，[6]自許遂攻洛陽，逾月不克。其長史王亮諫襄曰："公英略蓋天下，士衆思效力命，不可損威勞衆，守此孤城。宜還河北，以弘遠略。"襄曰："洛陽雖小，山河四塞之固，亦是用武之地。吾欲先據洛陽，然後開建大業。"俄而亮卒，襄哭之甚慟，曰："天將不欲成吾事乎？[7]王亮捨我去也！"

[1]流人郭斁等千餘人執晋堂邑内史劉仕降於襄：中華本校勘記："據張元濟《校勘記》云，所見另一宋本'斁'字空格，百衲本從殿本補。周校：《穆帝紀》作'郭敞執陳留内史劉仕'。按：《通鑑》九九從《紀》。堂邑西晋雖曾置郡，不聞曾爲王國，何以稱内史，疑誤。'斁'字當是舊本模糊，故宋本已空格，或本是'敞'字，形近訛'斁'。"

[2]吏部尚書：官名，三國魏時爲尚書省吏部曹長官，位居列曹尚書之上。晋三品。

[3]大將軍：官名，高級軍事統帥。曹魏時多以之屯駐長安，對付蜀漢，蜀漢以其爲最高軍事長官，孫吴則别置上大將軍居其上。西晋時爲八公之一，位居上公、大司馬下，三公之上。東晋時

常專擅軍政事務。晋一品。

［4］外黄：縣名，治所在今河南省民權縣西北。

［5］許昌：縣名，治所在許昌城（今河南省許昌市東）。

［6］河東：郡名，治所在安邑縣（今山西省夏縣西北禹王城）。關右：地區名，即關西，泛指故函谷關或今潼關以西地區。

［7］將：表示猜測，大概。

晋征西大將軍桓温自江陵伐襄，[1]戰於伊水北，[2]爲温所敗，率麾下數千騎奔於北山。其夜，百姓棄妻子隨襄者五千餘人，屯據陽鄉，[3]赴者又四千餘户。襄前後敗喪數矣，衆知襄所在，輒扶老携幼奔馳而赴之。時或傳襄創重不濟，温軍所得士女莫不北望揮涕。其得物情如此，先是，弘農楊亮歸襄，[4]襄待以客禮。後奔桓温，温問襄於亮，亮曰："神明器宇，孫策之儔，[5]而雄武過之。"其見重如是。

［1］桓温：字元子，本書卷九八有傳。　江陵：縣名，治所在今湖北省江陵縣。

［2］伊水：在河南境内，發源欒川縣西伏牛山，東北流至偃師市西南入洛河。

［3］陽鄉：地名，在今河南省濟源市西南。

［4］弘農：郡名，治所在弘農縣（今河南省靈寳市）。

［5］孫策：東漢末吴郡富春（今浙江省杭州市富陽區）人，字伯符，孫堅長子。先後被袁術表拜懷義校尉、折衝校尉。後與周瑜匯合，渡江先後擊敗下邳相笮融、揚州刺史劉繇。袁術稱帝後，遂與之絶交。後據有會稽、廬江、豫章、丹徒等地，被拜爲討逆將軍。終被吴郡太守許貢手下射殺。死後追謚長沙桓王。

襄尋徙北屈，將圖關中，進屯杏城，[1]遣其從兄輔國姚蘭略地鄜城，[2]使其兄益及將軍王欽盧招集北地戎夏，[3]歸附者五萬餘户。苻生遣其將苻飛拒戰，蘭敗，爲飛所執。襄率衆西引，生又遣苻堅、鄧羌等要之。[4]襄將戰，[5]沙門智通固諫襄，[6]宜厲兵收衆，更思後舉。襄曰："二雄不俱立，冀天不棄德以濟黎元，吾計决矣。"會羌師來逼，襄怒，遂長驅而進，戰于三原。[7]襄敗，爲堅所殺，時年二十七，[8]是歲晋升平元年也。苻生以公禮葬之。萇僭號，追謚魏武王，封襄孫延定爲東城侯。

[1]杏城：杏城鎮，在今陝西省黄陵縣西南。

[2]輔國：官名，即輔國將軍。三國兩晋皆置。晋三品。　鄜城：鄜縣城，位於今陝西省洛川縣東南鄜城。

[3]北地：郡名，三國魏治所在祋祤城（今陝西省銅川市耀州區東），西晋治所在泥陽縣（今甘肅省寧縣東南）。

[4]苻堅：字永固，本書卷一一三有載記。

[5]襄將戰：宋本"襄"下有"之"字。

[6]沙門：僧人。

[7]三原：《元和郡縣圖志》卷一《關内道·三原縣》："嶻嶭在今縣西北六十里，苻秦於此山北置三原護軍，以其地西有孟侯原，南曰豐原，北曰白鹿原。"三原縣，治所在今陝西省淳化縣東嵯峨山之北。

[8]時年二十七：東晋穆帝升平元年（357）姚襄二十七歲，以此推之，當生於東晋咸和六年（331）。姚襄父姚弋仲有子 43 人，姚襄爲第五子，其弟姚萇爲第二十四子，兄弟排行相差十九位。然檢《晋書》卷一〇六《姚萇載記》，姚萇在太元十八年（393）死，

時年六十四歲，計之當生於東晋咸和五年（330）。但若如此，排行第二十四位的姚萇比排行第五的姚襄還早生一年。許福謙先生認爲，二者之得年、生年必有一誤，姑存疑，俟後考。（參見許福謙《〈晋書〉疑年録（十六國部分）》，《中國歷史文獻研究會第26屆年會論文集》，2005年）

姚萇

萇，字景茂，弋仲第二十四子也。少聰哲，多權略，廓落任率，[1]不修行業，諸兄皆奇之。隨襄征伐，每參大謀。襄之寇洛陽也，夢萇服袞衣，升御坐，諸酋長皆侍立，且謂將佐曰：[2]"吾夢如此，此兒志度不恒，或能大起吾族。"襄之敗於麻田也，馬中流矢死，萇下馬以授襄，襄曰："汝何以自免?"萇曰："但令兄濟，豎子安敢害萇!"會救至，俱免。

[1]廓落任率：豁達磊落，任情直率。

[2]且謂：且，原本、宋本、殿本作"且"，中華本作"旦"。

及襄死，萇率諸弟降于苻生。苻堅以萇爲揚武將軍，[1]歷左衛將軍，[2]隴東、汲郡、河東、武都、武威、巴西、扶風太守，[3]寧、幽、兗三州刺史，[4]復爲揚武將軍、步兵校尉，[5]封益都侯。爲堅將，累有大功。

[1]揚武將軍：官名，統兵出征。晋四品。

[2]左衛將軍：官名，三國魏咸熙二年（265），司馬炎即晋王位，分中衛將軍爲左、右衛將軍。掌佽飛虎賁及前驅、由基、强弩三部司馬，屬下還有虎賁、羽林、上騎、異力、命中五部督，負責

宮禁侍衛。西晋屬中軍將軍，後屬領軍將軍。爲禁衛軍主要統帥之一，權任很重。晋四品。

[3]隴東：郡名，治所在秦汧縣故城（今陜西省隴縣東南）。汲郡：西晋始置，治所在汲縣（今河南省衛輝市西南）。武都：郡名，治所在下辯縣（今甘肅省成縣西）。武威：郡名，西漢武帝置，治所在姑臧縣（今甘肅省武威市）。巴西：郡名，治所在閬中縣（今四川省閬中市）。扶風：封國名，治所在郿縣（今陜西省眉縣東渭河北岸）。

[4]寧：州名，治所在墊江縣（今重慶市合川區）。幽：州名，治所在薊縣（今北京市西南）。兖：州名，前秦兖州治所在頓丘縣（今山東省濟寧市西北）。

[5]步兵校尉：官名，東漢時隸屬北軍中候，爲北軍五校尉之一，魏晋時隸屬中領軍，領宿衛營兵。晋四品。

初，萇隨楊安伐蜀，嘗晝寢水旁，上有神光焕然，左右咸異之。及苻堅寇晋，以萇爲龍驤將軍、督益梁州諸軍事，[1]謂萇曰："朕本以龍驤建業，龍驤之號未曾假人，今特以相授，山南之事一以委卿。"堅左將軍竇衝進曰："王者無戲言，此將不祥之徵也，惟陛下察之。"堅默然。

[1]龍驤將軍：官名，高級軍事將領。晋三品。督益梁州諸軍事：上述二州軍事行政長官，位低於都督和監。

堅既敗于淮南，歸長安，慕容泓起兵叛堅。[1]堅遣子叡討之，以萇爲司馬。爲泓所敗，叡死之。萇遣龍驤長史趙都詣堅謝罪，堅怒，殺之。萇懼，奔于渭北，遂如馬牧。[2]西州豪族尹詳、趙曜、王欽盧、牛雙、狄廣、張乾等率五萬餘家，咸推萇爲盟主。萇將距之，天水尹緯説萇曰：[3]“今百六之數既臻，[4]秦亡之兆已見，以將軍威靈命世，必能匡濟時艱，故豪傑驅馳，咸同推仰。明公宜降心從議，以副群望，不可坐觀沉溺而不拯救之。”[5]萇乃從緯謀，以太元九年自稱大將軍、大單于、萬年秦王，大赦境内，年號白雀，稱制行事。以天水尹詳、南安龐演爲左右長史，[6]南安姚晃、尹緯爲左右司馬，[7]天水狄伯支、焦虔、梁希、龐魏、任謙爲從事中郎，[8]姜訓、閻遵爲掾屬，[9]王據、焦世、蔣秀、尹延年、牛雙、張乾爲參軍，王欽盧、姚方成、王破虜、楊難、尹嵩、裴騎、趙曜、狄廣、党删等爲帥。

[1]慕容泓：昌黎棘城（今遼寧省義縣西）人，慕容儁之子，十六國時西燕創建者。

[2]馬牧：地名，在今陝西省興平市東南。

[3]尹緯：字景亮，本書卷一一八有載記。

[4]百六：古代道家稱天厄爲“陽九”，地厄爲“百六”。《文選·袁宏〈三國名臣序贊〉》：“百六道喪，干戈迭用。”吕延濟注：“四千六百一十七歲爲一元，一百六歲曰陽九之厄。”因以“陽九百六”指灾難或厄運。

[5]沉溺：沉，殿本作“沈”。

[6]左右長史：官名，大將軍府置長史，分左、右，領府中各曹。晋六品。

[7]左右司馬：官名，府署高級幕僚。魏晋南北朝時王府、公府、軍府、邊郡均置司馬，有時分左、右，掌參讚軍務、管理府内武職，位僅次於長史。晋八至六品。

[8]梁希：宋本無“希”字。　從事中郎：官名，東漢時爲大將軍屬官，地位較高。魏晋時爲將軍府或公府屬官。晋六品。

[9]姜訓：中華本校勘記：“《通鑑》一〇五作‘羌訓’。”

時慕容冲與苻堅相攻，[1]衆甚盛。萇將西上，恐冲遏之，乃遣使通和，以子崇爲質於冲，進屯北地，厲兵積粟，以觀時變。苻堅先徙晋人李詳等數千户于敷陸，[2]至是，降于萇，北地、新平、安定羌胡降者十餘萬户。堅率諸將攻之，不能克。

[1]慕容冲：小字鳳皇，昌黎棘城（今遼寧省義縣西）人，慕容儁之子。西燕國主。

[2]敷陸：地名，在今陕西省洛川縣東南鄜城一帶。

萇聞慕容冲攻長安，議進趨之計，群下咸曰：“宜先據咸陽以制天下。”[1]萇曰：“燕因懷舊之士而起兵，若功成事捷，咸有東歸之思，安能久固秦川！[2]吾欲移兵嶺北，廣收資實，須秦弊燕回，然後垂拱取之。兵不血刃，坐定天下，此卞莊得貳之義也。”[3]堅寧朔將軍宋方率騎三千從雲中將赴長安，[4]萇自貳縣要破之，[5]方單馬奔免，其司馬田晃率衆降萇。萇遣諸將攻新平，克之，因略地至安定，嶺北諸城盡降之。

[1]咸陽：縣名，治所在今陕西省咸陽市東北聶家溝一帶。

[2]秦川：地區名，泛指今陕西、甘肅秦嶺以北渭水平原。

[3]卞莊得貳：《史記》卷七〇《張儀列傳》：“莊子欲刺虎，館豎子止之，曰：‘兩虎方且食牛，食甘必争，争則必鬥，鬥則大

者傷，小者死，從傷而刺之，一舉必有雙虎之名。’卞莊子以爲然，立須之。有頃，兩虎果鬥，大者傷，小者死。莊子從傷者而刺之，一舉果有雙虎之功。”貳，宋本作“二”。

[4]寧朔將軍：官名，西晋時多駐幽州，爲幽州地區軍政長官，兼管烏丸事務。十六國前秦亦置。晋四品。　雲中：郡名，治所在雲中縣（今内蒙古自治區托克托縣東北）。

[5]貳縣：原本作“二縣”，宋本、殿本作“貳縣”，據宋本、殿本改。《資治通鑑》卷一一五《晋紀·安帝義熙五年》作“貳縣”，胡三省注：“貳城，貳縣城也，在杏城西北、平凉東南。”

時苻堅爲慕容冲所逼，走入五將山。[1]冲入長安。堅司隸校尉權翼、尚書趙遷、大鴻臚皇甫覆、光禄大夫薛讚、扶風太守段鏗等文武數百人奔于萇。[2]萇遣驍騎將軍吴忠率騎圍堅，[3]萇如新平。俄而忠執堅，送之。

[1]五將山：位於今陝西岐山縣東北。

[2]司隸校尉：官名，三國魏時先治弘農，後治河南，轄司州所屬河南、河東、河内、弘農、平陽五郡。掌監察京師、糾察京都百官。西晋沿置。晋三品。　尚書：官名，東漢尚書臺六曹各置尚書，秩六百石。魏晋出爲朝官，分掌尚書省諸曹，品秩提高。晋三品。　大鴻臚：官名，九卿之一，掌賓客迎送接待，贊襄引導朝會百官等。晋三品。　光禄大夫：官名，三公等大臣告老回家即拜此職，或作爲在朝顯職的加官。晋三品，開府位從公者一品。

[3]驍騎將軍：官名，三國魏爲内軍將領，統營兵。兩晋與領軍、護軍、左右衛、游擊諸將軍合稱六軍，擔當宿衛之任，是護衛宫廷的主要將領。晋四品。

慕容冲遣其車騎大將軍高蓋率衆五萬來伐，戰于新平南，大破之，蓋率麾下數千人來降，拜散騎常侍。[1]

[1]散騎常侍：官名，三國魏文帝黃初年間置，侍從皇帝左右，諫諍得失，顧問應對，與侍中等共平尚書奏事。也用作宰相、諸公等加官，入宫議政。晋三品。

冲既率衆東下，長安空虚。盧水郝奴稱帝於長安，[1]渭北盡應之。扶風王驎有衆數千，保據馬嵬。[2]奴遣弟多攻驎。萇伐驎，破之，驎走漢中。執多而進攻奴，降之。

[1]盧水：位於今青海省西寧市西。
[2]馬嵬：地名，在今陝西省興平市馬嵬街道。

以太元十一年萇僭即皇帝位於長安，大赦，改元曰建初，國號大秦，改長安曰常安。立妻蛇氏爲皇后，子興爲皇太子，置百官。自謂以火德承苻氏木行，服色如漢氏承周故事。徙安定五千餘户于長安。以弟征虜緒爲司隸校尉，[1]鎮長安。

[1]征虜：即征虜將軍，既是武官名，也作爲高級文職官員的加官。晋三品。

萇如安定，擊平凉胡金熙、鮮卑没奕于，[1]大破之。遂如秦州，[2]與苻堅秦州刺史王統相持，天水屠各、略陽羌胡應萇者二萬餘户，[3]統懼，乃降。因饗將士於上邽，南安人古成詵進曰："臣州人殷地險，隽傑如林，用武之國也。王秦州不能收拔賢才，三分鼎足，而坐玩珠玉，以至于此。陛下宜散秦州金帛以施六軍，旌賢表善以副鄙州之望。"萇善之，擢爲尚書郎。拜弟碩德都督隴右諸軍事、征西將軍、秦州刺史，[4]領護東羌校尉，[5]鎮上邽。

[1]平凉：郡名，治所在平凉縣（今甘肅省平凉市西北）。　没奕于：于，殿本作"干"。

[2]秦州：治所在冀縣（今甘肅省甘谷縣東）。

[3]屠各：又稱休屠各、休著屠各等。匈奴部落名。後漢至西晋雜居西北沿邊諸郡。《後漢書》卷七三《公孫瓚傳》："續爲屠各所殺。"李賢注："屠各，胡號。"唐長孺先生對此有考論。（參見唐長孺《魏晋南北朝史論叢·魏晋雜胡考》，河北教育出版社 2000 年版）

[4]都督隴右諸軍事：隴右地區最高軍事行政長官。　征西將軍：官名，東漢永元年間置，地位與雜號將軍、偏將軍、裨將軍等同。建安年間與征東、征南、征北將軍合稱四征將軍，地位提高。晋三品，加持節都督者二品。

[5]領：以地位較高的官員兼理較低的職務。　護東羌校尉：官名，亦稱東羌校尉，三國曹魏置，掌管雍、秦、梁等州内羌族事務，領兵，下設東羌督、東羌獵將等部屬。十六國羌人姚萇亦置。晋四品。

萇還安定，修德政，布惠化，省非急之費，以救時弊，閭閻之士有豪介之善者，皆顯異之。

萇復如秦州，爲苻登所敗，[1]語在登傳。以其太子興鎮長安，而與登相距。登馮翊太守蘭犢與苻師奴離貳，[2]慕容永攻之，[3]犢遣使請救。萇將赴救，尚書令姚旻、左僕射尹緯等言於萇曰：[4]“苻登近在瓦亭，[5]陛下未宜輕舉。”萇曰：“登遲重少決，每失時機，聞吾自行，正當廣集兵資，必不能輕軍深入。兩月之間，足可克此三豎，吾事必濟矣。”[6]遂師次於涅源。[7]師奴率衆來距，大戰，敗之，盡俘其衆。又擒蘭犢，收其士馬。萇乃掘苻堅尸，鞭撻無數，裸剥衣裳，薦之以棘，坎土而埋之。慕容永征西將軍王宣率衆降萇。

[1]苻登：字文高，本書卷一一五有載記。

[2]馮翊：郡名，三國魏以左馮翊改置，治所在臨晋縣（今陝西省渭南市大荔縣）。　離貳：懷二心。

[3]慕容永：字叔明，十六國時西燕國主，被後燕慕容垂攻殺。

[4]尚書令：官名，秦漢時爲尚書署長官。秩位雖低，權力甚重。魏晋時沿置，爲尚書省長官，綜理全國政務，參議大政，爲高級政務長官。晋三品。　左僕射：官名，即尚書左僕射。尚書省次官，輔助尚書令執行政務，參議大政，諫諍得失，監察糾彈百官。有時尚書省不置令，衹設左、右僕射，此時左僕射居右僕射之上。晋三品。

[5]瓦亭：地名，在今寧夏回族自治區隆德縣東北。

[6]吾事必濟矣：原本、宋本、殿本作“吾事必矣”無“濟”字。萬久富先生認爲，“必”衹能作表示肯定語氣的副詞用，故一般不可以“吾事必矣”代替“吾事成矣”。疑“必”後奪“濟”字。今檢宋本《册府元龜》卷二二七正作“吾事必濟矣”。

[7]遂師次於涅源：中華本校勘記：“《通鑑》一〇七‘涅’作‘泥’，胡注：‘《漢書·地理志》，北地郡有泥陽縣，應邵注云：泥

水出郁致北蠻中。' 疑 '渥' 乃 '泥' 之訛。"

初，關西雄傑以苻氏既終，萇雄略命世，天下之事可一旦而定。萇既與苻登相持積年，數爲登所敗，遠近咸懷去就之計，唯征虜齊難、冠軍徐洛生、輔國劉郭單、冠威彌姐婆觸、龍驤趙惡地、鎮北梁國兒等守忠不貳，[1]並留子弟守營，供繼軍糧，身將精卒，隨萇征伐。時諸營既多，故號萇軍爲大營，大營之號自此始也。時天大雪，萇下書深自責罰，散後宫文綺珍寶以供戎事，身食一味，妻不重彩。將帥死王事者，加秩二等，士卒戰没，[2]皆有褒贈。立太學，[3]禮先賢之後。

[1]冠威：官名，即冠威將軍，十六國漢、後秦皆置。　鎮北：官名，即鎮北將軍。東漢建安年間置，與鎮西、鎮南、鎮東將軍合稱四鎮將軍，多爲持節都督，出鎮方面。曹魏二品。晋三品，加持節都督者二品。

[2]士卒戰没：原本、宋本作"士戰卒没"，殿本作"士卒戰没"，據殿本改。

[3]太學：古代设於京城的最高學府，主要從事儒學教育。

敦煌索盧曜請刺苻登，[1]萇曰："卿以身徇難，將爲誰乎？"曜曰："臣死之後，深以友人隴西辛暹仰託。"[2]萇遣之。事發，爲登所殺，萇以暹爲騎都尉。[3]

[1]敦煌：郡名，治所在敦煌縣（今甘肅省敦煌市西）。

[2]隴西：郡名，治所原在狄道縣（今甘肅省臨洮縣），曹魏時徙治襄武縣（今甘肅省隴西縣東南）。

[3]騎都尉：官名，最高位領騎兵之武職，不領兵時爲侍衛武官。因親近皇帝，多以侍中兼任。與駙馬都尉、奉車都尉並爲三都尉。晉六品。

登進逼安定，諸將勸萇决戰，萇曰：“與窮寇競勝，兵家之下。吾將以計取之。”於是留其尚書令姚旻守安定，夜襲登輜重于大界，[1]克之。諸將或欲因登駭亂擊之，[2]萇曰：“登衆雖亂，怒氣猶盛，未可輕也。”遂止。萇以安定地狹，且逼苻登，使姚碩德鎮安定，徙安定千餘家于陰密，[3]遣弟征南靖鎮之。[4]

[1]大界：地名，確址待考，當在今陝西省彬州市、甘肅省涇川縣之間。

[2]諸將或欲因登駭亂擊之：原本、宋本、殿本“亂”下有“欲”字。中華本校勘記：“各本‘亂’下衍‘欲’字，今據《册府》二二七、《通志》一九〇刪。又‘或’字，《册府》《通志》並作‘咸’。”

[3]安定：郡名，西漢置，治所在高平縣（今寧夏回族自治區固原市），東漢移治臨涇縣（今甘肅省鎮原縣東南），東晉移治安定縣（今甘肅省涇川縣北）。　陰密：縣名，治所在今甘肅省靈臺縣西南。

[4]征南：官名，即征南將軍。與征東、征西、征北將軍合稱四征將軍。三國魏蜀吴、兩晉皆置，出鎮方面，地位顯要。晉三品，加持節都督者二品。

立社稷於長安。百姓年七十有德行者，拜爲中大夫，[1]歲賜牛酒。

[1]中大夫：王國官，掌奉使京城及諸國之事。兩晋時九品。

尹緯、姚晃謂古成詵曰："苻登窮寇，歷年未滅，奸雄鴟峙，[1]所在糾扇，夷夏皆貳，將若之何？"詵曰："主上權略無方，信賞必罰，賢能之士，咸懷樂推，豈慮大業不成，氐賊不滅乎！"緯曰："登窮寇未滅，奸雄所在扇合，吾等寧無懼乎？"詵曰："三秦天府之國，[2]主上十分已有其八。今所在可慮者，苻登、楊定、雷惡地耳，自餘瑣瑣，焉足論哉！然惡地地狹衆寡，不足爲憂。苻登藉烏合犬羊，偷存假息，料其智勇，非至尊之匹。霸王之起，必有驅除，然後克定大業。昔漢魏之興也，皆十有餘年，乃能一同於海内，五六年間未爲久也。主上神略内明，英武外發，可謂無敵於天下耳，取登有餘力。願布德行仁，招賢納士，厲兵秣馬，以候天機。如其鴻業不成者，詵請腰斬以謝明公。"緯言之於萇，萇大悦，賜詵爵關内侯。

[1]鴟峙：像鴟鴞一樣相持對立。

[2]三秦：項羽三分關中，封章邯爲雍王、司馬欣爲塞王、董翳爲翟王，合稱三秦。其地相當於陝西省關中地區及甘肅省東部。 天府之國：語本《戰國策·秦策一》："蘇秦始將連横，說秦惠王曰：'大王之國西有巴、蜀、汉中之利，北有胡貉、代馬之用，南有巫山、黔中之限，東有肴、函之固。田肥美，民殷富，戰車萬乘，奮擊百萬，沃野千里，蓄積饒多，地勢形便，此所謂天府，天下之雄國也。'"

雷惡地率衆降萇，拜爲鎮東將軍。[1]魏褐飛自稱大將軍、衝天王，率氐胡數萬人攻安北姚當城於杏城，雷惡地應之，攻鎮東姚漢得於李潤。[2]萇議將討之，群臣咸曰："陛下不憂六十里苻登，乃憂六百里褟飛？"萇曰："登非可卒殄，吾城亦非登所能卒圖。惡地多智，非常人也。南引褟飛，東結董成，[3]甘言美説以成奸謀，若得杏城、李潤，惡地據之，控制遠近，相爲羽翼，長安東北非復吾有。"於是潛軍赴之。萇時衆不滿二千，褟飛、惡地衆至數萬，氐胡赴之者首尾不絶。萇每見一軍至，輒有喜色。群下怪而問之，萇曰："今同惡相濟，皆來會集，吾得乘勝席卷，一舉而覆其巢穴，東北無復餘也。"褟飛等以萇兵少，盡衆來攻。萇固壘不戰，示之以弱，潛遣子崇率騎數百，出其不意，以乘其後。褟飛兵擾亂，萇遣鎮遠王超、平遠譚亮率步騎擊之，[4]褟飛衆大潰，斬褟飛及首級萬餘。惡地請降，萇待之如初。惡地每謂人曰："吾自言智勇所施，足爲一時之傑。校數諸雄，[5]如吾之徒，皆應跨據一方，獸嘯千里。遇姚公智力摧屈，是吾分也。"惡地猛毅清肅，不可干以非義，嶺北諸豪皆敬憚之。

[1]鎮東將軍：官名，東漢建安年間置，與鎮西、鎮南、鎮北將軍合稱四鎮將軍，多爲持節都督，出鎮方面。曹魏二品。晋三品，加持節都督者二品。

[2]李潤：李潤堡，位於今陝西省蒲城縣東北。

[3]董成：中華本校勘記："《御覽》二九三引《十六國春秋》、《通典》一五四'成'作'咸'。"

[4]鎮遠：官名，即鎮遠將軍。統兵，臨時所設，事畢即罷。

平遠：官名，即平遠將軍。十六國前秦、西秦皆置。

[5]校數諸雄：校，殿本作“較”。

萇命其將當城於營處一栅孔中蒔樹一根，[1]以旌戰功。歲餘，問之，城曰：“營所至小，已廣之矣。”萇曰：“少來鬬戰無如此快，以千六百人破三萬衆，國之事業，由此克舉。小乃爲奇，大何足貴！”

[1]蒔樹：種樹。

貳城胡曹寅、王達獻馬三千匹。以寅爲鎮北將軍、并州刺史，達鎮遠將軍、金城太守。[1]

[1]金城：郡名，治所在榆中縣（今甘肅省榆中縣西北）。

萇性簡率，群下有過，或面加罵辱。太常權翼言於萇曰：“陛下弘達自任，不修小節，駕馭群雄，[1]苞羅儁異，[2]棄嫌録善，有高祖之量。然輕慢之風，所宜除也。”萇曰：“吾之性也。吾於舜之美，未有片焉；漢祖之短，已收其一。若不聞讜言，安知過也！”

[1]駕馭：馭，殿本作“御”。

[2]苞羅：苞，殿本作“包”。

南羌竇鴦率户五千來降，拜安西將軍。

萇下書，有復私仇者，皆誅之。將吏亡滅者，各隨所親以立後，振給長育之。

鎮東苟曜據逆萬堡，密引苻登。萇與登戰，敗於馬頭原，[1]收衆復戰。姚碩德謂諸將曰："上慎於輕戰，每欲以計取之。今戰既失利，而更逼賊者，必有由也。"萇聞而謂碩德曰："登用兵遲緩，不識虚實，今輕兵直進，逕據吾東，必苟曜豎子與之連結也。事久變成，其禍難測。所以速戰者，欲使豎子謀之未就，好之未深，散敗其事耳。"進戰，大敗之，登退屯于郿。[2]登將金槌以新平降萇，[3]萇輕將數百騎入槌營。群下諫之，萇曰："槌既去苻登，復欲圖我，將安所歸！且懷德初附，推款委質，吾復以不信待之，何以御物乎！"群氐果有異謀，槌不從而止。

[1]馬頭原：地名，疑在今陝西省西安市附近。

[2]郿：縣名，治所在今陝西省眉縣東渭河北岸。

[3]金槌：中華本校勘記："《通鑑》一〇七作'强金槌'。"

萇如陰密攻登，敕其太子興曰："苟曜好奸變，將爲國害，聞吾還北，必來見汝，汝便執之。"苟曜果見興於長安，興遣尹緯讓而誅之。

萇大敗登于安定東，置酒高會，諸將咸曰："若值魏武王，不令此賊至今，陛下將牢太過耳。"萇笑曰："吾不如亡兄有四：身長八尺五寸，臂垂過膝，人望而畏之，一也；當十萬之衆，與天下争衡，望麾而進，前無横陣，二也；温古知今，[1]講論道藝，駕馭英雄，收羅儁異，三也；董率大衆，履險若夷，上下咸允，人盡死力，四也。所以得建立功業，[2]策任群賢者，正望算略中一片耳。”群臣咸稱萬歲。

［1］温古知今：温，殿本作“談”。

［2］得建立功業：宋本無“得”字。

萇下書令留臺諸鎮各置學官，[1]勿有所廢，考試優劣，隨才擢叙。苻登驃騎將軍没奕于率户六千降，拜使持節、車騎將軍、高平公。[2]

［1］留臺：指古代帝王因故離京，奉命留守京師之官及其機構。

［2］車騎將軍：官名，魏晋南北朝時位次於驃騎將軍，在諸名號將軍之上，多作爲軍府名號，以加授大臣及重要州郡長官。晋二品，開府位從公者一品。

萇寢疾，遣姚碩德鎮李潤，尹緯守長安，召其太子興詣行營。征南姚方成言於興曰：[1]“今寇賊未滅，上復寢疾，王統、苻胤等皆有部曲，終爲人害，宜盡除之。”興於是誅苻胤、王統、王廣、徐成、毛盛，乃赴召。興至，萇怒曰：“王統兄弟是吾州里，無他遠志，徐成等昔在秦朝，並爲名將。天下小定，吾方任之，奈何輒便誅害，令人喪氣！”

［1］姚方成：成，宋本作“城”。

萇下書，兵吏從征伐，户在大營者，世世復其家，無所豫。

苻登與竇衝相持，萇議擊之，尹緯言於萇曰："太子純厚之稱，著於遐邇，將領英略，未爲遠近所知。宜遣太子親行，可以漸廣威武，防闚闟之原。"[1]萇從之，戒興曰："賊徒知汝轉近，必相驅入堡，聚而掩之，無不克矣。"比至胡空堡，[2]衝圍自解。登聞興向胡空堡，引還，興因襲平涼，大獲而歸，咸如萇策。使興還鎮長安。

[1]闚闟之原：覬覦皇位的源頭。

[2]胡空堡：位於今陝西省彬州市西南胡空谷。

萇下書除妖謗之言及奸穢，有相劾舉者，皆以其罪罪之。

晉平遠將軍、護氐校尉楊佛嵩率胡蜀三千餘户降於萇，[1]晉將楊佺期、趙睦追之。[2]遣姚崇赴救，大敗晉師，斬趙睦。以佛嵩爲鎮東將軍。

[1]護氐校尉：官名，東晉置，掌邊境氐族事務。

[2]楊佺期：本書卷八四有傳。

萇如長安，至於新支堡，疾篤，輿疾而進。夢苻堅將天官使者、鬼兵數百突入營中，萇懼，走入宫，宫人迎萇刺鬼，誤中萇陰，鬼相謂曰："正中死處。"拔矛，出血石餘。寤而驚悸，遂患陰腫，醫刺之，出血如夢。萇遂狂言，或稱"臣萇，殺陛下者兄襄，非臣之罪，願不枉臣”。至長安，召太尉姚旻、尚書左僕射尹緯、右僕射姚晃、尚書狄伯支等入，[1]受遺輔政。萇謂興曰：“有毁此諸人者，慎勿受之。汝撫骨肉以仁，接大臣以禮，待物以信，遇黔首以恩，四者既備，吾無憂矣。”以大元十八年死，時年六十四，在位八年。僞謚武昭皇帝，廟號太祖，[2]墓稱原陵。

[1]太尉：官名，曹操爲丞相後，太尉府屬官歸相府，晋時太尉雖爲八公之一、三公之首，實爲名譽宰相，多爲大臣加官。晋一品。　右僕射：官名，即尚書右僕射。尚書令副手，掌拆閲封緘奏章文書、參議政事、諫諍駁議、監察百官。位在左僕射之下。晋三品。

[2]太祖：太，殿本作“大”。

晋書　卷一一七

載記第十七

姚興上

姚興上

姚興，字子略，萇之長子也。苻堅時爲太子舍人。[1]萇之在馬牧，[2]興自長安冒難奔萇，[3]萇立爲皇太子。[4]萇出征討，常留統後事。及鎮長安，甚有威惠。與其中舍人梁喜、洗馬范勖等講論經籍，[5]不以兵難廢業，時人咸化之。

[1]苻堅：字永固，本書卷一一三有載記。　太子舍人：官名，掌行書令、表啓等。初隸太子太傅、太子少傅，後隸太子詹事。晋七品。

[2]馬牧：地名，在今陝西省興平市東南。

[3]長安：縣名，治所在今陝西省西安市西北。

[4]皇太子：皇，宋本作“王”。

[5]中舍人：官名，即太子中舍人，又稱太子中舍、中舍。東宫屬官，其中有才學者與中庶子共掌東宫文翰及奏事文書，侍從規

諫太子。位在太子中庶子下、太子洗馬上。晋六品。　洗馬：官名，即太子洗馬，東宫屬官。掌太子圖籍、經書，太子出行則前導威儀。晋七品。

萇死，興秘不發喪，以其叔父緒鎮安定，[1]碩德鎮陰密，[2]弟崇守長安。碩德將佐言於碩德曰："公威名宿重，部曲最强，今喪代之際，朝廷必相猜忌，非永安之道也。宜奔秦州，[3]觀望事勢。"碩德曰："太子志度寬明，必無疑阻。今苻登未滅而自尋干戈，[4]所謂追二袁之踪，[5]授首與人。吾死而已，終不若斯。"及至，興優禮而遣之。

[1]安定：郡名，西漢置，治所在高平縣（今寧夏回族自治區固原市），東漢治所在臨涇縣（今甘肅省鎮原縣東南），東晋改治安定縣（今甘肅省涇川縣北）。

[2]陰密：縣名，治所在今甘肅省靈臺縣西南。

[3]秦州：治所在上邽縣（今甘肅省天水市）。

[4]苻登：字文高，本書卷一一五有載記。

[5]二袁：指袁譚和袁尚。二人均爲東漢末袁紹之子。袁譚爲長子，袁尚爲少子。袁紹死後，逢紀等人矯稱袁紹遺命立袁尚爲嗣。袁譚乃自稱車騎將軍，出軍黎陽與袁尚争位。譚兵敗後投奔曹操，與曹氏結爲婚姻。得曹軍支持，在中山打敗袁尚。後又背叛曹操，兵敗，墜馬而死。

興自稱大將軍，[1]以尹緯爲長史，[2]狄伯支爲司馬，[3]率衆伐苻登。咸陽太守劉忌奴據避世堡以叛，[4]興襲忌奴，擒之。苻登自六陌向廢橋，[5]始平太守姚詳據馬嵬堡以距登。[6]登衆甚盛，興慮詳不能遏，乃自將精騎以迫登，遣尹緯領步卒赴詳。緯用詳計，據廢橋以抗登。登因急攻緯，緯將出戰，興馳遣狄伯支謂緯曰："兵法不戰而制人者，蓋爲法也。[7]苻登窮寇，宜持重，不可輕戰。"緯曰："先帝登遐，人情擾懼，今不因思奮之力，梟殄逆豎，大事去矣。緯敢以死争。"遂與登戰，大破之，登衆渴死者十二三，其夜大潰，登奔雍。[8]興乃發喪行服。太元十九年，僭即帝位于槐里，[9]大赦境内，改元曰皇初，遂如安定。

[1]大將軍：官名，高級軍事統帥。曹魏時多以之屯駐長安，對付蜀漢，蜀漢以其爲最高軍事長官，孫吴則别置上大將軍居其上。西晋時爲八公之一，位居上公、大司馬下，三公之上。東晋時常專擅軍政事務。晋一品。

[2]尹緯：字景亮，本書卷一一八有載記。　長史：官名，掌顧問參謀，爲所在官署掾屬之長。魏晋南北朝時王府、公府、軍府、邊郡均置。此爲大將軍長史，晋六品。

[3]司馬：官名，府署高級幕僚。掌參讚軍務、管理府内武職，位僅次於長史。魏晋南北朝時王府、公府、軍府、邊郡均置。晋大將軍司馬六品。

[4]咸陽：縣名，治所在今陝西省咸陽市東北聶家溝一帶。　避世堡：位於今陝西省西安市長安區東南。

[5]六陌：地名，在今陝西省乾縣西北。　廢橋：位於今陝西省乾縣西北。

[6]始平：郡名，治所在槐里縣（今陝西省興平市）。　馬嵬堡：位於今陝西省興平市西。

[7]蓋爲法也：法，宋本、殿本作"此"。

[8]雍：縣名，治所在今陝西省鳳翔縣豆腐村。

[9]槐里：縣名，治所在今陝西省興平市東南。

先是，苻登使弟廣守雍，子崇屯胡空堡，[1]聞登敗，各棄守走。登無所投據，遂奔平涼，[2]率其餘衆入馬毛山。[3]興自安定如涇陽，[4]與登戰於山南，斬登。散其部衆，歸復農業。徙陰密三萬户於長安，分大營户爲四，置四軍以領之。

[1]胡空堡：位於今陝西省彬州市西南胡空谷。

[2]平涼：郡名，治所在平涼縣（今甘肅省平涼市西北）。

[3]馬毛山：位於今甘肅省平涼市西。

[4]涇陽：縣名，治所在今甘肅省平涼市西北。

安南强熙、鎮遠楊多叛，[1]推竇衝爲盟主，所在擾亂。興率諸將討之，軍次武功，[2]多兄子良國殺多而降。衝弟彰武與衝離貳，衝奔强熙。熙聞興將至，率户二千奔秦州。竇衝走汧川，[3]汧川氐仇高執送之。衝從弟統率其衆降于興。

[1]安南：官名，即安南將軍。東漢建安年間置，與安東、安北、安西將軍合稱四安將軍，爲出鎮某一地區的軍事長官，或作爲刺史等兼理軍務的加官，權任頗重。晋三品，加持節都督者二品。鎮遠：官名，即鎮遠將軍。統兵，臨時所設，事畢即罷。

[2]武功：縣名，戰國秦孝公置，治所在今陝西省眉縣東。

[3]汧（qiān）川：汧水，位於今甘肅省臨夏縣西南。

封征虜緒爲晋王，[1]征西碩德爲隴西王，[2]征南靖等及功臣尹緯、齊難、楊佛嵩等並爲公侯，[3]其餘封爵各有差。

[1]征虜：即征虜將軍，既是武官名，也作爲高級文職官員的加官。晋三品。

[2]征西：官名，即征西將軍。東漢永元年間置，地位與雜號將軍、偏將軍、裨將軍等同。建安年間與征東、征南、征北將軍合稱四征將軍，地位提高。晋三品，加持節都督者二品。

[3]征南：官名，即征南將軍。與征東、征西、征北將軍合稱四征將軍。三國魏蜀、吴兩晋皆置，出鎮方面，地位顯要。晋三品，加持節都督者二品。

鮮卑薛勃於貳城爲魏軍所伐，[1]遣使請救，使姚崇赴救。魏師既還，薛勃復叛，崇伐而執之，大收其士馬而還。

[1]貳城：《讀史方輿紀要》卷五七《陝西》："貳城，在（中部）縣西北。苻秦時貳縣城也。中部縣治所在今陝西省宜君縣東北。"

興追尊其庶母孫氏爲皇太后，配饗太廟。

楊盛保仇池，[1]遣使請命，拜使持節、鎮南將軍、仇池公。[2]鮮卑越質詰歸率户二萬叛乞伏乾歸，[3]降于興，興處之于成紀，[4]拜使持節、鎮西將軍、平襄公。[5]

[1]楊盛保仇池：宋本"仇"上有"二"字。仇池，位於今甘

肅省西和縣西仇池山上，又名百頃池。

[2]使持節：漢朝官吏奉使外出時，或由皇帝授予節杖，以提高其權力。魏晋以後，凡重要軍事長官出征或出鎮，加使持節，可誅殺二千石以下官員。　鎮南將軍：官名，與鎮東、鎮西、鎮北將軍合稱四鎮將軍。多爲持節都督，出鎮方面。曹魏二品。晋改三品，加持節都督者二品。

[3]二萬：二，殿本作“三”。　乞伏乾歸：十六國時西秦主，本書卷一二五有載記。

[4]成紀：縣名，治所在今甘肅省静寧縣西南治平河西岸。

[5]鎮西將軍：官名，與鎮東、鎮南、鎮北將軍合稱四鎮將軍。多爲持節都督，出鎮方面。曹魏二品。晋改三品，加持節都督者二品。

姚碩德討平凉胡金豹于洛城，[1]克之。初，上邽姜乳據本縣以叛，[2]自稱秦州刺史。碩德進討之，乳率衆降。以碩德爲秦州牧，領護東羌校尉，[3]鎮上邽。徵乳爲尚書。[4]强熙及略陽豪族權干城率衆三萬圍上邽，[5]碩德擊破之。熙南奔仇池，遂假道歸晋。碩德西討干城，干城降。

[1]洛城：位於今陝西省商洛市商州區。

[2]上邽：縣名，治所在今甘肅省天水市。

[3]領：以地位較高的官員兼理較低的職務。　護東羌校尉：官名，亦稱東羌校尉，三國曹魏置，掌管雍、秦、梁等州内羌族事務，領兵，下設東羌督、東羌獵將等部屬。十六國羌人姚萇亦置。晋四品。

[4]尚書：官名，東漢尚書臺六曹各置尚書，秩六百石。魏晋出爲朝官，分掌尚書省諸曹，品秩提高。晋三品。

[5]權干城：中華本校勘記："元二十二字本及《通鑑》一〇八'干'並作'千'。下同。"

興令郡國各歲貢清行孝廉一人。[1]

[1]孝廉：漢代選拔人才的科目。

慕容永既爲慕容垂所滅，[1]河東太守柳恭等各阻兵自守，[2]興遣姚緒討之。恭等依河距守，緒不得濟。鎮東薛强先據楊氏壁，[3]引緒從龍門濟河，[4]遂入蒲坂。[5]恭勢屈，請降。徙新平、安定新户六千于蒲坂。[6]

[1]慕容永：字叔明，十六國時西燕國主，被後燕慕容垂攻殺。慕容垂：字道明，本書卷一二三有載記。

[2]河東：郡名，治所在安邑縣（今山西省夏縣西北禹王城）。

[3]鎮東：官名，即鎮東將軍。東漢建安年間置，與鎮西、鎮南、鎮北將軍合稱四鎮將軍，多爲持節都督，出鎮方面。曹魏二品。晋三品，加持節都督者二品。　楊氏壁：位於今陝西省韓城市境黄河西岸。

[4]龍門：位於今山西省河津市西北、陝西省韓城市東北黄河上。又稱禹門口。

[5]蒲坂：縣名，治所在今山西省永濟市西南蒲州鎮。

[6]新平：郡名，治所在漆縣（今陝西省彬州市）。

興母蛇氏死，興哀毁過禮，不親庶政。群臣議請依漢魏故事，既葬即吉。興尚書郎李嵩上疏曰："三王異制，五帝殊禮。孝治天下，先王之高事也，宜遵聖性，以光道訓。既葬之後，應素服臨朝，率先天下，仁孝之舉也。”尹緯駁曰：“帝王喪制，漢魏爲準。嵩矯常越禮，愆于軌度，請付有司，以專擅論。既葬即吉，乞依前議。”興曰：“嵩忠臣孝子，有何咎乎？尹僕射棄先王之典，而欲遵漢魏之權制，豈所望於朝賢哉！其一依嵩議。”

鮮卑薛勃叛奔嶺北，上郡、貳川雜胡皆應之，[1]遂圍安遠將軍姚詳於金城。[2]遣姚崇、尹緯討之。勃自三交趣金城，[3]崇列營掎之，而租運不繼，三軍大飢。緯言於崇曰：“輔國彌姐高地、建節杜成等皆諸部之豪，[4]位班三品，督運稽留，令三軍乏絶，宜明置刑書，以懲不肅。”遂斬之。諸部大震，租入者五十餘萬。興率步騎二萬親討之，勃懼，棄其衆奔於高平公没奕于，于執而送之。

[1]上郡：治所在膚施縣（今陝西省榆林市東南）。　貳川：貳城之輅川和力川。《讀史方輿紀要》卷五七《陝西六》：貳城，在縣西北。苻秦時貳縣城也。晋興寧三年（365）苻堅以匈奴曹轂死，分其部落，自貳城以西以其子璽爲輅川侯，貳城以東以其子寅爲力川侯。參見本書卷一一三“貳城”注。

[2]安遠：官名，即安遠將軍。東漢末始置，多用以封降將或邊遠地區地方長官。晋三品。　金城：郡名，治所原來在允吾縣（今甘肅省永靖縣西北），曹魏時移治榆中縣（今甘肅省榆中縣西北黄河南岸）。

[3]三交：三交城，確址待考。疑位於今陝西省寶鷄市西。

[4]輔國：官名，即輔國將軍。三國兩晋皆置。晋三品。　建節：官名，即建節將軍。東漢末建安年間曹操置，三國魏、十六國

一些政權及北魏皆置。

泫氏男姚買得欲因興葬母蛇氏殺興，會有告之者，興未之信，遣李嵩詐往。買得具以告嵩，嵩還，以聞，興乃賜買得死，誅其黨與。

興下書禁百姓造錦綉及淫祀。

興率衆寇湖城，[1]晋弘農太守陶仲山、華山太守董邁皆降于興。[2]遂如陝城，[3]進寇上洛，[4]陷之。遣姚崇寇洛陽，晋河南太守夏侯宗之固守金墉，[5]崇攻之不克，乃陷柏谷，[6]徙流人西河嚴彦、河東裴岐、韓襲等二萬餘户而還。[7]

[1]湖城：湖縣城，位於今河南省靈寶市西北。

[2]弘農：郡名，治所在弘農縣（今河南省靈寶市）。　華山：郡名，治所在今陝西省渭南市華州區。

[3]陝城：陝縣城，位於今河南省三門峽市陝州區。

[4]上洛：縣名，治所在今陝西省商洛市商州區。

[5]河南：郡名，治所在洛陽縣（今河南省洛陽市東北）。金墉：金墉城，三國魏明帝時築。位於今河南省洛陽市東北漢魏洛陽城故址西北角。三面開門，南曰乾光門，東曰含春門，北曰𨗈門。城内又置西宫，西晋改爲永昌宫。魏晋時被廢的皇帝及后妃都安置於此。城小而固，爲攻占戍守要地。

[6]柏谷：位於今河南省靈寶市西南。

[7]西河：郡名，治所在平定縣（今陝西省府谷縣西北）。

興下書，令士卒戰亡者守宰所在埋藏之，求其近親爲之立後。

武都氐屠飛、啖鐵等殺隴東太守姚迴，[1]略三千餘家，據方山以叛。[2]興遣姚紹等討之，斬飛、鐵。遣狄伯支迎流人曹會、牛壽萬餘户于漢中。[3]

[1]武都：郡名，治所在下辯縣（今甘肅省成縣西）。　隴東：郡名，治所在秦汧縣故城（今陝西省隴縣東南）。

[2]方山：位於今陝西省隴縣西南。

[3]漢中：郡名，治所在南鄭縣（今陝西省漢中市）。

興留心政事，苞容廣納，一言之善，咸見禮異。京兆杜瑾、馮翊吉默、始平周寶等上陳時事，[1]皆擢處美官。天水姜龕、東平淳于岐、馮翊郭高等皆耆儒碩德，[2]經明行修，各門徒數百，教授長安，諸生自遠而至者萬數千人。興每於聽政之暇，引龕等於東堂，[3]講論道藝，錯綜名理。涼州胡辯，[4]苻堅之末，東徙洛陽，講授弟子千有餘人，關中後進多赴之請業。興敕關尉曰："諸生諮訪道藝，修己厲身，往來出入，勿拘常限。"於是學者咸勸，儒風盛焉。給事黄門侍郎古成詵、中書侍郎王尚、尚書郎馬岱等，[5]以文章雅正，參管機密。詵風韵秀舉，確然不群，每以天下是非爲己任。時京兆韋高慕阮籍之爲人，[6]居母喪，彈琴飲酒。詵聞而泣曰："吾當私刃斬之，以崇風教。"遂持劍求高。高懼，逃匿，終身不敢見詵。

[1]京兆：郡名，治所在長安縣（今陝西省西安市西北）。　馮翊：郡名，三國魏以左馮翊改置，治所在臨晋縣（今陝西省渭南

市大荔縣)。

[2]天水：郡名，東漢、三國魏治所在冀縣（今甘肅省甘谷縣東南），西晋治所在上邽縣（今甘肅省天水市）。　東平：郡國名，治所在須昌縣（今山東省東平縣西北）。

[3]東堂：太極殿的東堂。

[4]凉州：治所在姑臧縣（今甘肅省武威市）。

[5]給事黄門侍郎：官名，魏晋時爲侍中省或門下省次官。與侍中俱掌門下衆事，職掌略同，地位隨皇帝旨意或侍中地位而定。晋五品。　中書侍郎：官名，三國魏文帝黄初初年設中書省，在長官中書監、中書令以下有通事郎，後增設中書郎，亦稱中書侍郎。掌草擬詔書，外出執行重要使命等。晋五品。　尚書郎：官名。東漢之制，取孝廉中有才能者入尚書臺，在皇帝左右處理政務，初入臺稱守尚書郎中，滿一年稱尚書郎，滿三年稱侍郎。魏晋以後尚書各曹有侍郎、郎中等官，綜理政務，通稱爲尚書郎。晋六品。

[6]阮籍：字嗣宗，本書卷四九有傳。

興遣將鎮東楊佛嵩攻陷洛陽。

班命郡國，百姓因荒自賣爲奴婢者，悉免爲良人。興以日月薄蝕，灾眚屢見，降號稱王，下書令群公卿士將牧守宰各降一等。於是其太尉趙公旻等五十三人上疏諫曰：[1]“伏惟陛下勛格皇天，功濟四海，威靈振於殊域，聲教暨於遐方，雖成湯之隆殷基，武王之崇周業，未足比諭。方當廓靖江吴，告成中岳，豈宜過垂冲損，違皇天之眷命乎！”興曰：“殷湯、夏禹德冠百王，然猶順守謙冲，未居崇極，况朕寡昧，安可以處之哉！”乃遣旻告于社稷宗廟，大赦，改元弘始。[2]賜孤獨鰥寡粟帛有差，年七十已上加衣杖。始平太守周班、槐里令李彭皆以黷貨誅，[3]於是郡國肅然矣。洛陽既陷，自淮漢已北諸城，多請降送任。[4]

[1]趙公旻：原本、殿本作“趙旻公”，宋本作“趙公旻”，據宋本、中華本校勘記改。

[2]改元弘始：中華本校勘記：“《諸史考異》云：《魏書·崔光傳》：鴻乃撰爲《十六國春秋》，勒成百卷，鴻經緯既廣，多有違謬。至太祖天興二年，姚興改號，鴻以爲改在元年。頤煊按：《姚興傳》（此指《魏書·興傳》），天興元年，興去皇帝之號，降稱天王，號年弘始。晋沙門《法顯傳》，法顯以弘始二年，歲在己亥，至天竺。天興元年戊戌，二年己亥，則亦以弘始改元在天興元年。惟梁《高僧傳》，《鳩摩羅什》以僞秦弘始十一年八月二十日卒於長安，是歲晋義熙五年，此以弘始改元在天興二年。今按：《姚興載記》下記興死於義熙十二年，與《魏書·太宗紀》合，皆以弘始改元在天興二年，即晋隆安三年，故《御覽》一二三引《後秦録》，興攻取洛陽在弘始改元後，而《載記》系於改元前。”

[3]黷貨：貪污受賄。

[4]送任：送上人質。

興下書聽祖父母昆弟得相容隱。姚緒、姚碩德以興降號，固讓王爵，興弗許。

京兆韋華、譙郡夏侯軌、始平龐眺等率襄陽流人一萬叛晋，[1]奔于興。興引見東堂，謂華曰：“晋自南遷，承平已久，今政化風俗何如？”華曰：“晋主雖有南面之尊，無總御之實，宰輔執政，政出多門，權去公家，遂成習俗。刑網峻急，風俗奢宕。自桓温、謝安已後，[2]未見寬猛之中。”興大悦，拜華中書令。[3]

［1］譙郡：郡國名，曹魏置，治所在譙縣（今安徽省亳州市）。 襄陽：郡名，東漢建安十三年（209）置，治所在襄陽縣（今湖北省襄陽市），西晋移治宜城縣（今湖北省宜城市南）。

［2］桓温：字元子，本書卷九八有傳。 謝安：字安石，本書卷七九有傳。

［3］中書令：官名，掌收納尚書奏事、傳達皇帝詔旨。三國魏文帝初年分秘書置中書省，設中書監和中書令，職權甚重。晋三品。

興如河東。時姚緒鎮河東，興待以家人之禮。下書封其先朝舊臣姚驢硙、趙惡地、王平、馬萬載、黄世等子爲五等子男。命百僚舉殊才異行之士，刑政有不便於時者，皆除之。兵部郎金城邊熙上陳軍令煩苛，[1]宜遵簡約。興覽而善之，乃依孫吴誓衆之法以損益之。[2]興立律學於長安，召郡縣散吏以授之。其通明者還之郡縣，論决刑獄。若州郡縣所不能决者，讞之廷尉。[3]興常臨諮議堂聽决疑獄，于時號無寃滯。

［1］兵部郎：官名，十六國後秦尚書省兵部曹屬官，掌管軍務。晋六品。

［2］孫吴：兵法家孫武和吴起。

［3］讞：將案情上報。 廷尉：官名，中央最高司法審判機構長官，負責會審朝中有罪文武大臣，覆核審决郡國疑獄等。晋三品。

姚緒、姚碩德固讓王爵，許之。緒、碩德威權日盛，興恐奸佞小人沮惑之，乃簡清正君子爲之輔佐。

興以司隸校尉郭撫、扶風太守强超、長安令魚佩、槐里令彭明、倉部郎王年等清勤貞白，[1]下書褒美，增撫邑一百户，賜超爵關内侯，佩等進位一級。

[1]司隸校尉：官名，三國魏時先治弘農，後治河南，轄司州所屬河南、河東、河内、弘農、平陽五郡。掌監察京師，糾察京都百官。西晋沿置。晋三品。　扶風：封國名，治所在郿縣（今陝西省眉縣東渭河北岸）。　倉部郎：官名，尚書省倉部曹長官通稱。三國魏始置，亦稱倉部郎中，資深者可轉侍郎。隸屬度支尚書。晋六品。　清勤貞白：清廉勤懇，守正清白。

使碩德率隴右諸軍伐乞伏乾歸，興潜軍赴之，乾歸敗走，降其部衆三萬六千，收鎧馬六萬匹。軍無私掠，百姓懷之。興進如枹罕，[1]班賜王公已下，遍于卒伍。

[1]枹罕：縣名，治所在今甘肅省臨夏縣西南。

興之西也，没奕于密欲乘虚襲安定，長史皇甫序切諫乃止。于自恨失言，陰欲殺序。

乞伏乾歸以窮蹙來降，拜鎮遠將軍、河州刺史、歸義侯，[1]復以其部衆配之。

[1]河州：治所在枹罕縣（今甘肅省臨夏市西南）。

興下書，將帥遭大喪，非在疆場嶮要之所，皆聽奔赴，及期，乃從王役。臨戎遭喪，聽假百日。若身爲邊將，家有大變，交代未至，敢輒去者，以擅去官罪罪之。遣晋將軍劉嵩等二百三十七人歸于建鄴。

魏人襲没奕于，于棄其部衆，率數千騎與赫連勃勃奔于秦州。[1]魏軍進次瓦亭，[2]長安大震，諸城閉門固守。魏平陽太守貳塵入侵河東。[3]興於是練兵講武，大閲于城西，幹勇壯異者召入殿中，引見群臣于東堂，大議伐魏。群臣咸諫以爲不可，興不從。司隸姚顯進曰："陛下天下之鎮，不宜親行，可使諸將分討，授以廟勝之策。"興曰："王者正以廓土靖亂爲務，吾焉得而辭之！"

[1]赫連勃勃：字屈孑，本書卷一三〇有載記。

[2]瓦亭：地名，在今寧夏回族自治區隆德縣東北。

[3]平陽：郡名，治所在平陽縣（今山西省臨汾市西南）。

興立其子泓爲皇太子，[1]大赦境内，賜男子爲父後者爵一級。

[1]泓：姚泓，字元子，本書卷一一九有載記。

遣姚平、狄伯支等率步騎四萬伐魏，姚碩德、姚穆率步騎六萬伐吕隆。[1]平等軍次河東，興遣其光遠党娥、立節雷星、建忠王多等率杏城及嶺北突騎自和寧赴援，[2]越騎校尉唐小方、積弩姚良國率關中勁卒爲平後繼，[3]姚緒統河東見兵爲前軍節度，姚紹率洛東之兵，姚詳率朔方見騎，並集平望，[4]以會于興。使没奕于權鎮上邽，中軍、廣陵公斂權鎮洛陽，姚顯及尚書令姚晃輔其太子泓，入直西宫。

［1］吕隆：字永基，本書卷一二二有載記。

［2］光遠：官名，即光遠將軍。十六國後秦置，統兵出征。　立節：官名，即立節將軍。雜號將軍，統兵。晋四品。　建忠：官名，即建忠將軍。統兵，東漢末置，十六國一些少數民族政權及北魏均置。　杏城：杏城鎮，在今陝西省黄陵縣西南。　和寧：地名，確址待考。疑在今陝西省宜君縣。

［3］越騎校尉：官名，西漢北軍八校尉之一，東漢五校尉之一，隸屬北軍中候。魏晋以後隸屬中領軍（領軍將軍）。晋四品。　唐小方：原本、宋本、殿本無“小”字，據中華本校勘記補。　積弩：官名，即積弩將軍。魏晋時置，領禁衛營兵，隸中領軍。晋四品。　關中：地區名，函谷關以西秦國故地，包括今河南省靈寶市以西及陝西省、甘肅省東部和四川省部分地區。

［4］平望：地名，在今陝西省西安市西北漢長安城東。

碩德至姑臧，[1]大敗吕隆之衆，俘斬一萬。隆將吕他等率衆二萬五千，以東苑來降。[2]先是，禿髮利鹿孤據西平，[3]沮渠蒙遜據張掖，[4]李玄盛據敦煌，[5]與吕隆相持。至是，皆遣使降。

［1］姑臧：縣名，治所在今甘肅省武威市。

［2］東苑：地名，在今甘肅省榆中縣一帶。

［3］禿髮利鹿孤：十六國南凉主，本書卷一二六有載記。　西平：郡名，治所在西都縣（今青海省西寧市）。

［4］沮渠蒙遜：盧水胡人，十六國北凉主，本書卷一二九有載記。　張掖：郡名，西漢置，治所在觻得縣（今甘肅省張掖市西北），晋改觻得縣名永平縣（今甘肅省張掖市西北）。

[5]李玄盛：即十六國西凉創始人李暠，字玄盛，本書卷八七有傳。　敦煌：郡名，西漢武帝置，治所在敦煌縣（今甘肅省敦煌市西）。

興率戎卒四萬七千，自長安赴姚平。平攻魏乾城，[1]陷之，遂據柴壁。[2]魏軍大至，攻平，截汾水以守之。[3]興至蒲坂，憚而不進。

[1]乾城：地名，在今河南省濮陽市東北。

[2]柴壁：柴壁城，即今山西省襄汾縣西南汾河東岸柴莊。

[3]汾水：即今山西省境内汾河。

時碩德攻吕隆，撫納夷夏，分置守宰，節糧積粟，爲持久之計。隆懼，遂降。碩德軍令齊整，秋毫無犯，祭先賢，禮儒哲，西土悦之。

姚平糧竭矢盡，將麾下三十騎赴汾水而死，狄伯支等十將四萬餘人，[1]皆爲魏所擒。興下書，軍士戰没者，皆厚加褒贈。魏軍乘勝進攻蒲坂，姚緒固守不戰，魏乃引還。

[1]十將：十，殿本作“卒”。

興徙河西豪右萬餘户于長安。

晋輔國將軍袁虔之、寧朔將軍劉壽、冠軍將軍高長慶、龍驤將軍郭恭等貳于桓玄，[1]懼而奔興。興臨東堂引見，謂虔之等曰：“桓玄雖名晋臣，其實晋賊，其才度定何如父也？能辦成大事以不？”虔之曰：“玄藉世資，雄據荆楚，屬晉朝失政，遂偷竊宰衡。[2]安忍無親，多忌好殺，位不才授，爵以愛加，無公平之度，不如其父遠矣。今既握朝權，必行篡奪，既非命世之才，正可爲他人驅除耳。此天以機便授之陛下，願速加經略，廓清吴楚。”興大悦，以虔之爲大司農，[3]餘皆有拜授。虔之固讓，請疆埸自效，改授假節、寧南將軍、廣州刺史。[4]

[1]寧朔將軍：官名，西晋時多駐幽州，爲幽州地區軍政長官，兼管烏丸事務。晋四品。　冠軍將軍：官名，曹魏、孫吴、西晋皆置。西晋時領營兵。晋三品。　龍驤將軍：官名，高級軍事將領。晋三品。　桓玄：字敬道，本書卷九九有傳。

[2]偷竊宰衡：竊宰相之位。

[3]大司農：官名，掌管全國財政和各地的屯田。晋三品。

[4]假節：假以節杖。指大臣臨時持節出巡，爲權臣掌軍、秉政的地位象徵和政治待遇。　寧南將軍：官名，領兵武職，十六國一些少數民族政權及北魏均置。　廣州：治所在番禺縣（今廣東省廣州市）。此處“廣州刺史”當爲後秦虚授。

興立其昭儀張氏爲皇后，封子懿、弼、洸、宣、諶、愔、璞、質、逵、裕、國兒皆爲公。遣其兼大鴻臚梁斐，[1]以新平張構爲副，拜禿髮傉檀車騎將軍、廣武公，[2]沮渠蒙遜鎮西將軍、沙州刺史、西海侯，[3]李玄盛安西將軍、高昌侯。[4]

[1]大鴻臚：官名，九卿之一，掌賓客迎送接待，贊襄引導朝

會百官等。晋三品。

[2]秃髮傉檀：十六國南凉主，本書卷一二六有載記。　車騎將軍：官名，魏晋南北朝時位次於驃騎將軍，在諸名號將軍之上，多作爲軍府名號，以加授大臣及重要州郡長官。晋二品，開府位從公者一品。

[3]沙州：治所在敦煌縣（今甘肅省敦煌市西）。

[4]安西將軍：官名，東漢建安年間置，與安東、安南、安北將軍合稱四安將軍，爲出鎮某一地區的軍事長官，或作爲刺史等兼理軍務的加官，權任頗重。晋三品，加持節都督者二品。

興遣鎮遠趙曜率衆二萬西屯金城，建節王松忩率騎助吕隆等守姑臧。松忩至魏安，[1]爲傉檀弟文真所圍，衆潰，執松忩，送於傉檀。傉檀大怒，送松忩還長安，歸罪文真，深自陳謝。

[1]魏安：郡名，治所在今甘肅省古浪縣東。

興下書，録馬嵬戰時將吏，盡擢叙之，其堡户給復二十年。[1]興性儉約，車馬無金玉之飾，自下化之，莫不敦尚清素。然好游田，頗損農要。京兆杜挺以僕射齊難無匡輔之益，[2]著豐草詩以箴之，馮翊相雲作德獵賦以諷焉。興皆覽而善之，賜以金帛，然終弗能改。

[1]給復：免除賦税徭役。

[2]僕射：官名，秦漢爲尚書令副貳，東漢建安四年（199）分置左、右，爲尚書省次官。晋三品。

晋順陽太守彭泉以郡降興，[1]興遣楊佛嵩率騎五千，與其荆州刺史趙曜迎之，遂寇陷南鄉，[2]擒建威將軍劉嵩，[3]略地至于梁國而歸。[4]又遣其兼散騎常侍席確詣凉州，[5]徵吕隆弟超入侍，隆遣之。吕隆懼禿髮傉檀之逼，表請内徙。興遣齊難及鎮西姚詰、鎮遠乞伏乾歸、鎮遠趙曜等步騎四萬，迎隆于河西。難至姑臧，以其司馬王尚行凉州刺史，[6]配兵三千鎮姑臧，以將軍閻松爲倉松太守，[7]郭將爲番禾太守，[8]分戍二城，徙隆及其宗室僚屬于長安。沮渠蒙遜遣弟如子貢其方物。[9]王尚綏撫遺黎，導以信義，百姓懷其惠化，翕然歸之。北部鮮卑並遣使貢款。

[1]順陽：郡名，治所在南鄉縣（今河南省淅川縣）。

[2]南鄉：縣名，治所在今河南省淅川縣西南。

[3]建威將軍：官名，領兵征戰，曹魏、孫吴、西晋皆置。晋四品。

[4]梁國：郡國名，治所在睢陽縣（今河南省商丘市）。

[5]散騎常侍：官名，三國魏文帝黄初年置，侍從皇帝左右，諫諍得失，顧問應對，與侍中等共平尚書奏事。也用作宰相、諸公等加官，入宫議政。晋三品。

[6]行：兼攝官職。

[7]閻松：殿本作“閣松”。　倉松：郡名，治所在倉松縣（今甘肅省武威市東）。

[8]番禾：郡名，治所在番禾縣（今甘肅省永昌縣）。

[9]如子：中華本校勘記：“《考證》云：‘如子’，一本作‘拏’。按：《沮渠蒙遜載記》，《通鑑》一一二、一一三並作‘挐’，‘如子’乃‘挐’之訛。”

桓玄遣使來聘，請辛恭靖、何澹之。[1]興留恭靖而遣澹之，謂曰："桓玄不推計曆運，將圖篡逆，天未忘晋，必將有義舉，以吾觀之，終當傾覆。卿今馳往，必逢其敗，相見之期，遲不云遠。"初，恭靖至長安，引見興而不拜，興曰："朕將任卿以東南之事。"靖曰："我寧爲國家鬼，不爲羌賊臣。"興怒，幽之别室。至是，恭靖亦逾墻遁歸。

[1]辛恭靖：本書卷八九有傳。　何澹之：東晋人，先後任王恭參軍、桓玄龍驤將軍、游擊將軍，後投奔後秦姚興。

興遣其將姚碩德、姚斂成、姚壽都等率衆三萬，伐楊盛于仇池。壽都等入自宕昌，[1]斂成從下辯而進。[2]盛遣其弟壽距成，從子斌距都。都逆擊擒之，盡俘其衆。楊壽等懼，率衆請降。碩德還師。

[1]宕昌：地名，在今甘肅省宕昌縣西南。
[2]下辯：縣名，治所在今甘肅省成縣西。

晋汝南太守趙策委守奔於興。[1]

[1]汝南：郡名，西晋治所在新息縣（今河南省息縣西南），東晋移治懸瓠城（今河南省汝南縣）。

興如逍遥園，引諸沙門于澄玄堂聽鳩摩羅什演説佛經。[1]羅什通辯夏言，尋覽舊經，多有乖謬，不與胡本相應。興與羅什及沙門僧略、僧遷、道樹、僧叡、道坦、僧肇、曇順等八百餘人,[2]更出大品，羅什持胡本，興執舊經，以相考校，其新文異舊者皆會於理義。續出諸經并諸論三百餘卷。今之新經皆羅什所譯。興既託意於佛道，公卿已下莫不欽附，沙門自遠而至者五千餘人。起浮圖於永貴里,[3]立波若臺于中宮,[4]沙門坐禪者恒有千數。州郡化之，事佛者十室而九矣。

[1]沙門：僧人。　鳩摩羅什：天竺人，本書卷九五有傳。

[2]興與羅什及沙門僧略、僧遷、道樹、僧叡、道坦、僧肇、曇順等八百餘人：中華本校勘記："《校文》：僧遷、僧叡、僧肇、曇順俱見梁沙門慧皎《高僧傳》，而僧略、道坦、道樹無其名。考《鳩摩羅什傳》言興使沙門僧䂮、僧遷、法欽、道流、道恒、道標、僧肇等八百人諮受什旨云云，乃知僧略、道樹、道坦實僧䂮、道標、道恒之訛，皆形近致誤也。僧䂮爲姚興國内僧主，《高僧傳》中有專傳。標與恒同什譯經事，亦具《道恒傳》中，均可互證《載記》字形之訛。"

[3]浮圖：佛塔。

[4]波若：梵語的音譯。佛教謂離一切分别執著的大智慧。也稱"般若"。

使姚碩德及冠軍徐洛生等伐仇池，又遣建武趙琨自宕昌而進,[1]遣其將斂俱寇漢中。

[1]建武：官名，即建武將軍。東漢末曹操置，統兵征伐。晋四品。

時劉裕誅桓玄，[1]迎復安帝，玄衛將軍、新安王桓謙、臨原王桓怡、雍州刺史桓蔚、左衛將軍桓謐、中書令桓胤、將軍何澹之等奔于興。[2]劉裕遣大參軍衡凱之詣姚顯，請通和，顯遣吉默報之，自是聘使不絕。晋求南鄉諸郡，興許之。群臣咸諫以爲不可，興曰："天下之善一也，劉裕拔萃起微，匡輔晋室，吾何惜數郡而不成其美乎！"遂割南鄉、順陽、新野、舞陰等十二郡歸于晋。[3]

[1]劉裕：字德輿，小名寄奴，彭城（今江蘇省徐州市）人，南朝宋開國皇帝。世居京口，初爲東晋冠軍司馬，後被劉牢之任爲參軍。歷任鎮軍將軍、都督十六州諸軍事，官至相國，受封宋王。元熙二年（420）代晋稱帝。卒謚武皇帝，廟號高祖。

[2]衛將軍：官名，魏晋時位在名號將軍之上，多爲軍府名號，加給大臣、重要州郡長官。晋二品，開府位從公者一品。 桓謙：字敬祖，本書卷七四有傳。 桓怡：東晋桓冲之子，本書卷七四有傳。 雍州：治所在長安縣（今陝西省西安市西北）。 桓蔚：桓秘長子，本書卷七四有傳。 左衛將軍：官名，三國魏咸熙二年（265），司馬炎即晋王位，分中衛將軍爲左、右衛將軍。掌佽飛虎賁及前驅、由基、强弩三部司馬，屬下還有虎賁、羽林、上騎、異力、命中五部督，負責宫禁侍衛。西晋屬中軍將軍，後屬領軍將軍。爲禁衛軍主要統帥之一，權任很重。晋四品。 桓胤：字茂遠，本書卷七四有傳。中華本校勘記："桓胤附《桓彝傳》，稱：桓玄敗後，徙於新安。及東陽太守殷仲文、永嘉太守駱球等謀反，陰欲立胤爲玄嗣，事覺伏誅。《桓玄傳》末略同。是胤未嘗奔秦，此誤。"

[3]新野：郡名，西晋惠帝時改義陽郡置，治所在新野縣（今

河南省新野縣)。　舞陰：郡名，治所在舞陰縣（今河南省泌陽縣西北)。

姚碩德等頻敗楊盛，盛懼，請降，遣子難當及僚佐子弟數十人爲質，碩德等引還。署盛爲使持節、散騎常侍、都督益寧州諸軍事、征南大將軍、開府、益州牧、武都侯。[1]斂俱陷城固，徙漢中流人郭陶等三千餘家於關中。

[1]都督益寧州諸軍事：益、寧二州最高軍事行政長官。　征南大將軍：官名，屬將軍名號，多授予統兵出鎮在外，都督數州諸軍事者。位在征南將軍之上。晋二品，開府位從公者一品。　開府：開設府署，辟置僚屬。魏晋時常以此作爲對高級官員的寵待。　益州：治所在成都縣（今四川省成都市)。

興班告境内及在朝文武，立名不得犯叔父緒及碩德之名，以彰殊禮。興謙恭孝友，每見緒及碩德，如家人之禮，整服傾悚，言則稱字，車馬服玩，必先二叔，然後服其次者，朝廷大政，必諮之而後行。

太史令郭黁言於興曰：[1]“戊亥之歲，當有孤寇起於西北，宜慎其鋒。起兵如流沙，死者如亂麻，戎馬悠悠會隴頭，鮮卑、烏丸居不安，國朝疲於奔命矣。”時所在有泉水涌出，傳云飲則愈病，後多無驗。屢有妖人自稱神女，戮之乃止。

[1]太史令：官名，屬太常。掌天時、星曆、歲終奏新年曆。記録瑞應、灾異等。晋七品。

興大閲，自杜郵至于羊牧。[1]興以姚碩德來朝，大赦其境内。及碩德歸于秦州，興送之，及雍乃還。

[1]杜郵：地名，在今陝西省咸陽市東北。　羊牧：地名，確址不詳。

秃髮傉檀獻興馬三千匹，羊三萬頭。興以爲忠於己，乃署傉檀爲凉州刺史，徵凉州刺史王尚還長安。凉州人申屠英等二百餘人，遣主簿胡威詣興，[1]請留尚，興弗許。引威見之，威流涕謂興曰："臣州奉國五年，王威不接，銜膽栖冰、孤城獨守者，[2]仰恃陛下威靈，俯仗良牧惠化。忽違天人之心，以華土資狄。若傉檀才望應代，臣豈敢言。竊聞乃以臣等貿馬三千匹，羊三萬口，如所傳實者，是爲棄人貴畜。苟以馬供軍國，直煩尚書一符，三千餘家户輸一匹，朝下夕辦，何故以一方委此奸胡！昔漢武傾天下之資，開建河西，隔絶諸戎，斷匈奴右臂，所以終能屠大宛王毋寡。[3]今陛下方布政玉門，[4]流化西域，[5]奈何以五郡之地資之玁狁，[6]忠誠華族棄之虐虜！非但臣州里塗炭，懼方爲聖朝旰食之憂。"[7]興乃遣西平人車普馳止王尚，又遣使喻傉檀。會傉檀已至姑臧，普以狀先告之。[8]傉檀懼，脅遣王尚，遂入姑臧。

[1]主簿：官名，此爲州府屬官。典領文書籍簿，省録衆事，職權甚重。

[2]栖冰：冰，宋本作"水"。

[3]大宛：西域國名。在今烏兹别克斯坦費爾干納盆地。都貴山城（今烏兹别克斯坦共和國卡散賽）。

[4]玉門：縣名，治所在今甘肅省玉門市西北赤金鎮稍東。

[5]西域：地區名，古代對玉門關以西地區的總稱。狹義西域指葱嶺以東，廣義則指通過狹義西域所到達的地區。

[6]玁狁：古代北方少數民族名，即後來的匈奴。

[7]旰食：忘食，不按時吃飯。

[8]告之：之，宋本作“人”。

尚既至長安，坐匿吕氏宫人，擅殺逃人薄禾等，禁止南臺。凉州别駕宗敞、治中張穆、主簿邊憲、胡威等上疏理尚曰：[1]

臣州荒裔，鄰帶寇仇，居泰無垂拱之安，運否離傾覆之難。自張氏頹基，[2]德風絶而莫扇；吕數將終，[3]梟鴞以之翻翔。群生嬰罔極之痛，西夏有焚如之禍。幸皇鑒降眷，[4]純風遠被。刺史王尚受任垂滅之州，策成難全之際，輕身率下，躬儉節用，勞逸豐約，與衆同之，勸課農桑，時無廢業。然後振王威以掃不庭，迴天波以蕩氛穢。則群逆冰摧，不俟朱陽之曜；[5]若秋霜隕籜，[6]豈待勁風之威。何定遠之足高，[7]營平之獨美！[8]經始甫爾，會朝算改授，使希世之功不終於必成，易失之機踐之而莫展，當其時而明其事者，誰不慨然！

[1]别駕：官名，别駕從事、别駕從事史省稱。州部佐官，因從刺史行部，别乘傳車，故稱。位居州吏之右。　治中：官名，治中從事史、治中從事的省稱。州之佐吏，掌選署及文書案卷。魏晋

之世，身份雖低，職權極重。　理：申訴，辯白。

[2]張氏：指十六國前凉張軌及其後人。

[3]吕：指十六國後凉吕光及其後人。

[4]皇鑒降眷：眷，原本、殿本作“春”，宋本作“眷”，據宋本改。

[5]朱陽：太陽。

[6]籜：包在新竹外面的皮葉，竹長成逐漸脱落。

[7]定遠：班超。東漢扶風安陵（今陝西省咸陽市東北）人，字仲昇，班彪子。投筆從戎，隨竇固出擊匈奴，又受命出使西域，爲打通西域立有大功，被任爲西域都護，封定遠侯。

[8]營平：趙充國，西漢隴西上邽（今甘肅省天水市）人，字翁叔。武帝時爲騎士，以善騎射補羽林。從李廣利擊匈奴有功，遷車騎將軍長史。昭帝時歷任水衡都尉、後將軍、衛尉等職。宣帝時封營平侯。

既遠役遐方，劬勞於外，[1]雖效未酬恩，而在公無闕。自至京師，[2]二旬於今，出車之命莫逮，[3]萋斐之責惟深。[4]以取吕氏宫人裴氏及殺逃人薄禾等爲南臺所禁，[5]天鑒玄鏡，暫免囹圄，譏繩之文，未離簡墨。裴氏年垂知命，首髮二毛，[6]嫠居本家，不在尚室，年邁姿陋，何用送爲！邊藩要捍，衆力是寄，禾等私逃，罪應憲墨，以殺止殺，安邊之義也。假若以不送裴氏爲罪者，正闕奚官之一女子耳。[7]論勛則功重，言瑕則過微。而執憲吹毛求疵，忘勞記過，斯先哲所以泣血於當年，微臣所以仰天而洒淚。

[1]劬勞：辛苦勞累。

[2]京師：國都。《春秋公羊傳·桓公九年》："京師者何？天子之居也。"

[3]出車：出征。《詩·小雅·出車》："出車彭彭，旂旐央央。"

[4]萋斐：讒毀之言。典出《詩·小雅·巷伯》："萋兮斐兮，成是貝錦；彼譖人者，亦已大甚！"孔穎達疏："《論語》云'斐然成章。'是斐爲文章之貌，萋與斐同類而云成錦，故爲文章相錯也。"

[5]及：原本作"各"，宋本、殿本作"及"，據宋本、殿本改。

[6]首髮二毛：頭髮斑白。

[7]奚官：奚官局，官署名。隸少府。《資治通鑑》卷七九《晋紀》武帝泰始五年胡三省注："少府有奚官令，凡男女没入者屬焉。魏以來，鄴都又有奚官督。"

且尚之奉國，歷事二朝，[1]能否效於既往，優劣簡在聖心，就有微過，功足相補，宜弘罔極之施，以彰覆載之恩。

[1]歷事二朝：二，宋本作"三"。

臣等生自西州，無翰飛之翼；[1]久沈僞政，絶進趣之途。及皇化既沾，投竿之心冥發，[2]遂策名委質，位忝吏端。主辱臣憂，故重繭披款，惟陛下亮之。

[1]翰飛：高飛。

[2]投竿之心冥發：出仕之心萌發。投竿，出仕。典出《史記》卷三二《齊太公世家》：吕尚年老且貧，在渭水畔釣魚以等待明主發現。周文王將出獵，占卜，得知將得人才，乃出獵，果遇太公於渭之陽，與語大説，曰："自吾先君太公曰'當有聖人適周，周以興'。子真是邪？吾太公望子久矣。"故號之曰"太公望"，載與俱歸，立爲師。

興覽之大悦，謂其黄門侍郎姚文祖曰：[1]"卿知宗敞乎？"文祖曰："與臣州里，西方之英雋。"興曰："有表理王尚，文義甚佳，當王尚研思耳。"文祖曰："尚在南臺，禁止不與賓客交通，敞寓於楊桓，非尚明矣。"興曰："若爾，桓爲措思乎？"文祖曰："西方評敞甚重，優於楊桓。敞昔與吕超周旋，[2]陛下試可問之。"興因謂超曰：[3]"宗敞文才何如？可是誰輩？"超曰："敞在西土，時論甚美，方敞魏之陳、徐，[4]晋之潘、陸。"[5]即以表示超曰："凉州小地，寧有此才乎？"超曰："臣以敞餘文比之，未足稱多。[6]琳琅出于崑嶺，明珠生於海濱，若必以地求人，則文命大夏之棄夫，[7]姬昌東夷之擯士。但當問其文彩何如，不可以區宇格物。"[8]興悦，赦尚之罪，以爲尚書。

[1]黄門侍郎：官名，魏晋時爲侍中省或門下省次官。侍從皇帝，顧問應對，多以重臣或外戚子弟擔任，位頗重要。晋五品。

[2]吕超：十六國後凉人，氐族，吕寶子。任驍騎將、番禾太守等。後擁立吕隆即天王位，自任司隸校尉、録尚書事。後降於後秦，任安定太守。

［3］興因謂超曰：謂，原本作“爲”，宋本、殿本作“謂”，據宋本、殿本改。

［4］陳：陳琳，東漢末廣陵（今江蘇省揚州市）人，字孔璋。“建安七子”之一。初任大將軍何進主簿，後投奔袁紹，官渡之戰後歸曹操。任曹操司空軍謀祭酒，管記室，書寫軍國檄文甚多。以詩文最爲著名。　徐：徐幹，東漢末北海劇縣（今山東省壽光市南）人，字偉長。“建安七子”之一。建安中任曹操司空軍謀祭酒掾屬、五官中郎將文學。主張分職設官、循名責實、察舉取士。著有《中論》二十篇。文集已佚，明清有輯本。

［5］潘：潘岳，字安仁，本書卷五五有傳。　陸：陸機，字士衡，本書卷五四有傳。

［6］未足稱多：不值得稱讚。

［7］文命：傳説爲夏禹之名。《史記》卷二《夏本紀》：“夏禹名曰文命。”傳説他娶妻後不久就去治水，無暇照顧妻子和孩子。　棄夫：指棄婦之夫。

［8］以區宇格物：以地域推究人物。

晋書　卷一一八

載記第十八

姚興下 尹緯

姚興下

晉義熙二年，[1]平北將軍、梁州督護苻宣入漢中，[2]興梁州别駕吕營、漢中徐逸、席難起兵應宣，[3]求救於楊盛。盛遣軍臨濜口，[4]南梁州刺史王敏退守武興。[5]楊盛復通於晋。

[1]晉義熙二年：中華本校勘記："《通鑑》一一四事在義熙三年。下文姚興以太子泓録尚書事，據《御覽》一二三引《後秦録》在興之弘始九年，則此事亦當在此年。弘始元年，據《魏書·崔鴻傳》在魏天興二年，即晋隆安三年，其九年即晋義熙三年。此誤前一年。參下校記。"

[2]平北將軍：官名，與平東、平西、平南將軍合稱四平將軍。多持節都督或監某一地區的軍事，有時作爲刺史等地方官員監理軍務的加官。晋三品，加持節都督者二品。　梁州：三國曹魏治所在沔陽縣（今陝西省勉縣東），西晋移治南鄭縣（今陝西省漢中市

東）。　督護：官名，州郡及出鎮方面將軍府皆設，掌兵事。兩晉時常統軍征伐，衹督一軍。

［3］吕營：中華本校勘記："《通鑑》一一四、《宋書·氐胡傳》'營'作'瑩'。"

［4］瀘口：瀘口城，一名白馬城、陽平關、陽安關，位於今陝西省勉縣西老勉縣。

［5］南梁州：後秦置，治所在武興郡（今陝西省略陽縣）。

興以太子泓録尚書事。[1]

［1］録尚書事：官名，初爲職銜名，重臣加此名義始得總知國事，綜理政務，成爲真宰相。魏晉多以公卿權重者居之，總領尚書省政務，凡重號將軍、刺史皆得命曹授用，位在三公之上。宋本無"事"字。

慕容超司徒、北地王鍾，[1]右僕射、濟陽王凝，[2]高都公始，皆來奔。

［1］慕容超：字祖明，本書卷一二八有載記。　司徒：官名，西漢哀帝元壽二年（前1）改丞相爲大司徒，東漢光武帝時改名爲司徒，東漢末又改爲丞相。三國魏恢復三公制，改丞相爲司徒，管理民政。兩晉沿制，爲八公之一，在太尉之下、司空之上。與丞相通職，一般不並置，爲名譽宰相。晉一品。　北地：郡名，三國魏治所在祋祤城（今陝西省銅川市耀州區東），西晉治所在泥陽縣（今甘肅省寧縣東南）。

［2］右僕射：官名，即尚書右僕射，尚書令副手。掌拆閱封緘奏章文書、參議政事、諫諍駁議、監察百官。位在左僕射之下。晉三品。　濟陽：郡名，惠帝時分陳留郡置，治所在濟陽縣（今河南

省蘭考縣東北)。

華山郡地涌沸，廣袤百餘步，燒生物皆熟，歷五月乃止。

赫連勃勃殺高平公没弈于，收其衆以叛。

先是，魏主拓跋珪送馬千匹，[1]求婚於興，興許之。以魏别立后，遂絶婚，故有柴壁之戰。至是，復與魏通和，魏放狄伯支、姚伯禽、唐小方、姚良國、康宧還長安，皆復其爵位。

[1]拓跋珪：北魏創建者。其先世拓跋猗盧曾建代國，後爲前秦苻堅所滅。淝水之戰後拓跋珪恢復代國，又改稱魏。死後謚號道武帝，廟號太祖。珪，原本、宋本作“圭”，殿本作“珪”，據殿本改。

時秃髮傉檀、沮渠蒙遜迭相攻擊，傉檀遂東招河州刺史西羌彭奚念，奚念阻河以叛。

蜀譙縱遣使稱藩，[1]請桓謙，欲令順流東伐劉裕。興以問謙，謙請行，遂許之。

[1]譙縱：巴西南充（今四川省南充市）人，本書卷一〇〇有傳。

使中軍姚弼、後軍斂成、鎮遠乞伏乾歸等率步騎三萬伐傉檀，[1]左僕射齊難等率騎二萬討勃勃。吏部尚書尹昭諫曰：[2]“傉檀恃遠，輕敢違逆，宜詔蒙遜及李玄盛，使自相攻擊。待其斃也，然後取之，此卞莊之舉也。”[3]興不從。勃勃退保河曲。[4]弼濟自金城，弼部將姜紀言於弼曰：“今王師聲討勃勃，傉檀猶豫，未爲嚴防，請給輕騎五千，掩其城門，則山澤之人皆爲吾有，孤城獨立，坐可克也。”弼不從，進拔昌松，[5]長驅至姑臧。傉檀嬰城固守，出其兵擊弼，弼敗，退據西苑。[6]興又遣衛大將軍姚顯率騎二萬，[7]爲諸軍節度。[8]至高平，[9]聞弼敗績，兼道赴之，撫慰河外，率衆而還。傉檀遣使人徐宿詣興謝罪。

[1]中軍：官名，即中軍將軍，西晋時統左右衛、前後左右驍騎等宿衛七營禁軍，主管京師及朝廷警衛。泰始四年（268）罷，置北軍中候代其職。後爲將軍名號，與鎮軍將軍、撫軍將軍並爲三名號將軍，不統禁兵。晋三品。　後軍：官名，即後軍將軍。西晋武帝泰始八年（272）置，與前、左、右將軍合稱四軍將軍。各領兵千人，是護衛皇帝宫禁的主要禁軍將領之一。晋四品。　斂成：中華本校勘記：“周校：當作‘姚斂成’，下同。按：姚斂成見上卷《姚興載記》上，周説是。”

[2]吏部尚書：官名，三國魏時爲尚書省吏部曹長官，位居列曹尚書之上。晋三品。

[3]卞莊之舉：《史記》卷七〇《張儀列傳》：“莊子欲刺虎，館豎子止之，曰：‘兩虎方且食牛，食甘必争，争則必鬥，鬥則大者傷，小者死，從傷而刺之，一舉必有雙虎之名。’卞莊子以爲然，立須之。有頃，兩虎果鬥，大者傷，小者死。莊子從傷者而刺之，一舉果有雙虎之功。”

[4]河曲：地區名，在今内蒙古自治區西南部黄河曲流處。

[5]昌松：縣名，治所在今甘肅省古浪縣。

[6]西苑：《資治通鑑》卷一〇九《晉紀》安帝隆安元年："二苑之衆，盡我有也。"胡三省注："凉州治姑臧，有東、西苑城。"

[7]衛大將軍：官名，高級統帥，地位在衛將軍上。十六國北朝一些政權均置。

[8]諸軍節度：指揮調度各軍。

[9]高平：《資治通鑑》卷一一二《晉紀》安帝隆安五年："魏主珪遣常山王遵、定陵公和跋帥衆五萬襲没弈干（于）於高平。"胡三省注："高平，漢屬安定，魏收志屬涇州新平郡。又原州有高平郡；酈道元云：高平川西南去安定三百四十里。"

齊難爲勃勃所擒。興遣平北姚冲、征虜狄伯支、輔國斂曼嵬、鎮東楊佛嵩率騎四萬討勃勃。冲次于嶺北，欲回師襲長安，伯支不從，乃止，懼其謀泄，遂鴆殺伯支。

時王師伐譙縱，[1]大敗之，縱遣使乞師於興。興遣平西姚賞、南梁州刺史王敏率衆二萬救之，[2]王師引還。縱遣使拜師，仍貢其方物。興遣其兼司徒韋華持節策拜縱爲大都督、相國、蜀王，[3]加九錫，[4]備物典策一如魏晉故事，承制封拜悉如王者之儀。[5]

[1]王師：指東晉軍隊。

[2]平西：官名，即平西將軍。與平北、平南、平東將軍合稱四平將軍，權任很重，多持節都督或監某一地區的軍事，有時亦作爲刺史等地方官員兼理軍務的加官。晉三品，加持節都督者二品。

[3]大都督：官名，高級軍事長官。三國初作爲加官於戰時臨時設置，後逐漸成爲常設加官官職，地位極高。　相國：官名，春秋戰國時稱宰輔大臣爲相國，秦漢時稱爲丞相。魏晉南北朝時不常

置，職權品秩略同於丞相但位又比丞相尊貴，非尋常人臣之職。

[4]九錫：《漢書》卷六《武帝紀》顏師古注引應劭曰："一曰車馬，二曰衣服，三曰樂器，四曰朱户，五曰納陛，六曰虎賁百人，七曰鈇鉞，八曰弓矢，九曰秬鬯。此皆天子制度，尊之，故事事錫與，但數少耳。"

[5]承制：秉承皇帝旨意便宜行事。

興自平涼如朝那，[1]聞冲謀逆，以其弟中最少，雄武絶人，猶欲隱忍容之。斂成泣謂興曰："冲凶險不仁，每侍左右，臣常寢不安席，願早爲之所。"興曰："冲何能爲也！但輕害名將，吾欲明其罪於四海。"乃下書賜冲死，葬以庶人之禮。

[1]朝那：縣名，治所在今寧夏回族自治區固原市東南。

晋河間王子國璠、章武王子叔道來奔，[1]興謂之曰："劉裕匡復晋室，卿等何故來也？"國璠等曰："裕與不逞之徒削弱王室，宗門能自修立者莫不害之。是避之來，實非誠款，所以避死耳。"興嘉之，以國璠爲建義將軍、揚州刺史，[2]叔道爲平南將軍、兖州刺史，[3]賜以甲第。

[1]河間王子國璠：司馬國璠，晋安平獻王司馬孚之後。桓玄、劉裕之際，司馬國璠北奔慕容超。後西投姚興。劉裕滅姚泓，北奔赫連勃勃。北魏拓跋燾平統萬，又投降北魏，賜爵淮南公。

[2]建義將軍：官名，東漢置，三國蜀漢，十六國後趙、西秦，北朝北魏亦置。　揚州：治所在建康縣（今江蘇省南京市）。

[3]平南將軍：官名，與平東、平西、平北將軍合稱四平將軍。多持節都督或監某一地區的軍事，有時作爲刺史等地方官員監理軍務的加官。晋三品，加持節都督者二品。　兖州刺史：兖，宋本作“交”。中華本校勘記：“《册府》二三〇、《通鑑》一一五、《通志》一九〇‘兖州’並作‘交州’，‘兖’字當是形近而訛。”

興如貳城，[1]將討赫連勃勃，遣安遠姚詳及斂曼嵬、鎮軍彭白狼分督租運。[2]諸軍未集而勃勃騎大至，興欲留步軍，輕如嵬營。衆咸惶懼，群臣固以爲不可，興弗納。尚書郎韋宗希旨勸興行，蘭臺侍御史姜楞越次而進曰：[3]“韋宗傾險不忠，沮敗國計，宜先腰斬以謝天下。脱車駕動軫，六軍駭懼，人無守志，取危之道也。宜遣單使以徵詳等。”興默然。右僕射韋華等諫曰：“若車騎輕動，必不戰自潰，嵬營亦未必可至，惟陛下圖之。”興乃遣左將軍姚文宗率禁兵距戰，[4]中壘齊莫統氐兵以繼之。[5]文宗與莫皆勇果兼人，以死力戰，勃勃乃退。留禁兵五千配姚詳守貳城，興還長安。

[1]貳城：《讀史方輿紀要》卷五七《陝西六》：“貳城，在（中部）縣西北。苻秦時貳縣城也。”中部縣治所在今陝西省宜君縣東北。

[2]鎮軍：官名，即鎮軍將軍。三國時始置，西晋罷又復置。位在鎮軍大將軍下，與中軍將軍、撫軍將軍並爲三名號將軍，位比四鎮將軍。晋三品。

[3]蘭臺侍御史：官名，即侍御史。西漢時因入侍禁中蘭臺，故稱。省稱御史、侍御。御史臺屬官，曹魏時分掌治書、課第等八曹，尚書、符節等三臺。西晋時分掌吏、課第、直事、印、中都

督、外都督、媒、符節、水、中壘、軍營、法、算十三曹。晋六品。

[4]左將軍：官名，漢代爲重號將軍，與前、後、右將軍並爲上卿。魏晋時爲常設官職，權位較兩漢漸低，僅爲武官名號，略高於一般雜號將軍，不典禁兵。晋三品。

[5]中壘：官名，即中壘將軍。三國魏置，初領中壘營兵，正始六年（245）曹芳解散中壘營後，僅作爲名號。晋四品。

譙縱遣其侍中譙良、太常楊軌朝於興，[1]請大舉以寇江東。[2]遣其荆州刺史桓謙、梁州刺史譙道福率衆二萬東寇江陵。[3]興乃遣前將軍苟林率騎會之。謙屯枝江，[4]林屯江津。[5]謙，江左貴族，部曲遍於荆楚，晋之將士皆有叛心。荆州刺史劉道規大懼，[6]嬰城固守。雍州刺史魯宗之率襄陽之衆救之，[7]道規乃留宗之守江陵，率軍逆戰。謙等舟師大盛，兼列步騎以待之。大戰枝江，謙敗績，乘輕舸奔就苟林，晋人獲而斬之。苟林懼而引歸。

[1]侍中：官名，東漢建安中與給事黄門侍郎出入禁中，省尚書事。曹魏時爲門下之侍中省長官。常侍衛皇帝左右，掌顧問應對、諫諍糾察、平議奏事、駁奏異議等，權力甚重。晋三品。　太常：官名，漢代稱奉常，本掌禮樂宗廟、社稷祭祀，魏晋時此職掌歸尚書裁定，太常成爲閑職。晋三品。

[2]江東：亦稱江左，因自北方視之，江東在左，江西在右，故稱。

[3]荆州：後秦荆州治所在上洛郡（今陝西省商洛市商州區）。　江陵：縣名，治所在今湖北省江陵縣。

[4]枝江：枝，原本、宋本、殿本作“支”，今據中華本校勘記改。本卷下文此地名同。

[5]江津：即江津戍，一名奉城，位於今湖北省荆州市沙市區東南長江中沙洲上。

[6]劉道規：字道則，劉裕少弟，東晋末任振武將軍、義昌太守，隨劉裕征桓玄，破孫恩，屢立戰功。死後追封臨川王。

[7]魯宗之：東晋扶風郿縣（今陝西省眉縣東渭河北岸）人，字彦仁。南陽太守，從劉裕伐桓玄有功，遷輔國將軍、雍州刺史。後自疑不爲劉裕所容，乃起兵與司馬休之伐劉裕，兵敗後投姚興。

興以國用不足，增關津之税，鹽竹山木皆有賦焉。群臣咸諫，以爲天殖品物以養群生，王者子育萬邦，不宜節約以奪其利。興曰：“能逾關梁通利於山水者，皆豪富之家。吾損有餘以裨不足，有何不可！”乃遂行之。

興從朝門游於文武苑，及昏而還，將自平朔門入。前驅既至，城門校尉王滿聰被甲持杖，[1]閉門距之，曰：“今已昏闇，奸良不辨，有死而已，門不可開。”興乃迴從朝門而入。旦而召滿聰，進位二等。

[1]城門校尉：官名，掌京城諸城門警衛。新莽時稱城門將軍，東漢時復舊稱。掌管洛陽除北宫門之外的十一城門，位在北五校尉之上。曹魏、西晋沿置。晋四品。

乞伏乾歸以衆叛，攻陷金城，執太守任蘭。蘭厲色責乾歸以背恩違義，乾歸怒而囚之，蘭遂不食而死。

赫連勃勃遣其將胡金纂將萬餘騎攻平凉。興如貳城，因救平凉，纂衆大潰，生擒纂。勃勃遣兄子提攻陷定陽，[1]執北中郎將姚廣都。[2]興將曹熾、曹雲、王肆佛等各將數千户避勃勃内徙，興處佛于湟山澤，熾、雲于陳倉。[3]勃勃寇隴右，[4]攻白涯堡，[5]破之，遂趣清水。[6]略陽太守姚壽都委守奔秦州，[7]勃勃又收其衆而歸。興自安定追之，至壽渠川，[8]不及而還。

[1]定陽：縣名，治所在今陝西省延安市東南固縣鎮。

[2]北中郎將：官名，與東、西、南中郎將並稱四中郎將，統兵征戰，職權甚重。晋四品。

[3]陳倉：縣名，治所在今陝西省寶鷄市東渭水北岸。

[4]隴右：地區名，指甘肅隴山以西地區。

[5]白涯堡：位於今甘肅省清水縣西。

[6]清水：縣名，治所在今甘肅省清水縣西北。

[7]略陽：郡名，西晋泰始中以廣魏郡改名，治所在臨渭縣（今甘肅省天水市東北渭河北岸）。

[8]壽渠川：位於今甘肅省鎮原縣北。

初，天水人姜紀，吕氏之叛臣，阿諂奸詐，好間人之親戚。興子弼有寵於興，紀遂傾心附之。弼時爲雍州刺史，鎮安定，與密謀還朝，令傾心事常山公顯，樹黨左右。至是，興以弼爲尚書令、侍中、大將軍。[1]既居將相，虚襟引納，收結朝士，勢傾東宫，遂有奪嫡之謀矣。

[1]尚書令：官名，秦漢時爲尚書署長官。秩位雖低，權力甚重。魏晋時沿置，爲尚書省長官，綜理全國政務，參議大政，爲高級政務長官。晋三品。

興以勃勃、乾歸作亂西北，傉檀、蒙遜擅兵河右，疇咨將帥之臣，欲鎮撫二方。隴東太守郭播言於興曰："嶺北二州鎮户皆數萬，若得文武之才以綏撫之，足以靖塞奸略。"[1]興曰："吾每思得廉頗、李牧鎮撫四方，[2]使便宜行事。然任非其人，恒致負敗。卿試舉之。"播曰："清潔善撫邊，則平陸子王元始；雄武多奇略，則建威王焕；賞罰必行，臨敵不顧，則奮武彭蚝。"[3]興曰："蚝令行禁止則有之，非綏邊之才也。始、焕年少，吾未知其爲人。"播曰："廣平公弼才兼文武，宜鎮督一方，願陛下遠鑒前車，近悟後轍。"興不從，以其太常索棱爲太尉，[4]領隴西内史，[5]綏誘乾歸。政績既美，乾歸感而歸之。太史令任猗言於興曰："白氣出於北方，東西竟天五百里，當有破軍流血。"乞伏乾歸遣使送所掠守宰，謝罪請降。興以勃勃之難，[6]權宜許之，假乾歸及其子熾磐官爵。[7]

[1]奸略：略，宋本作"路"。

[2]廉頗：戰國時趙將，以勇氣聞於諸侯。趙惠文王時爲將伐齊，大破齊軍，拜爲上卿。趙孝成王時與樂乘率軍伐燕，迫使燕割地請和。後與樂乘不和，奔魏居大梁，後入楚。　李牧：戰國時趙國名將，駐守趙國北境，匈奴十餘年不敢犯。又多次打敗西部的秦國軍隊，秦人深以爲患，施反間計使趙王將李牧殺害。

[3]奮武：官名，即奮武將軍。雜號將軍，地位較高。晋四品。

[4]太尉：官名，曹操爲丞相後，太尉府屬官歸相府，晋時太尉雖爲八公之一、三公之首，實爲名譽宰相，多爲大臣加官。晋一品。

[5]隴西：郡名，治所原在狄道縣（今甘肅省臨洮縣），曹魏

時徙治襄武縣（今甘肅省隴西縣東南）。　内史：官名，西晋武帝太康十年（289）改諸王國相爲内史，掌管民政。晋五品。周家禄《晋書校勘記》認爲："晋制，以郡爲國，内史治民事，若郡太守。國除爲郡，復稱太守。然二名往往混淆，史家亦互稱之。"

［6］之難：宋本無"難"字。

［7］熾磐：乞伏熾磐，十六國西秦主，本書卷一二五有載記。

姚詳時鎮杏城，爲赫連勃勃所逼，糧盡，委守南奔大蘇。[1]勃勃要之，衆散，[2]爲勃勃所執。時遣衛大將軍顯迎詳，詳敗，遂屯杏城，因令顯都督安定嶺北二鎮事。

［1］大蘇：大蘇堡，位於今陝西省黄陵縣南。

［2］衆散：衆，殿本作"兵"。

潁川太守姚平都自許昌來朝，[1]言於興曰："劉裕敢懷奸計，屯聚芍陂，[2]有擾邊之志，宜遣燒之，以散其衆謀。"興曰："裕之輕弱，安敢闚吾疆埸！苟有奸心，其在子孫乎！"召其尚書楊佛嵩謂之曰："吴兒不自知，乃有非分之意。待至孟冬，當遣卿率精騎三萬焚其積聚。"嵩曰："陛下若任臣以此役者，當從肥口濟淮，[3]直趣壽春，[4]舉大衆以屯城，縱輕騎以掠野，使淮南蕭條，兵粟俱了，足令吴兒俯仰回惶，神爽飛越。"興大悦。

［1］潁川：郡名，治所在許昌縣（今河南省許昌市東）。

［2］芍陂：又名龍泉陂，位於今安徽省壽縣南。

[3]肥口：位於今安徽省壽縣西北，爲淝水入淮之口。

[4]壽春：縣名，治所在今安徽省壽縣東南。

時西胡梁國兒於平凉作壽冢，每將妻妾入冢飲讌，酒酣，升靈床而歌。時人或譏之，國兒不以爲意。前後征伐，屢有大功，興以爲鎮北將軍，[1]封平輿男，年八十餘乃死。

[1]鎮北將軍：官名，東漢建安年間置，與鎮西、鎮南、鎮東將軍合稱四鎮將軍，多爲持節都督，出鎮方面。曹魏二品。晋三品，加持節都督者二品。

時客星入東井，[1]所在地震，前後一百五十六。興公卿抗表請罪，興曰："灾譴之來，咎在元首；近代或歸罪三公，甚無謂也。公等其悉冠履復位。"

[1]客星入東井：有新星進入井宿。客星，新出現的星星。東井，星宿名，即井宿，二十八宿之一。因在玉井之東，故稱。

仇池公楊盛叛，擾祁山。[1]遣建威趙琨率騎五千爲前鋒，立節楊伯壽統步卒繼之，[2]前將軍姚恢、左將軍姚文宗入自鷲陝，[3]鎮西、秦州刺史姚嵩入羊頭陝，[4]右衛胡翼度從陰密出自汧城，[5]討盛。興將輕騎五千，自雍赴之，與諸將軍會于隴口。[6]天水太守王松忩言於嵩曰："先皇神略無方，威武冠世，冠軍徐洛生猛毅兼人，佐命英輔，再入仇池，無功而還。非楊盛智勇能全，直是地勢然也。今以趙琨之衆，使君之威，準之先朝，實未見成功。使君具悉形便，何不表聞？”嵩不從。盛率衆與琨相持，伯壽畏懦弗進，琨衆寡不敵，爲盛所敗，興斬伯壽而還。嵩乃具陳松忿之言，興善之。

［1］祁山：地名，在今甘肅省禮縣東北。

［2］楊伯壽：中華本校勘記："《通鑑》一一六'楊'作'姚'。"

［3］前將軍：官名，漢代爲重號將軍，與後、左、右將軍並爲上卿。魏晋時常設，權位較兩漢時漸低，僅爲武官名號，略高於一般雜號將軍，不典禁兵，不與朝政。晋三品。　鷲陜：地名，在今甘肅省西和縣東南。

［4］羊頭陜：地名，在今甘肅省天水市西南。

［5］右衛：官名，即右衛將軍。三國魏咸熙二年（265），司馬炎即晋王位，分中衛將軍爲左、右衛將軍。掌攸飛虎賁及前驅、由基、强弩三部司馬，屬下還有虎賁、羽林、上騎、異力、命中五部督，負責宫禁侍衛。西晋屬中軍將軍，後屬領軍將軍。爲禁衛軍主要統帥之一，權任很重。晋四品。　汧城：汧縣城，位於今陝西省隴縣東南。

［6］隴口：位於隴水流至甘肅省静縣西南入葫蘆河之處。

乾歸爲其下人所殺，子熾磐新立，群下咸勸興取之。興曰："乾歸先已返善，吾方當懷撫，因喪伐之，非朕本志也。"

以楊佛嵩都督嶺北討虜諸軍事、安遠將軍、雍州刺史，[1]率嶺北見兵以討赫連勃勃。嵩發數日，興謂群臣曰："佛嵩驍勇果鋭，每臨敵對寇，不可制抑，吾常節之，配兵不過五千。今衆旅既多，遇賊必敗。今去已遠，追之無及，吾深憂之。”其下咸以爲不然。佛嵩果爲勃勃所執，絶亢而死。

[1]都督嶺北討虜諸軍事：嶺北討虜事務最高軍事行政長官。嶺，秦嶺。

興立昭儀齊氏爲皇后。又下書以其故丞相姚緒、太宰姚碩德、太傅姚旻、大司馬姚崇、司徒尹緯等二十四人配饗於萇廟。[1]興以大臣屢喪，令所司更詳臨赴之制。所司白興，依故事東堂發哀。[2]興不從，每大臣死，皆親臨之。

[1]丞相：官名，原爲最高國務長官，魏晋時省置無常，或分置左、右，或稱大丞相，多用來安置權臣。　太宰：官名，即太師，因避司馬師名諱而改名太宰。八公之一，居上公之首，爲宰相之任。晋一品。　太傅：官名，晋爲八公之一。位上公，太宰之下、太保之上。晋一品。　大司馬：官名，八公之一，位在上公之下、大將軍及三公之上，高級將帥，多爲大臣加官。晋一品。

[2]發哀：舉行哀悼儀式。

姚文宗有寵於姚泓，姚弼深疾之，誣文宗有怨言，以侍御史廉桃生爲證。興怒，賜文宗死。是後群臣累足，[1]莫敢言弼之短。

[1]累足：犹重足。兩足相叠，不敢正立，形容小心戒惧。

時貳縣羌叛興，[1]興遣後將軍斂成、鎮軍彭白狼、北中郎將姚洛都討之。[2]斂成爲羌所敗，甚懼，詣趙興太守姚穆歸罪。[3]穆欲送殺之，成怒，奔赫連勃勃。

[1]貳縣：《資治通鑑》卷一一五《晋紀》安帝義熙五年胡三省注："貳城，貳縣城也，在杏城西北、平凉東南。"

[2]後將軍：官名，漢代爲重號將軍，與前、左、右將軍並爲上卿。魏晋以後權位漸低，僅爲將軍名號，略高於一般雜號將軍。晋三品。

[3]趙興：郡名，治所在定安縣（今甘肅省寧縣）。

興遣姚紹與姚弼率禁衛諸軍鎮撫嶺北。遼東侯彌姐亭地率其部人南居陰密，劫掠百姓。弼收亭地送之，殺其衆七百餘人，徙二千餘户于鄭城。[1]

[1]鄭城：鄭縣城，位於在今陝西省渭南市華州區。

弼寵愛方隆，[1]所欲施行，無不信納。乃以嬖人尹冲爲給事黄門侍郎，唐盛爲治書侍御史，[2]左右機要，皆其黨人，漸欲廣樹爪牙，彌縫其闕。右僕射梁喜、侍中任謙、京兆尹尹昭承間言於興曰：[3]"父子之際，人罕得而言。然君臣亦猶父子，臣等理不容默。並后匹嫡，未始不傾國亂家。廣平公弼奸凶無狀，潛有陵奪之志，[4]陛下寵之不道，假其威權，傾險無賴之徒，莫不鱗湊其側。市巷諷議，皆言陛下欲有廢立之志。誠如此者，臣等有死而已，不敢奉詔。"興曰："安有此乎！"

昭等曰："若無廢立之事，陛下愛弼，適所以禍之，願去其左右，减其威權。非但弼有太山之安，宗廟社稷亦有磐石之固矣。"興默然。

[1]寵愛方隆：宋本"愛"下有"之"字。

[2]治書侍御史：官名，簡稱治書御史、御史治書、侍書。屬諸侍御史之一種，亦簡稱侍御史、侍御、御史。西漢時掌圖籍、文書，東漢時屬御史臺，職掌也變爲審理疑獄、平廷尉奏事。魏晋南北朝時爲御史中丞佐貳，掌監察、彈劾高級官員，也奉命出使，緝拿犯官。晋六品。

[3]京兆尹：官名，京畿地方行政長官，職掌如郡守，但地位高於郡守。晋三品。

[4]陵奪之志：陵，殿本作"淩"。

興寢疾，妖賊李弘反于貳原，貳原氐仇常起兵應弘。興輿疾討之，斬常，執弘而還，徙常部人五百餘户于許昌。

興疾篤，其太子泓屯兵于東華門，侍疾於諮議堂。姚弼潛謀爲亂，招集數千人，被甲伏於其第。撫軍姚紹及侍中任謙、右僕射梁喜、冠軍姚讚、京兆尹尹昭、輔國斂曼嵬並典禁兵，[1]宿衛于内。姚裕遣使告姚懿于蒲坂，并密信諸藩，論弼逆狀。懿流涕以告將士曰："上今寢疾，臣子所宜冠履不整。而廣平公弼擁兵私第，不以忠於儲宫，正是孤徇義亡身之日。[2]諸君皆忠烈之士，亦當同孤徇斯舉也。"將士無不奮怒攘袂曰："惟殿下所爲，死生不敢貳。"於是盡赦囚徒，散布帛數萬匹以賜其將士，建牙誓衆，[3]將赴長安。鎮東、豫州牧姚洸起兵洛陽，[4]平西姚諶起兵於雍，將以赴泓之難。興疾瘳，[5]朝其群臣，征虜劉羌泣謂興曰："陛下寢疾數旬，奈何忽有斯事!"興曰："朕過庭無訓，[6]使諸子不穆，愧于四海。卿等各陳所懷，以安社稷。"尹昭曰："廣平公弼恃寵不虔，阻兵懷貳，自宜置之刑書，以明典憲。陛下若含忍未便加法者，且可削奪威權，使散居藩國，以紓闚鬩之禍，[7]全天性之恩。"興謂梁喜曰："卿以爲何如?"喜曰："臣之愚見，如昭所陳。"興以弼才兼文武，未忍致法，免其尚書令，以將軍、公就第。懿等聞興疾瘳，各罷兵還鎮。懿、恢及弟諶等皆抗表罪弼，請致之刑法，興弗許。

[1]撫軍：官名，即撫軍將軍。三國蜀漢、孫吴皆置，爲加官，以示權重。晋沿置，與中軍將軍、鎮軍將軍並爲三名號將軍。晋三品。

[2]亡身：亡，殿本作"忘"。

[3]建牙：樹立軍旗即將出師。

[4]豫州：治所在陳縣（今河南省周口市淮陽區）。　洛陽：古都名，位於今河南省洛陽市東北。

[5]疾瘳：病愈。

[6]過庭：承受父訓。典出《論語·季氏》："鯉趨而過庭，曰：'學《詩》乎?'對曰：'未也。''不學《詩》，無以言。'鯉退而學《詩》。他日又獨立，鯉趨而過庭，曰：'學《禮》乎?'對曰：'未也。''不學《禮》，無以立。'鯉退而學《禮》。"

[7]紓闚鬩之禍：解除覬覦皇位的禍患。

時魏遣使聘于興，且請婚。會平陽太守姚成都來朝，興謂之曰："卿久處東藩，與魏鄰接，應悉彼事形。今來求婚，吾已許之，終能分災共患，遠相接援以不?"成都曰："魏自柴壁克捷已來，戎甲未曾損失，士馬桓桓，師旅充盛。今修和親，兼婚姻之好，豈但分災共患而已，實亦永安之福也。"興大悦，遣其吏部郎嚴康報聘，并致方物。

時姚懿、姚洸、姚宣、姚諶來朝，使姚裕言於興曰："懿等今悉在外，欲有所陳。"興曰："汝等正欲道弼事耳，吾已知之。"裕曰："弼苟有可論，陛下所宜垂聽。若懿等言違大義，便當肆之刑辟，奈何距之!"於是引見諮議堂。宣流涕曰："先帝以大聖起基，陛下以神武定業，方隆七百之祚，爲萬世之美，安可使弼謀傾社稷。宜委之有司，肅明刑憲。臣等敢以死請。"興曰："吾自處之，非汝等所憂。"先以大司農竇温、司徒左長史王弼皆有密表，[1]勸興廢立。興雖不從，亦不以爲責。撫軍東曹屬姜虬上疏曰：[2]"廣平公弼懷奸積年，謀禍有歲，傾陷群豎爲之畫足，釁成逆著，取嗤戎裔。文王之化，[3]刑于寡妻；[4]聖朝之亂，起自愛子。今雖欲含忍其瑕，掩蔽其罪，而逆黨猶繁，扇惑不已，弼之亂心其可革邪！宜斥散凶徒，以絶禍始。"興以虬表示梁喜曰："天下之人莫不以吾兒爲口實，將何以處之?"喜曰："信如虬言，陛下宜早裁决。"興默然。

[1]先以：以，宋本作"是"。　司徒左長史：官名，司徒府掾屬之長，佐司徒總管府内諸曹。長史如分左、右，則左高於右。

晋六品。

［2］撫軍東曹屬：官名，撫軍將軍府僚屬，協助將軍管理長吏任免事務。

［3］文王之化：王，原本、殿本作“武”，宋本作“王”，據宋本改。

［4］刑于寡妻：《詩·大雅·思齊》：“刑于寡妻，至於兄弟，以御於家邦。”鄭玄箋：“文王以禮法接待其妻。”寡妻，嫡妻。

太子詹事王周亦虚襟引士，[1]樹黨東宫。弼惡之，每規陷害周。周抗志確然，不爲之屈。興嘉其守正，以周爲中書監。[2]

［1］太子詹事：官名，東宫屬官，掌管東宫内外事務。兩晋南北朝東宫地位極重，官署齊備，擬於朝廷。太子詹事任總宫官，堪比朝廷之尚書令、領軍將軍，位權甚重。晋三品。

［2］中書監：官名，中書省長官之一。三國魏文帝初年分秘書置中書省，長官爲中書監、中書令。掌收納奏章、草擬詔令。平常不分高下，入朝時監略高於令。晋三品。

興如三原，[1]顧謂群臣曰：“古人有言，關東出相，關西出將，三秦饒俊異，汝潁多奇士。吾應天明命，跨據中原，自流沙已東，[2]淮漢已北，未嘗不傾己招求，冀匡不逮。然明不照下，弗感懸魚。[3]至於智效一官，行著一善，吾歷級而進之，不使有後門之嘆。[4]卿等宜明揚仄陋，[5]助吾舉之。”梁喜對曰：“奉旨求賢，弗曾休倦，未見儒亮大才王佐之器，可謂世之乏賢。”興曰：“自古霸王之起也，莫不將則韓吴，[6]相兼蕭鄧，[7]終不采將於往賢，求相於後哲。卿自識拔不明，求之不至，奈何厚誣四海乎！”群臣咸悦。

［1］三原：《元和郡縣圖志》卷一《關内道·三原縣》：“巀嶭在今縣西北六十里，苻秦於此山北置三原護軍，以其地西有孟侯原，南曰豐原，北曰白鹿原。”三原縣，治所在今陝西省淳化縣東嵯峨山之北。

［2］流沙：西域地區。

［3］懸魚：《後漢書》卷三一《羊續傳》：“時權豪之家多尚奢麗，續深疾之，常敝衣薄食，車馬羸敗。府丞嘗獻其生魚，續受而懸於庭；丞後又進之，續乃出前所懸者以杜其意。”後以“懸魚”指爲官清廉。

［4］後門：門第寒微。

［5］明揚仄陋：在下層人中選拔人才。

［6］韓：韓信，秦末淮陰（今江蘇省淮安市淮陰區南）人。早年家貧，常從人寄食。後隨項羽起兵，因不受重用，轉投劉邦。受蕭何舉薦，拜大將軍。功勛卓著，爲漢初三傑之一。漢立封楚王，後貶爲淮陰侯。終爲吕后設計所殺。　吴：吴漢，東漢初南陽宛（今河南省南陽市）人，字子顔。新莽末亡命漁陽，以販馬爲業。後爲劉秀偏將軍，遷大將軍。東漢建立後任大司馬。屢建戰功，雲臺二十八將之一。

［7］蕭：蕭何，秦末泗水沛縣豐邑（今江蘇省豐縣）人。隨劉邦起兵反秦。楚漢戰爭中，留守關中，爲前綫籌集糧草。劉邦稱帝後，因功高封酇侯。助吕后誅除韓信，封相國。劉邦死後復事惠帝，死前推薦曹參繼任。　鄧：鄧禹，東漢南陽新野（今河南省新野縣）人，字仲華。新莽末年隨劉秀起兵，任前將軍。劉秀稱帝後，拜之爲大司徒。由於兵敗長安，免大司徒。後被拜右將軍，因功以特進奉朝請，復行司徒事。明帝即位後爲太傅，卒於官。

晋荆州刺史司馬休之據江陵，[1]雍州刺史魯宗之據襄陽，與劉裕相攻，遣使求援。興遣姚成王、司馬國璠率騎八千赴之。

[1]司馬休之：晋宗室，字季豫，譙王司馬恬子。任襄城太守，鎮歷陽。受桓玄圍攻，投奔南燕。桓玄敗後南歸，又與劉裕交惡，投奔後秦。劉裕滅後秦，又投奔北魏。

弼恨姚宣之毁己，遂譖宣於興。會宣司馬權丕至長安，興責丕以無匡輔之益，將戮之。丕性傾巧，因誣宣罪狀。興大怒，遂收宣于杏城，下獄，而使弼將三萬人鎮秦州。尹昭言於興曰："廣平公與皇太子不平，握强兵于外，[1]陛下一旦不諱，恐社稷必危。小不忍以致大亂者，陛下之謂也。"興弗納。赫連勃勃攻杏城，興又遣弼救之，至冠泉而杏城陷。興如北地，弼次於三樹，遣弼及斂曼嵬向新平，興還長安。

[1]握强兵于外：强，原本、宋本作"疆"，殿本作"彊"，同"强"，據殿本改。

姚成王至於南陽，[1]司馬休之等爲劉裕所敗，引歸。休之、宗之等遂與譙王文思，新蔡王道賜，寧朔將軍、梁州刺史馬敬，輔國將軍、竟陵太守魯軌，寧朔將軍、南陽太守魯範奔于興。

[1]南陽：郡名，治所在宛縣（今河南省南陽市）。

勃勃遣其將赫連建率衆寇貳縣，數千騎入平凉。姚恢與建戰于五井，平凉太守姚周都爲建所獲，[1]遂入新平。姚弼討之，戰于龍尾堡，[2]大破之，擒建，送於長安。初，勃勃攻彭雙方于石堡，方力戰距守，積年不能克。至是，聞建敗，引歸。

[1]平凉太守姚周都：中華本作"姚興都"。《十六國春秋》卷五八《後秦録·姚興傳下》："平凉太守姚周都爲建所獲，進兵新平。"《資治通鑑》卷一一七《晋紀》安帝義熙十一年："夏赫連建將兵擊秦，執平凉太守姚軍都，遂入新平。"章鈺校："甲十一行本'軍'作'周'，乙十一行本同。"可證本書"姚周都"是。

[2]龍尾堡：位於今陝西省岐山縣東。

休之等至長安，興謂之曰："劉裕崇奉晋帝，豈便有闕乎？"休之曰："臣前下都，琅邪王德文泣謂臣曰：'劉裕供御主上，克薄奇深。'以事勢推之，社稷之憂方未可測。"興將以休之爲荆州刺史，任以東南之事。休之固辭，請與魯宗之等擾動襄陽、淮、漢。乃以休之爲鎮南將軍、揚州刺史，宗之等並有拜授。休之將行，侍御史唐盛言於興曰："符命所記，司馬氏應復河洛。休之既得濯鱗南翔，恐非復池中之物，可以崇禮，不宜放之。"興曰："司馬氏脱如所記，留之適足爲患。"遂遣之。

揚武、安鄉侯康宦驅略白鹿原氐胡數百家奔上洛，[1]太守宋林距之。商洛人黄金等起義兵以掎宦，[2]宦乃率衆歸罪。興赦之，復其爵位。

［1］揚武：官名，即揚武將軍。統兵出征。晋四品。　白鹿原：位於今陝西省藍田縣西灞、滻二水之間。南連秦嶺，北至灞岸，東西四十里，南北十五里。

［2］商洛：縣名，治所在今陝西省商洛市商洛鎮西北。

時白虹貫日，有術人言於興曰："將有不祥之事，終當自消。"時興藥動，姚弼稱疾不朝，集兵於第。興聞之怒甚，收其黨殿中侍御史唐盛、孫玄等殺之。[1]泓言於興曰："臣誠不肖，不能訓諧於弟，致弼構造是非，仰慚天日。陛下若以臣爲社稷之憂，除臣而國寧，亦家之福也。若垂天性之恩，不忍加臣刑戮者，乞聽臣守藩。"興慘然改容，召姚讚、梁喜、尹昭、斂曼嵬於諮議堂，密謀收弼。時姚紹屯兵雍城，馳遣告之，數日不決。弼黨兇懼。興慮其爲變，乃收弼，囚之中曹，窮責黨與，將殺之。泓流涕固請之，乃止。興謂梁喜曰："泓天心平和，性少猜忌，必能容養群賢，保全吾子。"於是皆赦弼黨。

［1］殿中侍御史：官名，亦稱殿中御史，隸屬御史臺，掌糾察宫殿中違法。晋六品。

靈臺令張泉又言於興曰：[1]"熒惑入東井，[2]旬紀而返，未餘月，復來守心。[3]王者惡之，宜修仁虚己，以答天譴。"興納之。

［1］靈臺令：官名，十六國前燕、後秦、南燕等國皆置。掌觀

天象，時甚受重用，常參議政事。

[2]熒惑：火星。

[3]復來守心：又進入心宿。心，心宿，二十八宿之一，苍龍七宿之第四宿。有星四顆。

正旦，興朝群臣于太極前殿，沙門賀僧慟泣不能自勝，[1]衆咸怪焉。賀僧者，莫知其所從來也，言事皆有效驗，興甚神禮之，常與隱士數人預於讌會。

[1]沙門：宋本"沙"上有"小"字。

興如華陰，[1]以泓監國，入居西宫。因疾篤，還長安。泓欲出迎，其宫臣曰："今主上疾篤，奸臣在側，廣平公每希覬非常，變故難測。今殿下若出，進則不得見主上，退則有弼等之禍，安所歸乎！自宜深抑情禮，以寧宗社。"泓從之，乃拜迎於黄龍門樽下。弼黨見興升輿，咸懷危懼。尹冲等先謀欲因泓出迎害之，尚書姚沙彌曰："若太子有備，不來迎侍，當奉乘輿直趣公第。宿衛者聞上在此，自當來奔，誰與太子守乎！吾等以廣平公之故，陷身逆節。今以乘輿南幸，自當是杖義之理，匪但救廣平之禍，足可以申雪前愆。"冲等不從，欲隨興入殿中作亂，復未知興之存亡，疑而不發。興命泓録尚書事，使姚紹、胡翼度典兵禁中，防制内外，遣斂曼嵬收弼第中甲杖，内之武庫。

[1]華陰：縣名，治所在今陝西省華陰市東南。

興疾轉篤，興妹僞南安長公主問疾，不應。興少子耕兒出告其兄愔曰："上已崩矣，宜速決計。"於是愔與其屬率甲士攻端門，殿中上將軍斂曼嵬勒兵距戰，[1]右衛胡翼度率禁兵閉四門。愔等遣壯士登門，緣屋而入，及于馬道。泓時侍疾於諮議堂，遣斂曼嵬率殿中兵登武庫距戰，太子右衛率姚和都率東宫兵入屯馬道南。愔等既不得進，遂燒端門。興力疾臨前殿，賜弼死。禁兵見興，喜躍，貫甲赴賊，賊衆駭擾。和都勒東宫兵自後擊之，愔等奔潰，逃于驪山，愔黨吕隆奔雍，尹冲等奔于京師。興引紹及讚、梁喜、尹昭、斂曼嵬入内寢，受遺輔政。義熙十二年，興死，[2]時年五十一，[3]在位二十二年。僞謚文桓皇帝，廟號高祖，墓曰偶陵。

[1]殿中上將軍：官名，統率殿中兵，掌宫廷侍衛，位在五校尉下。

[2]義熙十二年，興死：中華本校勘記："《通鑑考異》云：《晋本紀》《三十國》《晋春秋》皆云義熙十一年二月姚興卒；《魏本紀》《北史·本紀》《姚興》《姚泓載記》皆在十二年。按：《後魏書·崔鴻傳》：太祖天興二年改號，鴻以爲元年，故《晋本紀》《三十國》《晋春秋》凡弘始後事，皆在前一年，由鴻之誤也。"

[3]時年五十一：中華本校勘記："《御覽》一二三引《後秦録》'五十一'作'五十三'。"

尹緯，字景亮，天水人也。少有大志，不營産業。身長八尺，腰帶十圍，魁梧有爽氣。每覽書傳至宰相立勛之際，常輟書而嘆。苻堅以尹赤之降姚襄，[1]諸尹皆禁錮不仕。緯晚乃爲吏部令史，[2]風志豪邁，郎皆憚之。堅末年，祅星見于東井，緯知堅將滅，喜甚，向天再拜，既而流涕長嘆。友人略陽桓識怪而問之，緯曰："天時如此，正是霸王龍飛之秋，吾徒杖策之日。然知己難遭，恐不得展吾才志，是以欣懼交懷。"

[1]苻堅以尹赤之降姚襄：尹赤降姚襄之事《晋書》缺載，《資治通鑑》卷一〇〇《晋紀》穆帝永和十二年載："姚襄奔平陽，秦并州刺史尹赤復以衆降襄。"胡三省注："尹赤叛襄見上卷八年。"

[2]吏部令史：官名，尚書省吏部屬官，位低權重。晋八品。

及姚萇奔馬牧，緯與尹詳、龐演等扇動群豪，推萇爲盟主，遂爲佐命元功。萇既敗苻堅，遣緯說堅，求禪代之事。堅問緯曰："卿於朕何官？"緯曰："尚書令史。"[1]堅嘆曰："宰相之才也，王景略之儔。而朕不知卿，亡也不亦宜乎！"

[1]尚書令史：官名，尚書省屬官，尚書省諸曹均置，頗有實權。晋八品。

緯性剛簡清亮，慕張子布之爲人。[1]馮翊段鏗性傾巧，萇愛其博識，引爲侍中。緯固諫以爲不可，萇不從。緯屢衆中辱鏗，鏗心不平之。萇聞而謂緯曰："卿性不好學，何爲憎學者？"緯曰："臣不憎學，憎鏗不正耳。"萇因曰："卿好不自知，每比蕭何，真何如也？"緯曰："漢祖與蕭何俱起布衣，是以相貴。[2]陛下起貴中，[3]是以賤臣。”萇曰：“卿實不及，胡爲不也？”緯曰：“陛下何如漢祖？”萇曰：“朕實不如漢祖，卿遠蕭何，故不如甚也！”緯曰：“漢祖所以勝陛下者，以能遠段鏗之徒故耳。”萇默然，乃出鏗爲北地太守。

[1]張子布：張昭，三國時彭城（今江蘇省徐州市）人，字子布。東漢末年避亂渡江，被孫策任爲長史、撫軍中郎將。孫策卒，受遺命輔佐孫權。赤壁之戰前主張降曹而使孫權失望。孫權稱帝後，更拜輔吴將軍。

[2]是以相貴：宋本“貴”下有“之”字。

[3]陛下起貴中：宋本無“陛”字。

萇死，緯與姚興滅苻登，成興之業，皆緯之力也。歷輔國將軍、司隸校尉、尚書左右僕射、清河侯。

緯友人隴西牛壽率漢中流人歸興，謂緯曰：“足下平生自謂：‘時明也，才足以立功立事；道消也，則追二疏、朱雲，[1]發其狂直，不能如胡廣之徒洿隆隨俗。’今遇其時矣，正是垂名竹素之日，可不勉歟！”緯曰：“吾之所庶幾如是，但未能委宰衡於夷吾，[2]識韓信於羈旅，[3]以斯爲愧耳。立功立事，竊謂未負昔言。”興聞而謂緯曰：“君之與壽言也，何其誕哉！立功立事，自謂何如古人？”緯曰：“臣實未愧古人。何則？遇時來之運，則輔翼太祖，建八百之基。及陛下龍飛之始，翦滅苻登，蕩清秦雍，生極端右，死饗廟庭，古之君子，正當爾耳。”興大悦。及死，興甚悼之，贈司徒，謚曰忠成侯。

［1］二疏：西漢疏廣和其侄疏受。疏廣西漢東海蘭陵（今山東省蒼山縣西南蘭陵鎮）人，字仲翁。宣帝時先後任太子少傅、太傅。其侄子疏受同時任少傅。後叔侄二人俱告病辭官還鄉。親屬勸其爲子孫置産業，疏廣認爲這衹能使子孫懶惰，不從。　朱雲：西漢魯國（今山東省曲阜市）人，字游。元帝時任博士。時石顯用事，百官畏之，獨朱雲與陳咸不附。成帝時，因彈劾佞臣張禹而觸怒成帝，命御史將朱雲拿下。朱雲抓住殿檻，將殿檻拉折。左將軍辛慶忌免冠解印綬，死保朱雲。成帝氣消後纔赦免朱雲。後來下人要修門檻，成帝却表示留着它以表彰直言之臣。

［2］夷吾：即管仲，春秋初潁上（今安徽省潁水之濱）人，名夷吾。齊桓公時任卿相，進行一系列改革，使齊國國力大增，齊桓公成爲春秋五霸之首。

［3］羈旅：寄居他鄉之人。

晋書　卷一一九

載記第十九

姚泓

姚泓

姚泓，字元子，興之長子也。孝友寬和而無經世之用，[1]又多疾病，興將以爲嗣而疑焉。久之，乃立爲太子。興每征伐巡游，常留總後事。博學善談論，尤好詩咏。尚書王尚、黄門郎段章、尚書郎富允文以儒術侍講，[2]胡義周、夏侯稚以文章游集。時尚書王敏、右丞郭播以刑政過寬，[3]議欲峻制，泓曰："人情挫辱，則壯厲之心生；政教煩苛，則苟免之行立。上之化下，如風靡草。君等參贊朝化，弘昭政軌，不務仁恕之道，惟欲嚴法酷刑，豈是安上馭下之理乎！"敏等遂止。泓受經於博士淳于岐。岐病，泓親詣省疾，拜于床下。自是公侯見師傅皆拜焉。

[1]孝友：友，宋本作"犮"。

[2]尚書：官名，東漢尚書臺六曹各置尚書，秩六百石。魏晋出爲朝官，分掌尚書省諸曹，品秩提高。晋三品。　黄門郎：官名，黄門侍郎或給事黄門侍郎的省稱。晋五品。　尚書郎：官名。東漢之制，取孝廉中有才能者入尚書臺，在皇帝左右處理政務，初入臺稱守尚書郎中，滿一年稱尚書郎，滿三年稱侍郎。魏晋以後，尚書各曹有侍郎、郎中等官，綜理政務，通稱爲尚書郎。晋六品。

[3]右丞：官名，即尚書右丞，尚書省佐官，位次尚書，居尚書左丞下。與左丞共掌尚書都省庶務，率諸都令史監督稽核諸尚書曹、郎曹政務，糾舉彈劾百官。右丞又掌本省庫藏廬舍，督録遠道州郡文書章奏，凡兵士百官名籍、内外庫藏穀帛、刑獄訴訟、軍械、田地、州郡租布、行政區劃、州郡縣長官免贈收捕等文書奏事皆屬之。晋六品。

興之如平涼也，[1]馮翊人劉厥聚衆數千，[2]據萬年以叛。[3]泓遣鎮軍彭白狼率東宫禁兵討之，[4]斬厥，赦其餘黨。諸將咸勸泓曰："殿下神算電發，蕩平醜逆，宜露布表言，廣其首級，以慰遠近之情。"泓曰："主上委吾後事，使式遏寇逆。吾綏御失和，以長奸寇，方當引咎責躬，歸罪行間，安敢過自矜誕，[5]以重罪責乎！"其右僕射韋華聞而謂河南太守慕容筑曰：[6]"皇太子實有恭惠之德，社稷之福也。"其弟弼有奪嫡之謀，泓恩撫如初，未嘗見於色。姚紹每爲弼羽翼，泓亦推心宗事，弗以爲嫌。及僭位，任紹以兵權，紹亦感而歸誠，卒守其忠烈。其明識寬裕，皆此類也。

[1]平涼：郡名，治所在平涼縣（今甘肅省平涼市西北）。

[2]馮翊：郡名，三國魏以左馮翊改置，治所在臨晋縣（今陝

西省大荔縣)。

[3]萬年：縣名，治所在今陝西省西安市臨潼區武屯鎮附近古城村南。

[4]鎮軍：官名，即鎮軍將軍。三國時始置，西晋罷又復置。位在鎮軍大將軍下，與中軍將軍、撫軍將軍並爲三名號將軍，位比四鎮將軍。晋三品。

[5]矜誕：誕，殿本作“誣”。

[6]右僕射：官名，即尚書右僕射。尚書令副手，掌拆閲封緘奏章文書、參議政事、諫諍駁議、監察百官。位在左僕射之下。晋三品。　河南：郡名，治所在洛陽縣（今河南省洛陽市東北)。

興既死，秘不發喪。南陽公姚愔及大將軍尹元等謀爲亂，[1]泓皆誅之。命其齊公姚恢殺安定太守吕超，[2]恢久乃誅之。泓疑恢有陰謀，恢自是懷貳，陰聚兵甲焉。泓發喪，以義熙十二年僭即帝位，大赦殊死已下，改元永和，廬于諮議堂。既葬，乃親庶政，内外百僚增位一等，令文武各盡直言，政有不便於時、事有光益宗廟者，極言勿有所諱。

[1]大將軍：官名，高級軍事統帥。曹魏時多以之屯駐長安，對付蜀漢，蜀漢以其爲最高軍事長官，孫吴則别置上大將軍居其上。西晋時爲八公之一，位居上公、大司馬下，三公之上。東晋時常專擅軍政事務。晋一品。

[2]安定：郡名，西漢置，治所在高平縣（今寧夏回族自治區固原市)，東漢治所在臨涇縣（今甘肅省鎮原縣東南)，東晋治所在安定縣（今甘肅省涇川縣北)。　吕超：十六國後凉人，氐族，吕寶子。任驍騎將、番禾太守等。後擁立吕隆即天王位，自任司隸校尉、録尚書事。後降於後秦，任安定太守。

初，興徙李閏羌三千家於安定，尋徙新支。至是，羌酋党容率所部叛還，遣撫軍姚讚討之。容降，徙其豪右數百户于長安，餘遣還李閏。[1]北地太守毛雍據趙氏塢以叛于泓，[2]姚紹討擒之。姚宣時鎮李閏，未知雍敗，遣部將姚佛生等來衛長安。衆既發，宣参軍韋宗奸諂好亂，説宣曰："主上初立，威化未著，勃勃强盛，侵害必深，本朝之難未可弭也。殿下居維城之任，宜深慮之。邢望地形險固，[3]總三方之要，若能據之，虛心撫禦，非但克固維城，[4]亦霸王之業也。"宣乃率户三萬八千，棄李閏，南保邢望。宣既南移，諸羌據李閏以叛，紹進討破之。宣詣紹歸罪，紹怒殺之。初，宣在邢望，泓遣姚佛生諭宣，佛生遂讚成宣計。紹數其罪，又戮之。

[1]李閏：李潤堡，又作李潤鎮，位於今陝西省蒲城縣東北。

[2]北地：郡名，三國魏治所在祋祤城（今陝西省銅川市耀州區東），西晋治所在泥陽縣（今甘肅省寧縣東南）。　趙氏塢：確址不詳，疑位於今陝西省銅川市耀州區。

[3]邢望：邢望城，確址待考，疑位於今陝西省大荔縣境内。

[4]克固維城：可以鞏固連城衛國。維城，連城衛國。語見《詩·大雅·板》："懷德維寧，宗子維城。"

泓下書，士卒死王事，贈以爵位，永復其家。將封宫臣十六人五等子男，姚讚諫曰："東宫文武，自當有守忠之誠，未有赫然之效，何受封之多乎？"泓曰："懸爵於朝，所以懲勸來效，標明盛德。[1]元子遭家不造，與宫臣同此百憂，獨享其福，得不愧於心乎！”讚默然。姚紹進曰：“陛下不忘報德，封之是也。古者敬其事，命之以始，可須來春，然後議之。”乃止。并州定、陽二城胡數萬落叛泓，[2]入于平陽，攻立義姚成都于匈奴堡，[3]推匈奴曹弘爲大單于，[4]所在殘掠。征東姚懿自蒲坂討弘，[5]戰于平陽，大破之，執弘，送于長安，[6]徙其豪右萬五千落于雍州。[7]

[1]標明盛德：標，宋本作“摽”。

[2]并州定、陽二城胡數萬落叛泓：中華本“二”作“貳”，因此標點爲“并州、定陽、貳城胡數萬落叛泓”。魏晋南北朝時期没有“定陽”和“貳城”的地名，此句應斷爲“并州定、陽二城”，定城在今陝西省華陰市東，陽城在今山西省陽城縣西北。

[3]立義：官名，即立義將軍，東漢末建安年間曹操置，統兵出征，十六國一些政權亦置。　匈奴堡：疑位於今山西省臨汾市或襄汾縣一帶。

[4]大單于：匈奴最高首領。

[5]征東：官名，即征東將軍。東漢末置，與征西、征南、征北將軍合稱四征將軍。魏晋時多爲持節都督，出鎮方面。晋三品，加持節都督者二品。　蒲坂：縣名，治所在今山西省永濟市西南蒲州鎮。

[6]送于長安：送，宋本作“退”。

[7]雍州：治所在長安（今陝西省西安市西北）。

仇池公楊盛攻陷祁山，[1]執建節王總，[2]遂逼秦州。[3]泓遣後將軍姚平救之，[4]盛引退。姚嵩與平追盛及于竹嶺，[5]姚讚率隴西太守姚秦都、略陽太守王焕以禁兵赴之。[6]讚至清水，嵩爲盛所敗，嵩及秦都、王焕皆戰死。讚至秦州，退還仇池。[7]先是，天水冀縣石鼓鳴，[8]聲聞數百里，野雉皆雊。秦州地震者三十二，殷殷有聲者八，山崩舍壞，咸以爲不祥。及嵩將出，群僚固諫止之。嵩曰："若有不祥，此乃命也，安所逃乎！"遂及於難。識者以爲秦州泓之故鄉，將滅之徵也。

[1]祁山：地名，在今甘肅省禮縣東北。

[2]建節：官名，即建節將軍，東漢末建安年間曹操置，三國魏、十六國一些政權及北魏皆置。

[3]秦州：治所在天水郡（今甘肅省天水市）。州，宋本作"川"。

[4]後將軍：官名，漢代爲重號將軍，與前、左、右將軍並爲上卿。魏晋權位漸低，僅爲武官名號，略高於一般雜號將軍。晋三品。

[5]竹嶺：位於今甘肅省天水市西南。

[6]隴西：郡名，治所原在狄道縣（今甘肅省臨洮縣），曹魏時徙治襄武縣（今甘肅省隴西縣東南）。　略陽：郡名，西晋泰始中以廣魏郡改名，治所在臨渭縣（今甘肅省天水市東北渭河北岸）。

[7]退還仇池：中華本校勘記："'退還'上當有'盛'字。"

[8]天水：郡名，治所在上邽縣（今甘肅省天水市）。　冀縣：治所在今甘肅省甘谷縣東南。

赫連勃勃攻陷陰密，[1]執秦州刺史姚軍都，坑將士五千餘人。軍都瞋目厲聲數勃勃殘忍之罪，不爲之屈，勃勃怒而殺之。勃勃既克陰密，進兵侵雍，嶺北雜户悉奔五將山。[2]征北姚恢棄安定，[3]率户五千奔新平，[4]安定人胡儼、華韜等率衆距恢，恢單騎歸長安。立節彌姐成、建武裴岐爲儼所殺，[5]鎮西姚諶委鎮東走。[6]勃勃遂據雍，[7]抄掠郿城。[8]姚紹及征虜尹昭、鎮軍姚洽等率步騎五萬討勃勃，[9]姚恢以精騎一萬繼之。軍次横水，勃勃退保安定，胡儼閉門距之，殺鮮卑數千人，據安定以降。紹進兵躡勃勃，戰于馬鞍坂，[10]敗之，追至朝那，[11]不及而還。

[1]赫連勃勃：字屈孑，本書卷一三〇有載記。　陰密：縣名，治所在今甘肅省靈臺縣西南。

[2]五將山：位於今陝西省岐山縣東北。

[3]征北：官名，即征北將軍。與征東、征西、征南將軍合稱四征將軍。三國魏蜀吴、兩晋皆置，出鎮方面，地位顯要。晋三品，加持節都督者二品。

[4]新平：郡名，治所在漆縣（今陝西省彬州市）。

[5]立節：官名，即立節將軍。雜號將軍，統兵。晋四品。建武：官名，即建武將軍。東漢末曹操置，統兵征伐。晋四品。

[6]鎮西：官名，即鎮西將軍。與鎮東、鎮南、鎮北將軍合稱四鎮將軍。多爲持節都督，出鎮方面。曹魏二品。晋改三品，加持節都督者二品。

[7]雍：縣名，治所在今陝西省鳳翔縣西南豆腐村。

[8]郿城：即郿縣城，位於今陝西省眉縣東渭河北岸。

[9]征虜：即征虜將軍，既是武官名，也作爲高級文職官員的加官。晋三品。

[10]馬鞍坂：地名，在今甘肅省涇川縣西北。

[11]朝那：縣名，治所在今寧夏回族自治區固原市東南。

楊盛遣兄子倦入寇長蛇。[1]平陽氐苟渴聚衆千餘，[2]據五丈原以叛，[3]遣鎮遠姚萬、恢武姚難討之，[4]爲渴所敗。姚諶討渴，擒之。泓使輔國斂曼嵬、前將軍姚光兒討楊倦于陳倉，[5]倦奔于散關。[6]勃勃遣兄子提南侵池陽，[7]車騎姚裕、前將軍彭白狼、建義蛇玄距却之。[8]

[1]長蛇：地名，在今陝西省寶鷄市西北縣功鎮附近金陵河流域。

[2]平陽：郡名，治所在平陽縣（今山西省臨汾市西南）。

[3]五丈原：地名，在今陝西省岐山縣南石頭河與渭河交匯處西南。

[4]鎮遠：官名，即鎮遠將軍。統兵，臨時所設，事畢即罷。　恢武：官名，即恢武將軍。十六國後秦置，統兵。

[5]輔國：官名，即輔國將軍，屬將軍名號，三國兩晋皆置。十六國一些少數民族政權亦置。晋三品。　前將軍：官名，漢代爲重號將軍，與左、右、後將軍並爲上卿。魏晋時常設，權位較兩漢時漸低，僅爲武官名號，略高於一般雜號將軍，不典禁兵，不與朝政。晋三品。　陳倉：縣名，治所在今陝西省寶鷄市東渭水北岸。

[6]散關：位於今陝西省寶鷄市西南大散嶺山。地當秦嶺南北交通孔道，爲兵家必争之地。

[7]池陽：縣名，治所在今陝西省涇陽縣西北。

[8]車騎：官名，即車騎將軍。魏晋南北朝時位次於驃騎將軍，在諸名號將軍之上，多作爲軍府名號，以加授大臣及重要州郡長官。晋二品，開府位從公者一品。　建義：官名，即建義將軍。東漢置，三國蜀漢及十六國後趙、西秦，北朝北魏亦置。

尋而晋太尉劉裕總大軍伐泓，[1]次于彭城，[2]遣冠軍將軍檀道濟、龍驤將軍王鎮惡入自淮肥，[3]攻漆丘、項城，[4]將軍沈林子自汴入河，[5]攻倉垣。[6]泓將王苟生以漆丘降鎮惡，徐州刺史姚掌以項城降道濟，[7]王師遂入潁口，[8]所至多降服。惟新蔡太守董遵固守不降，[9]道濟攻破之，縛遵而致諸軍門。遵厲色曰："古之王者伐國，待士以禮。君奈何以不義行師，待國士以非禮乎！"道濟怒殺之。姚紹聞王師之至，還長安，言於泓曰："晋師已過許昌，[10]豫州、安定孤遠，[11]卒難救衛，宜遷諸鎮户内實京畿，可得精兵十萬，足以横行天下。假使二寇交侵，無深害也。如其不爾，晋侵豫州，勃勃寇安定者，將若之何！事機已至，宜在速决。"其左僕射梁喜曰：[12]"齊公恢雄勇有威名，爲嶺北所憚，鎮人已與勃勃深仇，理應守死無二，勃勃終不能棄安定遠寇京畿。若無安定，虜馬必及於鄠、雍。[13]今關中兵馬足距晋師，豈可未有憂危先自削損也。"泓從之。吏部郎懿横密言於泓曰：[14]"齊公恢於廣平之難有忠勛於陛下，自陛下龍飛紹統，未有殊賞以答其意。今外則致之死地，内則不豫朝權，安定人自以孤危逼寇，欲思南遷者十室而九，若擁精兵四萬，鼓行而向京師，得不爲社稷之累乎！宜徵還朝廷，以慰其心。"泓曰："恢若懷不逞之心，徵之適所以速禍耳。"又不從。

[1]太尉：官名，曹操爲丞相後，太尉府屬官歸相府，晋時太尉雖爲八公之一、三公之首，實爲名譽宰相，多爲大臣加官。晋一品。　劉裕：字德輿，小名寄奴，彭城（今江蘇省徐州市）人，南朝宋開國皇帝。世居京口，初爲東晋冠軍司馬，後被劉牢之任爲參軍。歷任鎮軍將軍、都督十六州諸軍事，官至相國，受封宋王。元

熙二年（420）代晋稱帝。卒謚武皇帝，廟號高祖。

［2］彭城：縣名，治所在今江蘇省徐州市。

［3］冠軍將軍：官名，曹魏、孫吴、西晋皆置。西晋時領營兵。晋三品。　檀道濟：南朝宋高平金鄉（今山東省嘉祥縣南）人，檀憑之從子。東晋末隨劉裕起兵討伐桓玄，以功累遷太尉主簿、諮議參軍。又從劉裕滅後秦，遷征虜將軍、瑯琊内史。劉宋建立後歷任南兖州刺史、征北將軍、征南大將軍、開府儀同三司、江州刺史等職。後被宋文帝猜忌殺害。　龍驤將軍：官名，高級軍事將領。晋三品。　王鎮惡：東晋北海劇縣（今山東省昌樂縣西）人，王猛孫，隨劉裕伐南燕、討劉毅、滅後秦，以征虜將軍領安西司馬、馮翊太守，戍守關中。後被沈田子所殺。　淮肥：地區名，指淮水淝水一帶。

［4］漆丘：漆丘城，位於今河南省商丘市境。　項城：縣名，治所在今河南省項城市。

［5］沈林子：字敬士，沈田子之弟。少時居京口，隨劉裕起兵。從伐南燕，破盧循，征劉毅，滅後秦。歷任鎮西諮議、建威將軍、河東太守等職。

［6］倉垣：即倉垣亭，位於今河南省開封市西北。

［7］徐州：治所在彭城縣（今江蘇省徐州市）。

［8］王師：指東晋軍隊。　潁口：位於安徽省潁上縣東南潁河入淮河之口。

［9］新蔡：郡名，治所在新蔡縣（今河南省新蔡縣）。

［10］許昌：縣名，治所在許昌城（今河南省許昌市東）。

［11］豫州：治所在陳縣（今河南省周口市淮陽區）。

［12］左僕射：官名，即尚書左僕射。尚書省次官，輔助尚書令執行政務、參議大政、諫諍得失、監察糾彈百官。有時尚書省不置令，祇設左右僕射，此時左僕射居右僕射之上。晋三品。

［13］郿：縣名，治所在今陝西省眉縣東渭河北岸。

［14］吏部郎：官名，尚書省吏部曹長官通稱。亦稱郎中，資深

者可轉侍郎。屬吏部尚書，主管官吏選任、銓叙、調動事務，對五品以下官吏之任免有建議權。晋六品。

王師至成皋，[1]征南姚洸時鎮洛陽，[2]馳使請救。泓遣越騎校尉閻生率騎三千以赴之，[3]武衛姚益男將步卒一萬助守洛陽，[4]又遣征東、并州牧姚懿南屯陝津爲之聲援。[5]洸部將趙玄説洸曰："今寇逼已深，百姓駭懼，衆寡勢殊，難以應敵。宜攝諸戍兵士，固守金墉，[6]以待京師之援，[7]不可出戰。如脱不捷，大事去矣。金墉既固，師無損敗，吴寇終不敢越金墉而西。困之於堅城之下，可以坐制其弊。"時洸司馬姚禹潛通于道濟，[8]主簿閻恢、楊虔等皆禹之黨，[9]嫉玄忠誠，咸共毁之，固勸洸出戰。洸從之，乃遣玄率精兵千餘南守柏谷塢，[10]廣武石無諱東戍鞏城，[11]以距王師。玄泣謂洸曰："玄受三帝重恩，所守正死耳。但明公不用忠臣之言，爲奸孽所誤，後必悔之，但無及耳。"會陽城及成皋、滎陽、武牢諸城悉降，[12]道濟等長驅而至。無諱至石關，[13]奔還。玄與晋將毛德祖戰于柏谷，以衆寡而敗，被瘡十餘，據地大呼。玄司馬蹇鑒冒刃抱玄而泣，[14]玄曰："吾瘡已重，君宜速去。"鑒曰："若將軍不濟，當與俱死，去將安之！"皆死於陣。姚禹逾城奔于王師。道濟進至洛陽，洸懼，遂降。時閻生至新安，[15]益男至湖城，[16]會洛陽已没，遂留屯不進。

[1]成皋：縣名，治所在今河南省滎陽市西北汜水鎮。成，原本、宋本、殿本作"城"，據中華本校勘記改。本卷下同。

［2］征南：官名，即征南將軍。與征東、征西、征北將軍合稱四征將軍。三國魏蜀吴、兩晋皆置，出鎮方面，地位顯要。晋三品，加持節都督者二品。　洛陽：古都名，位於今河南省洛陽市東北。

［3］越騎校尉：官名，西漢北軍八校尉之一，東漢五校尉之一，隸屬北軍中候。魏晋以後隸屬中領軍（領軍將軍）。晋四品。

［4］武衛：官名，即武衛將軍。三國魏置，權任很重。晋四品。　姚益男將步卒：益，殿本作“懿”。

［5］并州：治所在晋陽縣（今山西省太原市西南）。　陝津：一名茅津，位於今河南省陝縣北黄河上。

［6］金墉：金墉城，三國魏明帝時築。位於今河南省洛陽市東北漢魏洛陽城故址西北角。三面開門，南曰乾光門，東曰含春門，北曰𨗴門。城内又置西宫，西晋改爲永昌宫。魏晋時被廢的皇帝及后妃都安置於此。城小而固，爲攻占戍守要地。

［7］京師：國都。《春秋公羊傳》桓公九年：“京師者何？天子之居也。”

［8］司馬：官名，府署高級幕僚。掌參讚軍務、管理府内武職，位僅次於長史。魏晋南北朝時王府、公府、軍府、邊郡均置。晋八至六品。

［9］主簿：官名，開府屬官，典領文書籍簿，省録衆事，職權甚重。

［10］柏谷塢：一名鉤鎖塢，又作百穀塢，位於今河南省偃師市東南洛河南岸。

［11］鞏城：鞏縣城，位於今河南省鞏縣西南。

［12］陽城：縣名，治所在今河南省登封市東南告城鎮。　滎陽：縣名，治所在今河南省滎陽市東北。　武牢：即虎牢關，在今河南省滎陽市西北汜水鎮。

［13］石關：位於今河南省偃師市西。

［14］騫鑒：中華本校勘記：“《通鑑》一一七作‘蹇鑒’。”

[15]新安：縣名，治所在今河南省澠池縣東。

[16]湖城：湖縣城，位於今河南省靈寶市西北。

姚懿嶮薄，惑於信受，其司馬孫暢奸巧傾佞，好亂樂禍，勸懿襲長安，誅姚紹，廢泓自立。懿納之，乃引兵至陝津，散穀以賜河北夷夏，欲虛損國儲，招引和戎諸羌，樹己私惠。懿左常侍張敞、侍郎左雅固諫懿曰：[1]“殿下以母弟之親，[2]居分陝之重，[3]安危休戚，與國共之。漢有七國之難，[4]實賴梁王。[5]今吴寇内侵，四州傾没，西虜擾邊，秦凉覆敗，朝廷之危有同累卵，正是諸侯勤王之日。穀者，國之本也，而今散之。若朝廷問殿下者，將何辭以報？”懿怒，笞而殺之。泓聞之，召姚紹等密謀於朝堂。紹曰：“懿性識鄙近，從物推移，造成此事，惟當孫暢耳。但馳使徵暢，遣撫軍讚據陝城，[6]臣向潼關爲諸軍節度。[7]若暢奉詔而至者，臣當遣懿率河東見兵共平吴寇。如其逆釁已成，違距詔敕者，當明其罪於天下，聲鼓以擊之。”泓曰：“叔父之言，社稷之計也。”於是遣姚讚及冠軍司馬國璠、建義蛇玄屯陝津，[8]武衛姚驢屯潼關。

[1]左常侍：官名，掌侍從左右、讚相禮儀、獻替諫諍。晋八品。　侍郎：諸侯王國屬官，掌贊相威儀，通傳教令。曹魏、西晋王公諸侯國皆置。位在典書令下。屬郎中令。東晋改屬常侍。晋八品。

[2]母弟之親：之，宋本作“一”。

[3]分陝：西周初周公旦、召公奭分陝而治，周公治陝以東，

召公治陝以西。後謂官僚出任地方重鎮爲“分陝”。

［4］七國之難：漢高祖劉邦死後，同姓諸侯王的勢力膨脹，漢景帝即位後，采納晁錯的削藩建議，逐步削奪楚、趙、吴、膠西等國封邑，引起諸國不滿。景帝三年（前154），吴王劉濞聯合楚王戊、膠西王卬、膠東王雄渠、濟南王辟光、淄川王賢、趙王遂發動叛亂，後被平定。

［5］梁王：梁孝王劉武，漢文帝次子，母竇太后。吴楚七國之亂起，梁王城守睢陽，使叛軍不能越過睢陽，爲平定叛亂立有大功，受到朝廷重賞。

［6］撫軍：官名，即撫軍將軍。三國蜀漢、孫吴皆置，爲加官，以示權重。晋沿置，與中軍將軍、鎮軍將軍並爲三名號將軍。晋三品。　陝城：陝縣城，位於今河南省三門峽市陝州區。

［7］潼關：在今陝西省潼關縣東北黄河南岸潼關。　諸軍節度：指揮調度各軍。

［8］司馬國璠：晋安平獻王司馬孚之後。桓玄、劉裕之際，司馬國璠北奔慕容超。後西投姚興。劉裕滅姚泓，北奔赫連勃勃。北魏拓跋燾平統萬，又投降北魏，賜爵淮南公。

懿遂舉兵僭號，傳檄州郡，欲運匈奴堡穀以給鎮人。寧東姚成都距之，[1]懿乃卑辭招誘，深自結託，送佩刀爲誓，成都送以呈泓。懿又遣驍騎王國率甲士數百攻成都，[2]成都擒國，囚之，遣讓懿曰：“明公以母弟之親，受推轂之寄，[3]今社稷之危若綴旒然，[4]宜恭恪憂勤，匡輔王室。而更包藏奸宄，謀危宗廟，三祖之靈豈安公乎！此鎮之糧，一方所寄，鎮人何功？而欲給之！王國爲蛇畫足，國之罪人，已就囚執，聽詔而戮之。成都方糾合義衆，以懲明公之罪，復須大兵悉集，當與明公會於河上。”乃宣告諸城，勉以忠義，厲兵秣馬，徵發義租。河東之兵無詣懿者，[5]懿深患之。臨晋數千户叛應懿。[6]姚紹濟自蒲津，[7]擊臨晋叛户，大破之，懿等震懼。鎮人安定郭純、王奴等率衆圍懿。紹入于蒲坂，執懿囚之，誅孫暢等。

[1]寧東：官名，即寧東將軍，屬將軍名號，西晋趙王司馬倫建始元年（301）置。十六國一些少數民族政權亦置。

[2]驍騎：官名，即驍騎將軍。三國魏爲内軍將領，統營兵。兩晋與領軍、護軍、左右衛、游擊諸將軍合稱六軍，擔當宿衛之任，是護衛宫廷的主要將領。晋四品。

[3]推轂：古代帝王任命將帥時的隆重禮儀。

[4]綴旒：如旒之懸，比喻國勢垂危。旒，冠上垂珠。

[5]河東：郡名，治所在安邑縣（今山西省夏縣西北禹王城）。

[6]臨晋：縣名，治所在今陝西省大荔縣東南朝邑鎮西南。

[7]蒲津：一作蒲坂津，位於今山西省永濟縣蒲州鎮與陝西省大荔縣朝邑鎮之間的黄河上。

泓以内外離叛，王師漸逼，歲旦朝群臣于其前殿，悽然流涕，群臣皆泣。時征北姚恢率安定鎮户三萬八千，焚燒室宇，以車爲方陣，自北雍州趣長安，[1]自稱大都督、建義大將軍，移檄州郡，欲除君側之惡。揚威姜紀率衆奔之。[2]建節彭完都聞恢將至，棄陰密，奔還長安。恢至新支，姜紀説恢曰：“國家重將在東，京師空虚，公可輕兵徑襲，事必克矣。”恢不從，乃南攻郿城。鎮西姚諶爲恢所敗，恢軍勢彌盛，長安大震。泓馳使徵紹，遣姚裕及輔國胡翼度屯于灃西。[3]扶風太守姚俊、安夷護軍姚墨蠡、建威姚娥都、揚威彭蚝皆懼而降恢。[4]恢舅苟和時爲立節將軍，守忠不二，泓召而謂之曰：“衆人咸懷去就，卿何能自安邪？”和曰：“若天縱妖賊，得肆其逆節者，舅甥之理，不待奔馳而加親。如其罪極逆銷，天盈其罰者，守忠執志，臣之體也。違親叛君，臣之所耻。”泓善其忠恕，加金章紫綬。[5]姚紹率輕騎先赴難，使姚洽、司馬國璠將步卒三萬赴長安。恢從曲牢進屯杜成，[6]紹與恢相持于靈臺。[7]姚讚聞恢漸逼，留寧朔尹雅爲弘農太守，[8]守潼關，率諸軍還長安。泓謝讚曰：“元子不能崇明德義，導率群下，致禍起蕭牆，變自同氣，既上負祖宗，亦無顔見諸父。懿始構逆滅亡，恢復擁衆内叛，將若之何？”讚曰：“懿等所以敢稱兵内侮者，諒由臣等輕弱，無防遏之方故也。”因攘袂大泣曰：“臣與大將軍不滅此賊，終不持面復見陛下！”泓於是班賜軍士而遣之。恢衆見諸軍悉集，咸懼而思善，其將齊黄等棄恢而降。恢進軍逼紹，讚自後要擊，大破之，殺恢及其三弟。泓哭之悲慟，葬以公禮。

[1]北雍州：治所在三原縣（今陝西省淳化縣東嵯峨山北）。　長安：縣名，治所在今陝西省西安市西北。

[2]揚威：官名，即揚威將軍，雜號將軍，領兵。晋四品。

[3]灃西：灃水之西。灃水，源出今陝西省西安市長安區西南秦嶺，北流至西安市西北入渭河。

[4]扶風：封國名，治所在郿縣（今陝西省眉縣東渭河北岸）。　安夷護軍：官名，三國魏置，治美陽（今陝西省扶風縣以東），主管内附氐人事務。西晋改鎮安定，與郡守同。十六國後秦亦置。

晋五品。　建威：官名，即建威將軍。領兵征戰，曹魏、孫吴、西晋皆置。晋四品。

[5]金章紫綬：黄金印章紫色綬帶。

[6]曲牢：曲牢城，位於今陝西省西安市長安區境。　杜成：即杜縣城，位於今陝西省西安市長安區西。

[7]靈臺：地名，在今陝西省西安市西北漢長安城南。本名清臺，後改靈臺

[8]寧朔：官名，即寧朔將軍，西晋時多駐幽州，爲幽州地區軍政長官，兼管烏丸事務。晋四品。　弘農：郡名，治所在弘農縣(今河南省靈寶市)。　太守：太，殿本作“大”。

至是，王鎮惡至宜陽。[1]毛德祖攻弘農太守尹雅于蠡城，[2]衆潰，德祖使騎追獲之，既而殺晋守者奔固潼關。

[1]宜陽：縣名，治所在今河南省宜陽縣西。

[2]蠡城：原本、宋本、殿本作“蠡吾城”，據中華本校勘記改。

檀道濟、沈林子攻拔襄邑堡，[1]建威薛帛奔河東。道濟自陝北渡，攻蒲坂，使將軍苟卓攻匈奴堡，爲泓寧東姚成都所敗。泓遣姚驢救蒲坂，胡翼度據潼關。泓進紹太宰、大將軍、大都督、都督中外諸軍事、假黄鉞，[2]改封魯公，侍中、司隸、宗正、節録並如故，[3]朝之大政皆往决焉。紹固辭，弗許。於是遣紹率武衛姚鸞等步騎五萬，距王師于潼關。姚驢與并州刺史尹昭爲表裏之勢，夾攻道濟。道濟深壁不戰，沈林子説道濟曰：

“今蒲坂城堅池濬，非可卒克，攻之傷衆，守之引日，不如棄之，先事潼關。潼關天岨，[4]形勝之地，鎮惡孤軍，勢危力寡，若使姚紹據之，則難圖矣。如克潼關，紹可不戰而服。”道濟從之，乃棄蒲坂，南向潼關。姚讚率禁兵七千，自渭北而東，進據蒲津。劉裕使沈田子及傅弘之率衆萬餘人入上洛，[5]所在多委城鎮奔長安。田子等進及青泥，[6]姚紹方陣而前，以距道濟。道濟固壘不戰，紹乃攻其西營，不克，遂以大衆逼之。道濟率王敬、沈林子等逆衝紹軍，將士驚散，引還定城。[7]紹留姚鸞守險，絶道濟糧道。

[1]襄邑堡：位於今山西省芮城縣西北。

[2]太宰：官名，即太師，因避司馬師名諱而改名太宰。八公之一，居上公之首，爲宰相之任。晋一品。　大都督：官名，高級軍事長官。三國初作爲加官於戰時臨時設置，後逐漸成爲常設加官官職，地位極高。　都督中外諸軍事：官名，亦稱都督中外諸軍。全國最高軍事統帥，總統中央地方的内外諸軍，權力極大。　假黄鉞：假以黄鉞。黄鉞即飾以黄金的斧鉞，爲皇帝儀仗。賜予出征重臣，以示威重，令其專主征伐。

[3]侍中：官名，東漢建安中與給事黄門侍郎出入禁中，省尚書事。曹魏時爲門下之侍中省長官。常侍衛皇帝左右，掌顧問應對、諫諍糾察、平議奏事、駁奏異議等，權力甚重。晋三品。　司隸：官名，即司隸校尉。三國魏時先治弘農，後治河南，轄司州所屬河南、河東、河内、弘農、平陽五郡。掌監察京師，糾察京都百官。西晋沿置。晋三品。　宗正：官名，又稱宗正卿、大宗正。掌皇族事務。曹魏時多以皇族擔任，兩晋有時兼以外姓。晋三品。

[4]天岨：岨，原本、殿本作“限”，宋本作“岨”，據宋本、

中華本校勘記改。

[5]沈田子：字敬光，沈林子之兄。東晋末從劉裕滅桓玄，因功參鎮軍軍事，封營道縣五等侯。又從劉裕北伐南燕，征盧循，歷任參征虜軍事、振武將軍、扶風太守。從劉裕征後秦，後留守關中，被劉義真所殺。　傅弘之：字仲度，北地泥陽（今甘肅省寧縣東南）人。東晋末隨劉裕起兵，任參軍、寧遠將軍、魏興太守。討桓石綏、司馬休之有功，除太尉行參軍、建威將軍、順陽太守等職。劉裕北伐後秦，傅弘之與沈田子等七軍自武關入，因功進爲劉義真雍州治中從事史、西戎司馬、寧朔將軍。及劉義真東歸，傅弘之與前來追趕的赫連勃勃於青泥大戰，兵敗被俘，不屈而死。　上洛：縣名，治所在今陝西省商洛市商州區。

[6]青泥：青泥城，位於今陝西省藍田縣南七里。

[7]定城：位於今陝西省華陰市東。

時裕别將姚珍入自子午，[1]竇霸入自洛谷，[2]衆各數千人。泓遣姚萬距霸，姚彊距珍。姚鸞遣將尹雅與道濟司馬徐琰戰于潼關南，爲琰所獲，送之劉裕。裕以雅前叛，欲殺之。雅曰："前活本在望外，今死寧不甘心。明公將以大義平天下，豈可使秦無守信之臣乎！"裕嘉而勉之。

[1]子午：即子午關，位於今陝西省西安市長安區西南子午鎮。

[2]洛谷：即駱谷關，位於今陝西省周至縣西南十八盤嶺南。

泓遣給事黄門侍郎姚和都屯于嶢柳，[1]以備田子。姚紹謂諸將曰："道濟等遠來送死，衆旅不多，嬰壘自固者，正欲曠日持久，以待繼援耳。吾欲分軍逕據閿鄉，[2]以絶其糧運，不至一月，道濟之首可懸之麾下矣。濟等既没，裕計自沮。"諸將咸以爲然。其將胡翼度曰："軍勢宜集不可以分，若偏師不利，人心駭懼，胡可以戰！"紹乃止。薛帛據河曲以叛。[3]紹分道置諸軍爲掎角之勢，遣輔國胡翼度據東原，武衛姚鸞營于大路，與晋軍相接。沈林子簡精鋭銜枚夜襲之，鸞衆潰戰死，士卒死者九千餘人。

[1]給事黄門侍郎：官名，魏晋時爲侍中省或門下省次官。與侍中俱掌門下衆事，職掌略同，地位隨皇帝旨意或侍中地位而定。晋五品。　堯柳：即嶢柳城，位於今陝西省藍田縣。

[2]閿（wén）鄉：地名，在今河南省靈寶市文鄉。

[3]河曲：指今山西省芮城縣西風陵渡一帶黄河曲流處。

姚讚屯于河上，遣恢武姚難運蒲坂穀以給其軍，至香城，[1]爲王師所敗。時泓遣姚諶守堯柳，姚和都討薛帛于河東，聞王師要難，乃兼道赴救，未至而難敗，因破裕裨將于河曲，遂屯蒲坂。姚讚爲林子所敗，單馬奔定城。紹遣左長史姚洽及姚墨蠡等率騎三千屯于河北之九原，[2]欲絶道濟諸縣租輸。洽辭曰："夫小敵之堅，大敵之擒。今兵衆單弱，而遠在河外，雖明公神武，然鞭短勢殊，恐無所及。"紹不聽。沈林子率衆八千，要洽于河上，洽戰死，衆皆没。紹聞洽等敗，忿恚發病，託姚讚以後事，使姚難屯關西，紹嘔血而死。

[1]香城：位於今陝西省大荔縣東南朝邑鎮東。

[2]左長史：官名，丞相府屬官，東漢末曹操爲丞相時置，與右長史共領相府諸曹。晋六品。

泓以晋師之逼，遣使乞師于魏。魏遣司徒、南平公拔拔嵩，[1]正直將軍、安平公乙旃眷，[2]進據河内，[3]游擊將軍王洛生屯于河東，[4]爲泓聲援。

[1]司徒：官名，西漢哀帝元壽二年（前1）改丞相爲大司徒，東漢光武帝時改名爲司徒，東漢末又改爲丞相。三國魏恢復三公制，改丞相爲司徒，管理民政。兩晋沿制，爲八公之一，在太尉之下、司空之上。與丞相通職，一般不並置，爲名譽宰相。晋一品。拔拔嵩：殿本作“拓拔嵩”。中華本校勘記：“毛本、局本‘拔’字不重，殿本上‘拔’字作‘拓’，宋本、南北監本重‘拔’字。‘拔拔嵩’即長孫嵩，事見《魏書·嵩傳》。《魏書·官氏志》‘拓跋氏後改爲長孫氏’，鄧名世《古今姓氏辯證》三七云‘拔拔氏後改爲長孫氏’，《通鑑》一一九云長孫嵩‘實姓拔拔’。歷來考證並以《官氏志》此條‘拓拔’爲‘拔拔’之訛。今從宋本。”

[2]正直將軍：官名，北魏前期置。孝文帝太和十七年（493）令及太和二十三年令皆未載。

[3]河内：縣名，治所在今河南省武陟縣西南。

[4]游擊將軍：官名，禁軍將領，與驍騎將軍分領命中虎賁，掌宿衛之任。隸屬中領軍（領軍將軍）。晋四品。

劉裕次于陝城，[1]遣沈林子率精兵萬餘，越山開道，[2]會沈田子等于青泥，將攻堯柳。泓使姚裕率步騎八千距之，泓躬將大衆繼發。裕爲田子所敗，泓退次于灞上，[3]關中郡縣多潛通于王師。劉裕至潼關，遣將軍朱超石、徐猗之會薛帛于河北，[4]以攻蒲坂。姚讚距裕于關西，姚難屯于香城。裕遣王鎮惡、王敬自秋社西渡渭，以逼難軍。鎮東姚璞及姚和都擊敗猗之等於蒲坂，猗之遇害，超石棄其衆奔于潼關。姚讚遣司馬休之及司馬國璠自軹關向河内，[5]引魏軍以躡裕後。姚難既爲鎮惡所逼，引師而西。時大霖雨，渭水泛溢，讚等不得北渡。鎮惡水陸兼進，追及姚難。泓自灞上還軍，次于石橋以援之。讚退屯鄭城。[6]鎮北姚彊率郡人數千，[7]與姚難陣于涇上，以距鎮惡。鎮惡遣毛德祖擊彊，大敗，彊戰死，難遁還長安。

[1]陝城：陝，宋本作“浛”。

[2]越山，越，殿本作“起”。

[3]灞上：即霸上，又名霸頭，位於今陝西省西安市東白鹿原北。

[4]朱超石：沛郡沛（今江蘇省沛縣）人，朱齡石之弟。東晋末任衛將軍參軍、輔國參軍。後歸附劉裕，歷任徐州主簿、車騎參軍、尚書都官郎、補中兵參軍、寧朔將軍、沛郡太守等職。從劉裕滅後秦。後關中擾亂，朱超石受命慰勞河、洛，被赫連勃勃所殺。

[5]司馬休之：晋宗室，字季豫，譙王司馬恬子。任襄城太守，鎮歷陽。受桓玄圍攻，投奔南燕。桓玄敗後南歸，又與劉裕交惡，投奔後秦。劉裕滅後秦，又投奔北魏。　軹關：在今河南省濟源市西北，當豫、晋交通要衝，爲太行八陘中第一陘，歷代兵家必争之地。

[6]鄭城：鄭縣城，位於今陝西省渭南市華州區。

[7]鎮北：官名，即鎮北將軍。東漢建安年間置，與鎮西、鎮南、鎮東將軍合稱四鎮將軍，多爲持節都督，出鎮方面。曹魏二

品。晋三品，加持節都督者二品。

劉裕進據鄭城。泓使姚裕、尚書龐統屯兵宫中，姚洸屯于灃西，尚書姚白瓜徙四軍雜户入長安，姚丕守渭橋，胡翼度屯石積，姚讚屯霸東，泓軍於逍遥園。鎮惡夾渭進兵，破姚丕于渭橋。泓自逍遥園赴之，[1]逼水地狹，因丕之敗，遂相踐而退。姚諶及前軍姚烈、左衛姚寶安、散騎王帛、建武姚進、揚威姚蚝、尚書右丞孫玄等皆死於陣，[2]泓單馬還宫。鎮惡入自平朔門，[3]泓與姚裕等數百騎出奔于石橋。讚聞泓之敗也，召將士告之，衆皆以刀擊地，攘袂大泣。胡翼度先與劉裕陰通，是日棄衆奔裕。讚夜率諸軍，將會泓于石橋，王師已固諸門，讚軍不得入，衆皆驚散。[4]

[1]“鎮惡夾渭”至“泓自逍遥園”：宋本無此十七字。

[2]前軍：官名，即前軍將軍。四軍將軍之一，與後軍、左軍、右軍將軍各領營兵千人，職掌護衛皇帝宫禁。晋四品。　左衛：官名，即左衛將軍。三國魏咸熙二年（265），司馬炎即晋王位，分中衛將軍爲左、右衛將軍。掌佽飛虎賁及前驅、由基、强弩三部司馬，屬下還有虎賁、羽林、上騎、異力、命中五部督，負責宫禁侍衛。西晋屬中軍將軍，後屬領軍將軍。爲禁衛軍主要統帥之一，權任很重。晋四品。　散騎：官名，指散騎將，職掌不詳。

[3]平朔門：《讀史方輿紀要》卷五三《陝西二·咸寧縣》“東渭橋”條：“程大昌曰：‘灞水合渭之地有東渭橋。’劉裕伐秦，王鎮惡自河入渭，姚泓使姚丕守渭橋，既而鎮惡至渭橋大破丕軍，遂入長安平朔門，即東渭橋也。”

[4]衆皆驚散：衆，殿本作“夜”。

泓計無所出，謀欲降于裕。其子佛念，年十一，[1]謂泓曰：“晋人將逞其欲，終必不全，願自裁决。”泓憮然不答。佛念遂登宫墻自投而死。泓將妻子詣壘門而降。讚率宗室子弟百餘人亦降于裕，裕盡殺之，餘宗遷于江南。送泓于建康市斬之，時年三十，在位二年。建康百里之外，[2]草木皆燋死焉。

[1]年十一：一，殿本作“二”。

[2]千里之外：外，宋本作“内”。

姚萇以孝武太元九年僭立，至泓三世，以安帝義熙十三年而滅，凡三十二年。[1]

[1]凡三十二年：中華本校勘記：“姚萇以太元九年稱秦王，至義熙十三年姚泓之亡實三十四年。此云三十二年，或自太元十一年萇稱皇帝時起算。”

史臣曰：自長江徙御，化龍創業，[1]巨寇乘機而未寧，戎馬交馳而不息，晦重氛於六漠，鼓洪流於八際，天未厭亂，凶旅實繁。弋仲越自金方，[2]言歸石氏，抗直詞於暴主，闡忠訓於危朝，貽厥之謀，在乎歸順，嗚哀之義，有足稱焉。景國弱歲英奇，見方孫策，[3]詳其幹識，無忝斯言，遽踐迷途，良可悲矣！

[1]化龍創業：指東晋建立。本書卷六《元帝紀》：“太安之際，童謡云：‘五馬浮渡江，一馬化爲龍。’及永嘉中，歲、鎮、熒惑、

太白聚斗、牛之間，識者以爲吴越之地當興王者。是歲，王室淪覆，帝與西陽、汝南、南頓、彭城五王獲濟，而帝竟登大位焉。”

[2]金方：西方。《吕氏春秋·孟秋》：“某日立秋，盛德在金。”高誘注：“盛德在金，金主西方也。”

[3]孫策：東漢末吴郡富春（今浙江省杭州市富陽區）人，字伯符，孫堅長子。先後被袁術表拜懷義校尉、折衝校尉。後與周瑜匯合，渡江先後擊敗下邳相笮融、揚州刺史劉繇。袁術稱帝後，遂與之絶交。後據有會稽、廬江、豫章、丹陽等地，被拜爲討逆將軍。終被吴郡太守許貢手下射殺。死後追謚長沙桓王。

景茂因仲襄之緒，躡苻亡之會，嘯命群豪，恢弘霸業，假容冲之鋭，俯定函秦；挫雷惡之鋒，載寧東北。在兹奸略，實冠凶徒。列樹而表新營，雖云效績；薦棘而陵舊主，何其不仁！安枕而終，斯爲幸也。

子略克摧勍敵，荷成先構，虚襟訪道，側席求賢，敦友悌以睦其親，[1]明賞罰以臨其下，英髦盡節，爪牙畢命。取汾絳，陷許洛，款僭燕而藩僞蜀，[2]夷隴右而静河西，俗阜年豐，遠安邇輯，雖楚莊、秦穆何以加焉！[3]既而逞志矜功，弗虞後患。委凉都於秃髮，授朔方於赫連，專己生灾，邊城繼陷，距諫招禍，蕭牆屢發，戰無寧歲，人有危心。豈宜騁彼雄圖，被深恩於介士；翻崇詭説，加殊禮於桑門！當有爲之時，肄無爲之業，麗衣腴食，殆將萬數，析實談空，靡然成俗。夫以漢朝殷廣，猶鄙鴻都之費；[4]況乎僞境日侵，寧堪永貴之役！儲用殫竭，山林有税，政荒威挫，職是之由，坐致淪胥，[5]非天喪也。

[1]友悌：悌，宋本作“弟”。

[2]款僭燕而藩僞蜀：使北邊燕國款服、蜀中譙縱稱藩。

[3]楚莊：楚莊王，春秋時楚國國君，名旅。楚穆王之子。春秋五霸之一。公元前613至前591年在位。　秦穆：春秋時秦國國君。名任好，秦德公之子。公元前659至前621年在位。在位期間任賢選能，滅國十二，開地千里，遂霸西戎。

[4]鄗鴻都之費：東漢靈帝時，開鴻都門榜賣官爵。其富者則先入錢，貧者到官而後倍輸，或因常侍、阿保別自通達。崔烈入錢五百萬，得爲司徒，於是聲譽衰減。久之不自安，從容問其子崔鈞曰：“吾居三公，於議者何如？”鈞曰：“大人少有英稱，歷位卿守，論者不謂不當爲三公；而今登其位，天下失望。”烈曰：“何爲然也？”鈞曰：“論者嫌其銅臭。”

[5]淪胥：淪喪，淪亡。

元子以庸懦之質，屬傾擾之餘，内難方殷，外禦斯輟。王師杖順，弭節而下長安；凶嗣失圖，係組而降軹道。[1]物極則反，抑斯之謂歟！

[1]係組而降軹道：係，殿本作“繫”。

贊曰：弋仲剛烈，終表奇節。襄實英果，萇惟奸桀。興始崇構，泓遂摧滅。貽誡將來，無踐危轍。

晋書　卷一二〇

載記第二十

李特　李流 李庠

李特

李特，字玄休，巴西宕渠人，[1]其先廩君之苗裔也。[2]昔武落鍾離山崩，[3]有石穴二所，其一赤如丹，一黑如漆。有人出於赤穴者，名曰務相，姓巴氏。有出於黑穴者，凡四姓，曰瞫氏、樊氏、柏氏、鄭氏。[4]五姓俱出，皆争爲神，於是相與以劍刺穴屋，能著者以爲廩君。四姓莫著，而務相之劍懸焉。又以土爲船，雕畫之而浮水中，曰："若其船浮存者，以爲廩君。"務相船又獨浮。於是遂稱廩君，乘其土船，將其徒卒，當夷水而下，至於鹽陽。[5]鹽陽水神女子止廩君曰："此魚鹽所有，地又廣大，與君俱生，可止無行。"廩君曰："我當爲君求廩地，不能止也。"鹽神夜從廩君宿，旦輒去爲飛蟲，諸神皆從其飛，蔽日晝昏。廩君欲殺之不可别，[6]又不知天地東西。如此者十日，廩君乃以青縷遺鹽神曰："嬰此，即宜之，與汝俱生。弗宜，將去汝。"鹽神受而嬰之。廩君立碭石之上，[7]望膺有青縷者，跪而射之，中鹽神。鹽神死，群神與俱飛者皆去，天乃開朗。廩君復乘土船，下及夷城，夷城石岸曲，泉水亦曲。廩君望如穴狀，嘆曰："我新從穴中出，今又入此，奈何！"岸即爲崩，廣三丈餘，而階陛相乘，廩君登之。岸上有平石方一丈，長五尺，廩君休其上，投策計算，皆著石焉，因立城其旁而居之。其後種類遂繁。秦并天下，以爲黔中郡，[8]薄賦斂之，口歲出錢四十。巴人呼賦爲賨，因謂之賨人焉。及漢高祖爲漢王，募賨人平定三秦，[9]既而求還鄉里。高祖以其功，復同豐沛，[10]不供賦税，更名其地爲巴郡。[11]土有鹽鐵丹漆之饒，俗性剽勇，又善歌舞。高祖愛其舞，詔樂府習之，今巴渝舞是也。漢末，張魯居漢中，[12]以鬼道教百姓，賨人敬信巫覡，[13]多往奉之。值天下大亂，自巴西之宕渠遷于漢中楊車坂，抄掠行旅，百姓患之，號爲楊車巴。魏武帝克漢中，特祖將五百餘家歸之，[14]魏武帝拜爲將軍，遷于略陽，[15]北土復號之爲巴氏。[16]

[1]巴西：郡名，治所在閬中縣（今四川省閬中市）。　宕渠：縣名，治所在今四川省渠縣東北。

[2]廩君：傳説中古代巴人始祖。　苗裔：後裔，後代。

[3]武落鍾離山：位於今湖北省長陽縣土家族自治縣西北。

[4]柏氏：中華本校勘記："《御覽》三七引《世本》，《太平寰宇記》一七八'柏'作'相'，《斠注》據謂'柏'爲'相'字之譌。按：《後漢書·南蠻傳》亦作'相'，《斠注》説是。"

[5]鹽陽：《後漢書》卷八六《南蠻西南夷列傳》："乃乘土船，從夷水至鹽陽。"李賢注："荆州圖（副）曰：'夷（陵）縣西有温泉。古老相傳，此泉元出鹽，于今水有鹽氣。縣西一獨山有石穴，有二大石並立穴中，相去可一丈，俗名爲陰陽石。陰石常濕，陽石常燥。'"夷陵縣，治所在今湖北省宜昌市東南。

[6]中華本"别"字下屬。汪維輝先生認爲"别"字當屬上。"廩君欲殺之不可别"謂廩君想要殺死鹽神，但鹽神與諸神都化作飛蟲，無法辨别。所以廩君就設計用青縷來辨認鹽神，終於把她殺了。(參見汪維輝《〈晋書〉點校商兑》，《古籍整理研究學刊》1997年第1期)

[7]碭石：中華本校勘記："《後漢書·南蠻傳》引盛弘之《荆州記》'碭石'作'陽石'。《水經·夷水注》云：'又有鹽石，即陽石也。盛弘之以是推之，疑即廩君所射鹽神處也。將知陰石是對陽石之名矣。'則酈道元亦同盛説。疑作'陽'是。"

[8]黔中郡：戰國楚置，秦時治所在臨沅縣（今湖南省常德市)。

[9]賨人：古代西南地區的少數民族。其中心在四川省渠縣一帶。　三秦：項羽三分關中，封章邯爲雍王、司馬欣爲塞王、董翳爲翟王，合稱三秦。其地相當於陝西省關中地區地區及甘肅省東部。

[10]復同豐沛：與豐沛一樣免除賦役。豐沛，劉邦的故鄉。

[11]巴郡：治所在江州縣（今重慶市)。

[12]張魯：東漢沛國豐（今江蘇省豐縣）人，五斗米道創建者，於漢中建立政教合一政權，後降曹操。　漢中：郡名，治所在南鄭縣（今陝西省漢中市)。

[13]賓人：賓，宋本作"宗"。

[14]魏武帝克漢中，特祖將五百餘家歸之：宋本無此十五字。中華本校勘記："李校：據《華陽國志》《李雄載記》'祖'下當有'武'字。《斠注》亦引《華陽國志》九'曾（此字衍）祖父虎'

及《御覽》一二三引《蜀録》‘特祖父虎’之文，謂《載記》不書虎名，蓋避唐諱，惟《李雄記》則改‘虎’爲‘武’。按：此處當脱‘武’字，李説是。”

［15］略陽：郡名，西晋泰始中以廣魏郡改名，治所在臨渭縣（今甘肅省天水市東北渭河北岸）。

［16］巴氐：中華本校勘記：“廩君族乃巴郡、南郡蠻，本非氐族。《後漢書》列之《南蠻傳》中。巴乃巴郡，南郡蠻五姓之一，傳稱廩君爲‘巴氏子’，又云‘及秦惠王并巴中，以巴氏爲蠻夷君長’，數言‘巴氏’，皆以爲族姓。《華陽國志》九此句作‘北土復號曰巴人’，《御覽》一二三引《蜀録》作‘所在號爲巴人’，並無‘巴氐’之稱。此處‘巴氐’疑爲‘巴氏’之譌。”

特父慕爲東羌獵將。

特少仕州郡，見異當時，身長八尺，雄武善騎射，沉毅有大度。元康中，氐齊萬年反，[1]關西擾亂，[2]頻歲大飢，百姓乃流移就穀，相與入漢川者數萬家。特隨流人將入于蜀，至劍閣，[3]箕踞太息，顧眄險阻曰：“劉禪有如此之地而面縛於人，豈非庸才邪！”同移者閻式、趙肅、李遠、任回等咸嘆異之。[4]

［1］氐：古代生活在西北地區的少數民族。（黄烈先生《中國古代民族研究》人民出版社 1987 年版對氐人的源流有詳細考證）齊萬年：西晋時關中人，氐族。元康六年（296）稱帝，元康九年被晋左積弩將軍孟觀擊敗被俘。

［2］關西：地區名，指潼關以西地區。

［3］劍閣：即劍門關，位於今四川省劍閣縣東北。

［4］同移者閻式：移，原本、宋本作“夷”，殿本作“移”，據殿本、中華本校勘記改。

初，流人既至漢中，上書求寄食巴蜀，朝議不許，遣侍御史李苾持節慰勞，[1]且監察之，不令入劍閣。苾至漢中，受流人貨賂，反爲表曰："流人十萬餘口，非漢中一郡所能振贍，東下荆州，[2]水湍迅險，又無舟船。蜀有倉儲，人復豐稔，宜令就食。"朝廷從之，由是散在益梁，[3]不可禁止。

[1]侍御史：官名，簡稱御史、侍御。御史臺屬官，曹魏時分掌治書、課第等八曹，尚書、符節等三臺。西晋時分掌吏、課第、直事、印、中都督、外都督、媒、符節、水、中壘、軍營、法、算十三曹。晋六品。　持節：官員外出持有皇帝授予的節杖，代表高等權威，常用於軍事長官出征。

[2]荆州：治所在江陵縣（今湖北省江陵縣）。

[3]益：州名，治所在成都縣（今四川省成都市）。　梁：州名，治所在南鄭縣（今陝西省漢中市東）。

永康元年，詔徵益州刺史趙廞爲大長秋，[1]以成都内史耿滕代廞。[2]廞遂謀叛，潛有劉氏割據之志，乃傾倉廩，振施流人，以收衆心。特之黨類皆巴西人，與廞同郡，率多勇壯，廞厚遇之，以爲爪牙，故特等聚衆，專爲寇盜，蜀人患之。滕密上表，以爲流人剛剽而蜀人懦弱，客主不能相制，必爲亂階，宜使移還其本。若致之險地，將恐秦雍之禍萃於梁益，必貽聖朝西顧之憂。廞聞而惡之。時益州文武千餘人已往迎滕，滕率衆入州，廞遣衆逆滕，戰于西門，滕敗，死之。

［1］大長秋：官名，宣達皇后旨意，領受皇帝詔命。魏晋南北朝時領諸宦者，管理宫闈。三品。

［2］内史：官名，西晋武帝太康十年（289）改諸王國相爲内史，掌管民政。晋五品。周家禄《晋書校勘記》認爲："晋制以郡爲國，内史治民事，若郡太守。國除爲郡，復稱太守。然二名往往混淆，史家亦互稱之。"

廞自稱大都督、大將軍、益州牧。[1]特弟庠與兄弟及妹夫李含、任回、上官惇、扶風李攀、始平費佗、氐苻成、隗伯等以四千騎歸廞。[2]廞以庠爲威寇將軍，[3]使斷北道。庠素東羌良將，曉軍法，不用麾幟，舉矛爲行五，[4]斬部下不用命者三人，部陣肅然。廞惡其齊整，欲殺之而未言。長史杜淑、司馬張粲言於廞曰：[5]"《傳》云五大不在邊，[6]將軍起兵始爾，便遣李庠握强兵於外，愚竊惑焉。且非我族類，其心必異，倒戈授人，竊以爲不可，願將軍圖之。"廞斂容曰："卿言正當吾意，可謂起予者商，[7]此天使卿等成吾事也。"會庠在門，[8]請見廞，廞大悦，引庠見之。庠欲觀廞意旨，再拜進曰："今中國大亂，無復綱維，晋室當不可復興也。明公道格天地，德被區宇，湯武之事，實在于今。宜應天時，順人心，拯百姓於塗炭，使物情之所歸，[9]則天下可定，非但庸蜀而已。"廞怒曰："此豈人臣所宜言！"令淑等議之。於是淑等上庠大逆不道，廞乃殺之，及其子侄宗族三十餘人。廞慮特等爲難，遣人喻之曰："庠非所宜言，罪應至死，不及兄弟。"以庠尸還特，復以特兄弟爲督將，以安其衆。牙門將許弇求爲巴東監軍，[10]杜淑、張粲固執不許。弇怒，於廞閣下手刃殺淑、粲，淑、粲左右又殺弇，[11]皆廞腹心也。

[1]大都督：官名，高級軍事長官。三國初作爲加官於戰時臨時設置，後逐漸成爲常設加官官職，地位極高。　大將軍：官名，高級軍事統帥。曹魏時多以之屯駐長安，對付蜀漢，蜀漢以其爲最高軍事長官，孫吴則别置上大將軍居其上。西晋時爲八公之一，位居上公、大司馬下，三公之上。東晋時常專擅軍政事務。晋一品。

[2]上官惇：中華本校勘記："《斠注》：《華陽國志》八作'上官晶'，惟下文則上官晶、上官惇二人並列。按：《通鑑》八三亦作'上官晶'。此處上官惇叙於任回下，李攀、費佗上，下文在任下李、費上者正是晶而非惇，知此處'惇'當是'晶'之誤。"　扶風：封國名，治所在郿縣（今陝西省眉縣東渭河北岸）。　始平：郡名，治所在槐里縣（今陝西省興平市）。

[3]威寇將軍：官名，西晋時益州牧趙廞置。北魏沿置。

[4]行五：五，宋本作"伍"。

[5]長史：官名，掌顧問參謀，爲所在官署掾屬之長。魏晋南北朝時王府、公府、軍府、邊郡均置。晋八至六品。　司馬：官名，府署高級幕僚。掌參讚軍務、管理府内武職，位僅次於長史。魏晋南北朝時王府、公府、軍府、邊郡均置。晋八至六品。

[6]五大不在邊：《左傳·昭公十一年》："臣聞五大不在邊，五細不在庭。"孔穎達疏引賈逵云："五大，謂太子、母弟、貴寵公子、公孫、累世正卿也。"

[7]可謂起予者商：《論語·八佾》："子夏問曰：'巧笑倩兮，美目盼兮，素以爲絢兮，何謂也？'"子曰：'繪事後素。'曰：'禮後乎？'子曰：'起予者商也！始可與言《詩》已矣。'"商即子夏。

[8]會庠在門：在，原本作"正"，宋本、殿本作"在"，據宋

本、殿本改。

[9]物情之所歸：之，宋本作“知”。

[10]監軍：官名，軍隊出征所置官員，掌監視將帥，權勢頗重。晋四品。

[11]手刃殺淑、粲，淑、粲左右又殺弇：原本、宋本、殿本不重“淑粲”二字，據中華本校勘記補。

特兄弟既以怨廞，引兵歸綿竹。[1]廞恐朝廷討己，遣長史費遠、犍爲太守李苾、督護常俊督萬餘人斷北道，[2]次綿竹之石亭。特密收合得七千餘人，夜襲遠軍，遠大潰，因放火燒之，死者十八九。進攻成都。廞聞兵至，驚懼不知所爲。李苾、張徵等夜斬關走出，文武盡散。廞獨與妻子乘小船走至廣都，[3]爲下人朱竺所殺。特至成都，縱兵大掠，害西夷護軍姜發，[4]殺廞長史袁治及廞所置守長，[5]遣其牙門王角、李基詣洛陽陳廞之罪狀。

[1]綿竹：縣名，治所在今四川省德陽市北。

[2]犍爲：郡名，治所在武陽縣（今四川省眉山市彭山區東）。督護：官名，州郡及出鎮方面將軍府皆設，掌兵事。兩晋時常統軍征伐，衹督一軍。

[3]廣都：縣名，治所在今四川省成都市東南。

[4]西夷護軍：官名，西晋置，駐益州，協助護西夷校尉管理當地少數民族事務。

[5]袁治：中華本校勘記：“南北監本、毛本、殿本‘治’作‘治’，據張元濟《校勘記》云，所見另一宋本此字空格，百衲本從殿本補‘治’字，獨局本作‘治’。《通志》一九〇、《華陽國

志》八並作‘洽’。今從局本。”

先是，惠帝以梁州刺史羅尚爲平西將軍、領護西夷校尉、益州刺史，[1]督牙門將王敦、上庸都尉義歆、蜀郡太守徐儉、廣漢太守辛冉等凡七千餘人入蜀。[2]特等聞尚來，甚懼，使其弟驤於道奉迎，并貢寶物。尚甚悦，以驤爲騎督。[3]特及弟流復以牛酒勞尚於緜竹。王敦、辛冉並説尚曰："特等流人，專爲盜賊，急宜梟除，可因會斬之。"尚不納。冉先與特有舊，因謂特曰："故人相逢，不吉當凶矣。"特深自猜懼。

[1]梁州：原本、宋本、殿本作"涼州"，據中華本校勘記改。 平西將軍：官名，與平北、平南、平東合稱四平將軍，權任很重，多持節都督或監某一地區的軍事，有時亦作爲刺史等地方官員兼理軍務的加官。晋三品，加持節都督者二品。 領：以地位較高的官員兼理較低的職務。 護西夷校尉：官名，亦稱西夷校尉。晋武帝太康三年（282）置，治寧州，寧州併入益州後以益州刺史兼領。東晋平蜀後復置，持節統兵，掌益州少數民族事務。立府，置長史、司馬，可與刺史一樣舉秀才、廉吏、良吏。晋四品。十六國前秦亦置，掌益州及西部地區少數民族事務。北涼段業亦置，掌涼興以西少數民族事務。

[2]上庸：郡名，東漢建安二十二年（217）置，治所在上庸縣（今湖北省竹山縣西南四十里堵水北岸）。 都尉：官名，統兵武職，不常置。 蜀郡：治所在成都縣（今四川省成都市）。 廣漢：郡名，治所在廣漢縣（今四川省射洪市南）。 辛冉等：宋本無"等"字。

[3]騎督：官名，軍中統率騎兵的中級軍官。五品。

尋有符下秦、雍州，[1]凡流人入漢川者，皆下所在召還。特兄輔素留鄉里，託言迎家，既至蜀，謂特曰："中國方亂，不足復還。"特以爲然，乃有雄據巴蜀之意。朝廷以討趙廞功，拜特宣威將軍，[2]封長樂鄉侯，流爲奮威將軍、武陽侯。[3]璽書下益州，條列六郡流人與特協同討廞者，將加封賞。會辛冉以非次見徵，不願應召，又欲以滅廞爲己功，乃寢朝命，不以實上。衆咸怨之。羅尚遣從事催遣流人，[4]限七月上道。辛冉性貪暴，欲殺流人首領，取其資貨，乃移檄發遣。又令梓潼太守張演於諸要施關，[5]搜索寶貨。特等固請，求至秋收。流人布在梁益，爲人傭力，及聞州郡逼遣，人人愁怨，不知所爲。又知特兄弟頻請求停，皆感而恃之。且水雨將降，年穀未登，流人無以爲行資，遂相與詣特。特乃結大營於綿竹，以處流人，移冉求自寬。冉大怒，遣人分牓通逵，購募特兄弟，許以重賞。特見，大懼，悉取以歸，與驤改其購云："能送六郡之豪李、任、閻、趙、楊、上官及氐、叟侯王一首，賞百匹。"流人既不樂移，咸往歸特，騁馬屬鞬，同聲雲集，旬月間衆過二萬。流亦聚衆數千。特乃分爲二營，特居北營，流居東營。

[1]秦：州名，治所在冀縣（今甘肅省甘谷縣東）。　雍州：治所在長安（今陝西省西安市西北）。

[2]宣威將軍：官名，三國魏置，爲雜號將軍。晋八品。

[3]奮威將軍：官名，爲雜號將軍。晋四品。

[4]從事：官名，州部屬吏。東漢稱從事史，由州部長官自己

選拔任命。

[5]諸要施關：在各個要地設置關卡。

特遣閻式詣羅尚，求申期。式既至，見冉營栅衝要，謀掙流人，[1]嘆曰："無寇而城，讎必保焉。今而速之，亂將作矣！"又知冉及李苾意不可迴，乃辭尚還綿竹。尚謂式曰："子且以吾意告諸流人，今聽寬矣。"式曰："明公惑於奸説，恐無寬理。弱而不可輕者百姓也，今促之不以理，衆怒難犯，恐爲禍不淺。"尚曰："然。吾不欺子，子其行矣。"式至綿竹，言於特曰："尚雖云爾，然未可必信也。何者？尚威刑不立，冉等各擁强兵，一旦爲變，亦非尚所能制，深宜爲備。"特納之。冉、苾相與謀曰："羅侯貪而無斷，日復一日，流人得展奸計。李特兄弟並有雄才，吾屬將爲豎子虜矣。宜爲決計，不足復問之。"乃遣廣漢都尉曾元、牙門張顯、劉並等潛率步騎三萬襲特營。羅尚聞之，亦遣督護田佐助元。特素知之，乃繕甲厲兵，戒嚴以待之。元等至，特安卧不動，待其衆半入，發伏擊之，殺傷者甚衆，害田佐、曾元、張顯，傳首以示尚、冉。尚謂將佐曰："此虜成去矣，而廣漢不用吾言，以張賊勢，今將若之何！"

[1]謀掙流人：謀劃抓捕流民。掙，抓捕。

於是六郡流人推特爲主，特命六郡人部曲督李含、上邽令任臧、始昌令閻式、諫議大夫李攀、陳倉令李武、陰平令李遠、將兵都尉楊褒等上書,[1]請依梁統奉竇融故事,[2]推特行鎮北大將軍,[3]承制封拜,[4]其弟流行鎮東將軍,[5]以相鎮統。於是進兵攻冉於廣漢。冉衆出戰,特每破之。尚遣李苾及費遠率衆救冉,憚特不敢進。冉智力既窘,出奔江陽。[6]特入據廣漢,以李超爲太守,進兵攻尚於成都。閻式遺尚書,責其信用讒構,欲討流人,又陳特兄弟立功王室,以寧益土。尚覽書,知特等將有大志,嬰城固守,求救於梁、寧二州。[7]於是特自稱使持節、大都督、鎮北大將軍,[8]承制封拜一依竇融在河西故事。兄輔爲驃騎將軍,[9]弟驤爲驍騎將軍,[10]長子始爲武威將軍,[11]次子蕩爲鎮軍將軍,[12]少子雄爲前將軍,[13]李含爲西夷校尉,[14]含子國離、任回、李恭、上官晶、李攀、費佗等爲將帥,任臧、上官惇、楊褒、楊珪、王達、麴歆等爲爪牙,李遠、李博、夕斌、嚴檉、上官琦、李濤、王懷等爲僚屬,閻式爲謀主,何巨、趙肅爲腹心。時羅尚貪殘,爲百姓患,而特與蜀人約法三章,施捨振貸,禮賢拔滯,軍政肅然。百姓爲之謡曰:“李特尚可,羅尚殺我。”尚頻爲特所敗,乃阻長圍,緣水作營,自都安至犍爲七百里,[15]與特相距。

[1]部曲督:官名,軍中及州郡皆設,統兵,屬官有部曲將、副散部曲將等。三國魏及晋初,須留家屬作爲質任,晋武帝咸寧五年(279)始除部曲督以下質任。　上邽:縣名,治所在今甘肅省天水市。　始昌:縣名,治所在今甘肅省禮縣東北。　諫議大夫:官名,掌議論顧問、參謀應對。晋七品。　陳倉:縣名,治所在今

陝西省寶鷄市東渭水北岸。 陰平：縣名，治所在今甘肅省文縣西白龍江北岸。 將兵都尉：官名，晋朝置，領兵。多爲戰時臨時設置，故未假以名號。

[2]梁統：東漢安定烏氏（今寧夏回族自治區固原市東南）人，字仲寧。初任更始政權中郎將、酒泉太守。建武五年（29）歸降東漢，封宣德將軍。後征討隗囂有功，拜太中大夫。更始敗，歸附劉秀之前，竇融與梁統等商議説："今天下擾亂，未知所歸。河西斗絶在羌胡中，不同心勠力則不能自守；權鈞力齊，復無以相率。當推一人爲大將軍，共全五郡，觀時變動。"議既定，而各謙讓，咸以竇融世任河西爲吏，人所敬向，乃推融行河西五郡大將軍事。 竇融：東漢初扶風平陵（今陝西省咸陽市西北）人，字周公。世代仕宦河西。新莽末任波水將軍。後歸降更始，任張掖屬國都尉。更始敗，又聯合酒泉、金城、張掖、敦煌、武威五郡，割據河西。稱行河西五郡大將軍事。東漢建武五年（29）歸附光武帝，歷任涼州牧、冀州牧、大司空、行衛尉事，並兼領將作大匠。

[3]行：兼攝官職。 鎮北大將軍：官名，三國蜀、吴置，職掌與鎮北將軍同，唯資歷深者得任此職，不常置。晋二品，開府位從公者一品。

[4]承制封拜：秉承皇帝旨意封官拜將。

[5]鎮東將軍：官名，東漢建安年間置，與鎮西、鎮南、鎮北將軍合稱四鎮將軍，多爲持節都督，出鎮方面。曹魏二品。晋三品，加持節都督者二品。

[6]出奔江陽：中華本校勘記："《華陽國志》八及《通鑑》八四'江陽'作'德陽'。《舉正》：《通鑑》作'德陽'爲是。德陽屬廣漢，特攻冉於廣漢，就近出奔耳。"

[7]寧：州名，治所在墊江縣（今重慶市合川區）。

[8]使持節：漢朝官吏奉使外出時，或由皇帝授予節杖，以提高其權力。魏晋以後，凡重要軍事長官出征或出鎮，加使持節，可誅殺二千石以下官員。

[9]驃騎將軍：官名，西漢時爲重號將軍，東漢以後，居諸名號將軍之首，僅作爲軍府名號加授大臣或重要州郡長官。晋二品，開府位從公者一品。

[10]驍騎將軍：官名，三國魏爲内軍將領，統營兵。兩晋與領軍、護軍、左右衛、游擊諸將軍合稱六軍，擔當宿衛之任，是護衛宫廷的主要將領。晋四品。

[11]武威將軍：官名，統兵出征。東漢建安初置，西晋沿置。

[12]鎮軍將軍：官名，三國時始置，西晋罷又復置。位在鎮軍大將軍下，與中軍將軍、撫軍將軍並爲三名號將軍，位比四鎮將軍。晋三品。

[13]前將軍：官名，漢代爲重號將軍，與左、右、後將軍並爲上卿。魏晋時常設，權位較兩漢時漸低，僅爲武官名號，略高於一般雜號將軍，不典禁兵，不與朝政。晋三品。

[14]西夷校尉：官名，亦稱護西夷校尉。晋武帝太康三年（282）置，治寧州，寧州併入益州後以益州刺史兼領。東晋平蜀後復置，持節統兵，掌益州少數民族事務。立府，置長史、司馬，可與刺史一樣舉秀才、廉吏、良吏。晋四品。十六國前秦亦置，掌益州及西部地區少數民族事務。北凉段業亦置，掌凉興以西少數民族事務。

[15]都安：縣名，治所在今四川省都江堰市東。

河間王顒遣督護衙博、廣漢太守張徵討特，[1]南夷校尉李毅又遣兵五千助尚，[2]尚遣督護張龜軍繁城，[3]三道攻特。特命蕩、雄襲博。特躬擊張龜，龜衆大敗。蕩又與博接戰連日，博亦敗績，死者太半。蕩追博至漢德，[4]博走葭萌。[5]蕩進寇巴西，巴西郡丞毛植、五官襄珍以郡降蕩。[6]蕩撫恤初附，百姓安之。蕩進攻葭萌，博又遠遁，其衆盡降於蕩。

[1]河間王顒：司馬顒，字文載，本書卷五九有傳。　廣漢太守張徵：中華本校勘記："《惠紀》'徵'作'微'。《華陽國志》八上文及此處兩見'廣漢太守張微'，而上文李特攻趙廞，入成都，稱張徵斬關出走，與《載記》同。《斠注》：張微、張徵以形近致譌。徵字建興，張翼之子，見《華陽國志·壽良傳》。則《載記》作'徵'不誤。凡本書不誤者本不出校記，以《華陽國志》先後雜出，《通鑑》八四從《紀》作'微'，故録《斠注》語。"

[2]南夷校尉：官名，東晋改作鎮蠻校尉，負責南中地區事務，考核當地大姓子弟入仕資格，權力甚重。晋四品。

[3]繁城：繁縣城，繁縣西漢治所在今四川省彭州市西北，三國蜀漢時治所在今四川省成都市新都區。

[4]漢德：縣名，治所在今四川省劍閣縣東北。

[5]葭萌：縣名，治所在今四川省廣元市西南。

[6]郡丞：官名，爲郡守副貳。輔佐郡守掌衆事。三國魏蜀吴皆置，亦稱府丞。晋八品。　五官：官名，即五官中郎將。西漢隸屬光禄勛。東漢時統部分侍郎、郎中。東漢初年或參與戰事。東漢末由於曹操之子曹丕任此職，地位上升，在魏諸臣之上。晋沿漢制，在光禄勛下置五官、左、右三中郎將，爲皇帝近侍之官。

太安元年，特自稱益州牧、都督梁益二州諸軍事、大將軍、大都督，[1]改年建初，[2]赦其境内。於是進攻張徵。徵依高據險，與特相持連日。時特與蕩分爲二營，徵候特營空虚，遣步兵循山攻之，特逆戰不利，山險窘逼，衆不知所爲。羅準、任道皆勸引退，特量蕩必來，故不許。徵衆至稍多，山道至狹，唯可一二人行，蕩軍不得前，謂其司馬王辛曰：[3]"父在深寇之中，是我死日也。"乃衣重鎧，持長矛，大呼直前，推鋒必死，殺十餘人。徵衆來相救，蕩軍皆殊死戰，徵軍遂潰。特議欲釋徵還涪，[4]蕩與王辛進曰："徵軍連戰，士卒傷殘，智勇俱竭，宜因其弊遂擒之。若舍而寬之，徵養病收亡，餘衆更合，圖之未易也。"特從之，復進攻徵，徵潰圍走。蕩水陸追之，遂害徵，生擒徵子存，以徵喪還之。

[1]都督梁益二州諸軍事：上述二州最高軍事行政長官。

[2]"太安元年"至"改年建初"：中華本校勘記："《通鑑》八五此事繫於太安二年正月，《通鑑考異》云：'《帝紀》："太安元年五月，特自號大將軍。"《載記》："太安元年，特稱大將軍改元。"《後魏書·李雄傳》曰："昭帝七年，特稱大將軍，號年建初。"昭帝七年，太安元年也。祖孝徵《修文殿御覽》云："太安二年，特大赦，改年建初元年。特見殺。"《三十國晋春秋》云："太安二年正月特僭位改年。"今從《御覽》等書。'按：《御覽》一二三引《蜀録》云：'太安二年，都下推特爲大將軍，大赦，改元爲建初元年。'"

[3]王辛：中華本校勘記："《通鑑》八四'辛'作'幸'。"

[4]涪：縣名，治所在今四川省綿陽市東。

以騫碩爲德陽太守，[1]碩略地至巴郡之墊江。[2]

[1]德陽：縣名，治所在今四川省江油市東北。

[2]墊江：縣名，治所在今重慶市合川區。

特之攻張徵也，使李驤與李攀、任回、李恭屯軍毗橋，[1]以備羅尚。尚遣軍挑戰，驤等破之。尚又遣數千人出戰，驤又陷破之，大獲器甲，攻燒其門。流進次成都之北。尚遣將張興僞降於驤，以觀虚實。時驤軍不過二千人，興夜歸白尚，尚遣精勇萬人銜枚隨興夜襲驤營。李攀逆戰死，驤及將士奔于流栅，與流并力迴攻尚軍。尚軍亂，敗還者十一二。晋梁州刺史許雄遣軍攻特，特陷破之，進擊，破尚水上軍，遂寇成都。蜀郡太守徐儉以小城降，特以李瑾爲蜀郡太守以撫之。[2]羅尚據大城自守。流進屯江西，[3]尚懼，遣使求和。

[1]毗橋：位於今四川省成都市新都區南。

[2]李瑾：中華本校勘記："《通鑑》八五'瑾'作'璜'。下文及《李雄載記》皆作'李璜'，疑'瑾'字訛。"

[3]江西：岷江之西。

是時蜀人危懼，並結村堡，請命于特，特遣人安撫之。益州從事任明説尚曰：[1]"特既凶逆，侵暴百姓，又分人散衆，在諸村堡，驕怠無備，是天亡之也。可告諸村，密剋期日，内外擊之，破之必矣。"尚從之。明先僞降特，特問城中虚實，明曰："米穀皆欲盡，[2]但有貨帛耳。"因求省家，[3]特許之。明潛説諸村，諸村悉聽命。還報尚，尚許如期出軍，諸村亦許一時赴會。

[1]任明：中華本校勘記："《通鑑》八五'任明'作'任叡'，《通鑑考異》云：'《羅尚傳》作"任鋭"，今從《華陽國志》。'"

[2]皆欲盡：皆，宋本作"已"。

[3]因求省家：因，殿本作"固"。

二年，惠帝遣荆州刺史宋岱、建平太守孫阜救尚。[1]阜已次德陽，特遣蕩督李璜助任臧距阜。尚遣大衆奄襲特營，[2]連戰二日，衆少不敵，特軍大敗，收合餘卒，引趣新繁。[3]尚軍引還，特復追之，轉戰三十餘里。尚出大軍逆戰，特軍敗績，斬特及李輔、李遠，皆焚尸，傳首洛陽。在位二年。其子雄僭稱王，追謚特景王，及僭號，追尊曰景皇帝，廟號始祖。

[1]宋岱：中華本校勘記："'宋岱'，《羅尚傳》《郭舒傳》《孫旂傳》《通鑑》八五並作'宗岱'。"　建平：郡名，治所在巫縣（今重慶市巫山縣）。

[2]奄襲：奄，殿本作"掩"。

[3]新繁：地名，在今四川省成都市新都區西北。

李流

李流字玄通，特第四弟也。少好學，便弓馬，東羌校尉何攀稱流有賁育之勇，[1]舉爲東羌督。[2]及避地益州，刺史趙廞器異之。廞之使庠合部衆也，流亦招鄉里子弟得數千人。庠爲廞所殺，流從特安慰流人，破常俊於綿竹，平趙廞於成都。朝廷論功，拜奮威將軍，封武陽侯。

[1]東羌校尉：官名，亦稱護東羌校尉，掌管雍、秦、梁等州内羌族事務，領兵，下設東羌督、東羌獵將等部屬。晋四品。　賁育：古代的勇士孟賁和夏育。《漢書》卷五七下《司馬相如傳下》："臣聞物有同類而殊能者，故力稱烏獲，捷言慶忌，勇期賁育。"顔師古注："孟賁，古之勇士也，水行不避蛟龍，陸行不避豺狼，發

怒吐氣，聲響動天。夏育，亦猛士也。”

［2］東羌督：官名，西晋置，領兵武職，隸屬東羌校尉。

特之承制也，以流爲鎮東將軍，居東營，號爲東督護。特常使流督鋭衆，與羅尚相持。特之陷成都小城，使六郡流人分口入城，壯勇督領村堡。流言於特曰："殿下神武，已克小城，然山藪未集，糧仗不多，宜録州郡大姓子弟以爲質任，送付廣漢，縶之二營，收集猛鋭，嚴爲防衛。"又書與特司馬上官惇，深陳納降若待敵之義。特不納。

特既死，蜀人多叛，流人大懼。流與兄子蕩、雄收遺衆，[1]還赤祖，[2]流保東營，蕩、雄保北營。流自稱大將軍、大都督、益州牧。

［1］雄：李雄，字仲儁，本書卷一二一有載記。

［2］赤祖：赤祖城，位於今四川省綿竹市東北。

時宋岱水軍三萬，次於墊江，前鋒孫阜破德陽，獲特所置守將蹇碩，太守任臧等退屯涪陵縣。[1]羅尚遣督護常深軍毗橋，牙門左氾、黄訇、何冲三道攻北營。流身率蕩、雄攻深栅，克之，深士衆星散。追至成都，尚閉門自守，蕩馳馬追擊，觸倚矛被傷死。[2]流以特、蕩並死，而岱、阜又至，甚懼。太守李含又勸流降，流將從之。雄與李驤迭諫，不納，流遣子世及含子胡質於阜軍。胡兄含子離聞父欲降，自梓潼馳還，欲諫不及，退與雄謀襲阜軍，曰："若功成事濟，約與君三年迭爲主。”雄曰：“今計可定，二翁不從，將若之何？”離曰：“今當制之，若不可制，便行大事。翁雖是君叔，勢不得已，老父在，君夫復何言！”[3]雄大喜，乃攻尚軍。尚保大城。雄渡江害汶山太守陳圖，[4]遂入郫城，[5]流移營據之。三蜀百姓並保險結塢，城邑皆空，流野無所略，士衆飢困。涪陵人范長生率千餘家依青城山，[6]尚參軍涪陵徐轝求爲汶山太守，欲要結長生等，與尚掎角討流。尚不許，轝怨之，求使江西，遂降於流，説長生等使資給流軍糧。長生從之，故流軍復振。

[1]涪陵縣：治所在今重慶市彭水苗族土家族自治縣。

[2]觸倚矛：觸，原本作“角牛”二字，應是“犨”一字誤作二字，宋本作“觸”，殿本作“犨”，據改。

[3]老父在，君夫復何言：中華本“君”字上屬。汪維輝先生認爲，李雄是李流的兒子，胡離是胡含的兒子，他們兩人不同意李流和胡含的投降決定，商議起事。李雄擔心“二翁不從”，胡離的話譯成白話文是：我們現在要挾制他們，如果挾制不了，就把他們殺了。李流雖是您的叔父，但勢不得已了，我老父親還在裏頭呢，您還説什麼呢！（參見汪維輝《〈晋書〉點校商兑》，《古籍整理研究學刊》1997年第1期）文中稱“胡離”誤。應爲“李胡”“李離”，二人爲兄弟，均爲李含之子。

[4]汶山：郡名，治所在汶山縣（今四川省茂縣北）。

[5]郫城：郫縣城，位於今四川省成都市郫都區。

[6]范長生：關於范長生的族屬及在成漢李氏政權建立中的作用，唐長孺先生在《范長生與巴氏據蜀的關係》一文中有詳細論證。（參見唐長孺《魏晋南北朝史論叢續編》，河北教育出版社2000年版）　青城山：位於今四川省都江堰市西南。

流素重雄有長者之德，每云："興吾家者，必此人也。"敕諸子尊奉之。流疾篤，謂諸將曰："驍騎高明仁愛，[1]識斷多奇，固足以濟大事，然前軍英武，[2]殆天所相，可共受事於前軍，以爲成都王。"遂死，時年五十六。諸將共立雄爲主。雄僭號，追謚流秦文王。

[1]驍騎：指李特幼弟李驤，字玄龍，本書卷一二一及《華陽國志》有詳載。

[2]前軍：指李特子李雄。

李庠，字玄序，特第三弟也。少以烈氣聞。仕郡督郵、主簿，[1]皆有當官之稱。元康四年，察孝廉，[2]不就。後以善騎射，舉良將，亦不就。州以庠才兼文武，舉秀異，固以疾辭。州郡不聽，以其名上聞，中護軍切徵，[3]不得已而應之，拜中軍騎督。[4]弓馬便捷，膂力過人，時論方之文鴦。[5]

[1]郡督郵：官名，郡府屬吏。本名督郵書掾，或謂督郵曹掾，省稱郵掾、督郵。掌督送郵書，此外還代表郡守督查諸縣、宣達教令，兼及按擊盜賊、點録囚徒、催繳租賦等。不由朝廷任命，守相自辟，職權甚重。督郵分部，有二部、三部、四部、五部不等。其職名或冠以東西南北中，或稱五部督郵。　主簿：官名，此爲郡府屬官。典領文書籍簿，省録衆事，職權甚重。

[2]孝廉：漢代選拔人才的科目。

[3]中護軍：官名，掌武官選舉，與中領軍同掌禁軍。曹魏四品，晋三品。

[4]中軍騎督：官名，西晋置，掌中軍騎兵。晋五品。

[5]文鴦：三國末文欽之子，一名俶。勇力絶人，文欽與諸葛誕起兵反對司馬氏，文欽後爲諸葛誕所殺，文鴦投降朝廷。後爲將軍，破凉州虜，名聞天下。太康中爲東夷校尉、假節。旋被免官，後被人誣陷謀逆，夷滅三族。

以洛陽方亂，[1]稱疾去官。性在任俠，好濟人之難，州黨争附之。與六郡流人避難梁益，道路有飢病者，庠常營護隱恤，振施窮乏，大收衆心。至蜀，趙廞深器之，與論兵法，無不稱善，每謂所親曰："李玄序蓋亦一時之關張也。"[2]及將有異志，委以心膂之任，乃表庠爲部曲督，使招合六郡壯勇，至萬餘人。以討叛羌功，表庠爲威寇將軍，假赤幢曲蓋，[3]封陽泉亭侯，賜錢百萬，馬五十匹。被誅之日，六郡士庶莫不流涕，時年五十五。

[1]洛陽：古都名，位於今河南省洛陽市東北。

[2]關：關羽，東漢末河東解縣（今山西省運城市）人，字雲長，本字長生。東漢末亡命涿郡，與劉備、張飛起兵。赤壁之戰後，任襄陽太守、蕩寇將軍，駐守荆州。建安二十四年（219）率兵攻打曹魏襄陽，被孫吴背後襲取江陵。關羽回軍欲奪回江陵，於麥城被俘，遭殺害。　張：張飛，東漢末涿郡（今河北省涿州市）人，字益德。少與關羽從劉備起兵，與關羽並有“萬人敵”之稱。隨劉備入荆州、奪益州，歷任宜都太守、征虜將軍、巴西太守、車騎將軍。後被部將刺殺。

[3]假：授予。　赤幢：車輿上紅色的帷幔。　曲蓋：曲柄傘蓋。

晉書　卷一二一

載記第二十一

李雄　李班　李期　李壽　李勢

李雄

李雄，字仲儁，特第三子也。母羅氏，夢雙虹自門升天，一虹中斷，既而生蕩。後羅氏因汲水，忽然如寐，[1]又夢大蛇繞其身，遂有孕，十四月而生雄。常言吾二子若有先亡，在者必大貴。蕩竟前死。雄身長八尺三寸，美容貌。少以烈氣聞，每周旋鄉里，識達之士皆器重之。有劉化者，道術士也，每謂人曰："關隴之士皆當南移，[2]李氏子中惟仲儁有奇表，終爲人主。"

[1]忽然如寐：宋本無"寐"字。
[2]關隴：地區名，指關中和甘肅省東部一帶地區。

特起兵爲蜀，承制，[1]以雄爲前將軍。[2]流死，雄自稱大都督、大將軍、益州牧，[3]都於郫城。[4]羅尚遣將攻雄，雄擊走之。李驤攻犍爲，[5]斷尚運道，尚軍大餒，攻之又急，遂留牙門羅特固守，[6]尚委城夜遁。特開門内雄，[7]遂克成都。[8]于時雄軍飢甚，乃率衆就穀於郪，[9]掘野芋而食之。蜀人流散，東下江陽，[10]南入七郡。雄以西山范長生巖居穴處，[11]求道養志，欲迎立爲君而臣之。長生固辭。雄乃深自挹損，不敢稱制，事無巨細，皆決於李國、李離兄弟。國等事雄彌謹。

[1]承制：秉承皇帝旨意便宜行事。

[2]前將軍：官名，漢代爲重號將軍，與左、右、後將軍並爲上卿。魏晋時常設，權位較兩漢時漸低，僅爲武官名號，略高於一般雜號將軍，不典禁兵，不與朝政。晋三品。

[3]大都督：官名，高級軍事長官。三國初作爲加官於戰時臨時設置，後逐漸成爲常設加官官職，地位極高。　大將軍：官名，高級軍事統帥。曹魏時多以之屯駐長安，對付蜀漢，蜀漢以其爲最高軍事長官，孫吴則别置上大將軍居其上。西晋時爲八公之一，位居上公、大司馬下，三公之上。東晋時常專擅軍政事務。晋一品。　益州：治所在成都縣（今四川省成都市）。

[4]郫城：郫縣城，位於今四川省成都市郫都區。

[5]李驤：十六國時略陽臨渭（今甘肅省天水市東北渭河北岸）人，原籍巴西宕渠（今四川省渠縣東北），字玄龍，李特幼弟。本書卷一二一及《華陽國志》有詳載。　犍爲：郡名，治所在武陽縣（今四川省眉山市彭山區東）。

[6]牙門：官名，牙門將省稱，三國魏晋南北朝皆置，統兵武職，位在裨將軍下、郡守上。晋五品。

[7]遂留牙門羅特固守，尚委城夜遁。特開門内雄：中華本校勘記："《通鑑》八五'羅特'作'張羅'，《通鑑考異》云從《華陽國志》。按：《華陽國志》八云：'留牙門張羅持城'，又云'倉

卒失節鉞，羅持從後得之’，似作‘張羅持’，但所云‘張羅持城’，又似‘持’非人名，‘持城’作守城解，下‘羅持從後得之’衍‘持’字，故《通鑑》以爲作‘張羅’。然《華陽國志》不云張羅開門納雄，下文稱羅進據犍爲之合水，又以巴郡太守行三府事，與隗文戰死。開門納雄者是否即張羅，仍可疑。”

[8]成都：縣名，治所在今四川省成都市。

[9]郪：縣名，治所在今四川省中江縣東南。

[10]江陽：郡名，治所在江陽縣（今四川省瀘州市）。

[11]西山：即今四川省綿陽市西鳳凰山。　范長生：關於范長生的族屬及在成漢李氏政權建立中的作用，唐長孺先生在《范長生與巴氐據蜀的關係》一文中有詳細論證。（参見唐長孺《魏晋南北朝史論叢續編》，河北教育出版社 2000 年版）

諸將固請雄即尊位，以永興元年僭稱成都王，赦其境内，建元爲建興，除晋法，約法七章。以其叔父驤爲太傅，[1]兄始爲太保，[2]折衝李離爲太尉，[3]建威李雲爲司徒，[4]翊軍李璜爲司空，[5]材官李國爲太宰，[6]其餘拜授各有差。追尊其曾祖武曰巴郡桓公，[7]祖慕隴西襄王，[8]父特成都景王，母羅氏曰王太后。范長生自西山乘素輿詣成都，[9]雄迎之於門，執版延坐，拜丞相，[10]尊曰范賢。長生勸雄稱尊號，雄於是僭即帝位，赦其境内，改年曰太武。[11]追尊父特曰景帝，廟號始祖，母羅氏爲太后。加范長生爲天地太師，封西山侯，復其部曲不豫軍征，[12]租税一入其家。雄時建國草創，素無法式，諸將恃恩，各争班位。其尚書令閻式上疏曰：[13]“夫爲國制法，勛尚仍舊。[14]漢晋故事，惟太尉、大司馬執兵，太傅、太保父兄之官，論道之職，司徒、司空掌五教九土之差。[15]秦置丞相，總領萬機。漢武之末，越以大將軍統政。[16]今國業初建，凡百未備，諸公大將班位有差，降而競請施置，不與典故相應，宜立制度以爲楷式。”雄從之。

[1]太傅：官名，晋爲八公之一。位上公，太宰之下、太保之上。晋一品。

[2]太保：官名，史上屢次廢置，三國魏末年復置。晋爲八公之一，位上公，在太宰、太傅之下。安置元老重臣，無職掌。晋一品。

[3]太尉：官名，曹操爲丞相後，太尉府屬官歸相府，晋時太尉雖爲八公之一、三公之首，實爲名譽宰相，多爲大臣加官。晋一品。

[4]司徒：官名，西漢哀帝元壽二年（前1）改丞相爲大司徒，東漢光武帝時改名爲司徒，東漢末又改爲丞相。三國魏恢復三公制，改丞相爲司徒，管理民政。兩晋沿制，爲八公之一，在太尉之下、司空之上。與丞相通職，一般不並置，爲名譽宰相。晋一品。

[5]司空：官名，魏晋南北朝爲名譽宰相，多爲大臣加官。晋八公之一，位在三公之末。晋一品。

[6]太宰：官名，即太師，因避司馬師名諱而改名太宰。八公之一，居上公之首，爲宰相之任。晋一品。

[7]追尊其曾祖武曰巴郡桓公：中華本校勘記：“《華陽國志》九‘武’作‘虎’，《晋書》避唐諱改。”

[8]祖慕：慕，宋本作“墓”。

[9]西山：原本、宋本、殿本作“山西”，據中華本校勘記改。

[10]丞相：官名，原爲最高國務長官，魏晋時省置無常，或分置左、右，或稱大丞相，多用來安置權臣。

[11]改年曰太武：中華本校勘記：“《通鑑》八六作‘改元晏

平，國號大成’。《通鑑考異》據《十六國春秋》目録及《華陽國志》八以爲李雄建元建興，後改晏平，無‘太武’。雄稱帝後，國號大成，《載記》誤以‘大成’爲年號。又謁‘成’爲‘武’。按：今本《華陽國志》作‘太武’，蓋後人據《載記》妄改。”

[12]復其部曲不豫軍征：免除范長生部曲的兵役。部曲，帶有人身依附性質的私兵。

[13]尚書令：官名，秦漢時爲尚書署長官。秩位雖低，權力甚重。魏晋時沿置，爲尚書省長官，綜理全國政務，參議大政，爲高級政務長官。晋三品。

[14]勛尚仍舊：中華本校勘記："毛本、局本‘勛’下注‘元作“動”’。疑是。"

[15]司徒、司空：宋本乙作"司空司徒"。　五教：司徒執掌五教。《尚書·舜典》：帝曰："契，百姓不親，五品不遜，汝作司徒，敬敷五教，在寬。"孔穎達疏引正義曰："文十八年《左傳》云‘布五教於四方，父義、母慈、兄友、弟恭、子孝’，是‘布五常之教’也。"　九土：司空執掌九土。《史記》卷一《五帝本紀》："舜舉八愷，使主后土。"裴駰《集解》引王肅曰："君治九土之宜。"杜預曰："后土地官。"司馬貞《索隱》：主土。禹爲司空，司空主土，則禹在八愷之中。

[16]越以大將軍統政：職權越過丞相以大將軍統領政事。

遣李國、李雲等率衆二萬寇漢中，[1]梁州刺史張殷奔于長安。[2]國等陷南鄭，[3]盡徙漢中人於蜀。

[1]漢中：郡名，治所在南鄭縣（今陝西省漢中市）。

[2]梁州：治所在南鄭縣（今陝西省漢中市東）。　長安：縣名，治所在今陝西省西安市西北。

[3]南鄭：縣名，治所在今陝西省漢中市。

先是，南土頻歲飢疫，死者十萬計。南夷校尉李毅固守不降，[1]雄誘建寧夷使討之。[2]毅病卒，城陷，殺壯士三千餘人，送婦女千口於成都。

[1]南夷校尉：官名，東晋改作鎮蠻校尉，負責南中地區事務，考核當地大姓子弟入仕資格，權力甚重。晋四品。

[2]建寧：郡名，治所在味縣（今雲南省曲靖市西）。

時李離據梓潼，[1]其部將羅羕、張金苟等殺離及閻式，以梓潼歸于羅尚。尚遣其將向奮屯安漢之宜福以逼雄，[2]雄率衆攻奮，不克。時李國鎮巴西，[3]其帳下文碩又殺國，以巴西降尚。雄乃引還，遣其將張寶襲梓潼，陷之。會羅尚卒，巴郡亂，[4]李驤攻涪，[5]又陷之，執梓潼太守譙登，遂乘勝進軍討文碩，害之。雄大悦，赦其境内，改元曰玉衡。

[1]梓潼：郡名，治所在梓潼縣（今四川省梓潼縣）。

[2]安漢：縣名，治所在今四川省南充市東北。

[3]巴西：郡名，治所在閬中縣（今四川省閬中市）。

[4]巴郡：治所在江州縣（今重慶市）。

[5]涪：涪縣，治所在今四川省綿陽市東涪江東岸。

雄母羅氏死，雄信巫覡者之言，多有忌諱，至欲不葬。其司空趙肅諫，雄乃從之。雄欲申三年之禮，群臣固諫，雄弗許。[1]李驤謂司空上官惇曰："今方難未弭，吾欲固諫，[2]不聽主上終諒闇，[3]君以爲何如？"惇曰：

"三年之喪，自天子達於庶人，[4]故孔子曰：'何必高宗，古之人皆然。'但漢魏以來，天下多難，宗廟至重，不可久曠，故釋縗絰，[5]至哀而已。"驤曰："任回方至，此人決於行事，且上常難違其言，待其至，當與俱請。"及回至，驤與回俱見雄。驤免冠流涕，固請公除。雄號泣不許。回跪而進曰："今王業初建，凡百草創，一日無主，天下惶惶。昔武王素甲觀兵，晉襄墨絰從戎，[6]豈所願哉？爲天下屈己故也。願陛下割情從權，永隆天保。"遂強扶雄起，釋服親政。[7]

[1]雄弗許：弗，殿本作"不"。

[2]吾欲固諫：諫，宋本作"請"。

[3]諒闇：皇帝居喪。

[4]於庶人：宋本無此三字。

[5]縗絰：指喪服。縗，用麻布條披於胸前。服三年之喪者用之。《左傳·襄公十七年》："齊晏桓子卒，晏嬰粗縗斬。"杜預注："縗在胸前。"孔穎達疏："衰（縗）用布爲之，廣四寸，長六寸，當心。"絰，古代喪服所用的麻帶。扎在頭上的稱首絰，纏在腰間的稱腰絰。《儀禮·喪服》："喪服，斬衰裳，苴絰、杖、絞帶。"鄭玄注："麻在首在要皆曰絰。"

[6]晉襄墨絰從戎：春秋時晉文公去世，其子襄公剛剛即位，正值秦國出兵偷襲鄭國。先軫主張進擊秦軍。時"襄公墨衰絰。四月，敗秦師于殽，虜秦三將孟明視、西乞秫、白乙丙以歸。遂墨以葬文公"。語見《史記》卷三九《晉世家》。

[7]釋服：脱去喪服。

是時南得漢嘉、涪陵，[1]遠人繼至，雄於是下寬大之令，降附者皆假復除。[2]虚己愛人，授用皆得其才，益州遂定。僞立其妻任氏爲皇后。氐王楊難敵兄弟爲劉曜所破，[3]奔葭萌，[4]遣子入質。隴西賊帥陳安又附之。[5]

[1]漢嘉：郡名，治所在漢嘉縣（今四川省雅安市名山區北）。　涪陵：郡名，劉備置，治所在涪陵縣（今重慶市彭水苗族土家族自治縣），至晋移治漢復縣（今重慶市酉陽土家族苗族自治縣）。

[2]假復除：給與免除賦役的待遇。

[3]楊難敵：十六國時略陽清水（今甘肅省清水縣西北）人。左賢王楊茂搜之子。繼楊茂搜之後任左賢王，受前趙劉曜封爲武都王。後降於成漢。　劉曜：字永明，劉淵族子，本書卷一〇三有載記。

[4]葭萌：縣名，治所在今四川省廣元市西南。

[5]隴西：郡名，治所原在狄道縣（今甘肅省臨洮縣），曹魏時徙治襄武縣（今甘肅省隴西縣東南）。　陳安：十六國時劉曜部下，後叛劉曜，襲汧城，士馬雄盛，衆十餘萬，自稱使持節、大都督、假黄鉞、大將軍、雍涼秦梁四州牧、涼王。後爲劉曜征討，被殺於隴城。安善於撫接，吉凶夷險與衆同之，及其死，隴上歌之曰："隴上壯士有陳安，軀幹雖小腹中寬，愛養將士同心肝。驌驄父馬鐵瑕鞍，七尺大刀奮如湍，丈八蛇矛左右盤，十蕩十決無當前。戰始三交失蛇矛，棄我驌驄竄巖幽，爲我外援而懸頭。西流之水東流河，一去不還奈子何！"

遣李驤征越嶲，[1]太守李釗降。驤進軍由小會攻寧州刺史王遜，[2]遜使其將姚岳悉衆距戰。驤軍不利，又遇霖雨，驤引軍還，争濟瀘水，[3]士衆多死。釗到成都，雄待遇甚厚，朝廷儀式，喪紀之禮，皆决於釗。

[1]越嶲：郡名，治所在會無縣（今四川省會理縣西）。

[2]小會：小會無縣，治所在今雲南省元謀縣北金沙江北岸。 寧州：治所在滇池縣（今雲南省昆明市晋寧區晋城鎮）。

[3]瀘水：即今四川、雲南兩省交界處雅礱江口以下金沙江河段。

楊難敵之奔葭萌也，雄安北李稚厚撫之，縱其兄弟還武都，[1]難敵遂恃險多爲不法，稚請討之。雄遣中領軍琀及將軍樂次、費他、李乾等由白水橋攻下辨，[2]征東李壽督琀弟玝攻陰平。[3]難敵遣軍距之，壽不得進，而琀、稚長驅至武街。[4]難敵遣兵斷其歸道，四面攻之，獲琀、稚，死者數千人。琀、稚，雄兄蕩之子也。雄深悼之，不食者數日，言則流涕，深自咎責焉。

[1]武都：郡名，治所在下辯縣（今甘肅省成縣西）。

[2]中領軍：官名，東漢建安中曹操改領軍置。與中護軍皆典禁兵，屬丞相府。晋三品。　費他：宋本、殿本作“費佗”。　白水：今四川、甘肅二省交界處嘉陵江支流白龍江。　下辨：縣名，治所在今甘肅省成縣西。辨，宋本、殿本作“辯”。

[3]征東：官名，即征東將軍。東漢末置，與征西、征南、征北將軍合稱四征將軍。魏晋時多爲持節都督，出鎮方面。晋三品，加持節都督者二品。　陰平：郡名，治所在陰平縣（今甘肅省文縣西白龍江北岸）。

[4]武街：即武街城，位於今甘肅省成縣西北。

其後將立蕩子班爲太子。雄有子十餘人，群臣咸欲立雄所生。雄曰：“起兵之初，舉手扞頭，[1]本不希帝王之業也。值天下喪亂，晋氏播蕩，[2]群情義舉，志濟塗炭，而諸君遂見推逼，處王公之上。本之基業，切由先帝。吾兄適統，丕祚所歸，[3]恢懿明叡，[4]殆天所命，大事垂克，薨于戎戰。班姿性仁孝，好學夙成，必爲名器。”李驤與司徒王達諫曰：“先王樹冢適者，所以防篡奪之萌，不可不慎。吴子捨其子而立其弟，[5]所以有專諸之禍；[6]宋宣不立與夷而立穆公，[7]卒有宋督之變。[8]猶子之言，豈若子也？[9]深願陛下思之。”雄不從，竟立班。驤退而流涕曰：“亂自此始矣！”

[1]舉手扞頭：以手護頭，謂自我保護。

[2]播蕩：流徙游蕩。

[3]丕祚所歸：皇位所屬。

[4]恢懿明叡：胸懷寬闊，德行美好，聰明有遠見。

[5]吴子捨其子而立其弟：春秋末，吴王壽夢有子四人，長曰諸樊，次曰餘祭，次曰餘眛，次曰季札。季札賢，而壽夢欲立之，季札讓不可，於是乃立長子諸樊，攝行事當國。王諸樊卒。有命授弟餘祭，欲傳以次，必致國於季札而止，以稱先王壽夢之意。餘祭死，夷眛立。夷眛死，應傳位於季札，但由於季札出走，便傳位於餘眛之子僚爲王。

[6]專諸：春秋吴國堂邑（今江蘇省南京市六合區西北）人，被伍子胥推薦於吴公子光（即闔閭）。吴王僚十二年（前515），吴派兵伐楚，國内軍力空虚，公子光乘機與專諸合謀行刺。公子光與吴王僚同飲，專諸將劍藏在魚腹中，以獻魚爲名將吴王僚刺殺，自己亦死。

[7]宋宣不立與夷而立穆公：《史記》卷三八《宋微子世家》："宣公有太子與夷。十九年，宣公病，讓其弟和，曰：'父死子繼，兄死弟及，天下通義也。我其立和。'和亦三讓而受之。宣公卒，弟和立，是爲穆公。"

[8]宋督之變：宋督，即太宰華督。宋穆公臨死，欲傳位宣公的太子與夷，大司馬孔父欲立穆公太子馮。穆公不肯，便讓馮出居鄭國。宣公死，與夷立，是爲殤公。後太宰華督因喜歡孔父之妻，乃殺孔父娶其妻。殤公怒，華督又殺殤公，迎穆公子馮於鄭而立之，是爲莊公。

[9]猶子之言豈若子也："如同自己的兒子"怎麽比得上親兒子。猶子，如同兒子。《禮記·檀弓上》："喪服。兄弟之子，猶子也，蓋引而進之也。"

張駿遣使遺雄書，[1]勸去尊號，稱藩於晋。雄復書曰："吾過爲士大夫所推，然本無心於帝王也，進思爲晋室元功之臣，退思共爲守藩之將，掃除氛埃，以康帝宇。而晋室陵遲，[2]德聲不振，引領東望，[3]有年月矣。會獲來貺，[4]情在暗室，有何已已。知欲遠尊楚漢，[5]尊崇義帝，[6]《春秋》之義，於斯莫大。"駿重其言，使聘相繼。巴郡嘗告急，云有東軍。雄曰："吾嘗慮石勒跋扈，[7]侵逼琅邪，[8]以爲耿耿。不圖乃能舉兵，使人欣然。"雄之雅譚，多如此類。

[1]張駿：字公庭，本書卷八六有傳。

[2]陵遲：衰落、衰敗。陵，宋本、殿本作"凌"。

[3]引領：企盼貌。

[4]會獲來貺：正好收到你的來信。

[5]尊楚漢：尊，宋本作“遵”。

[6]尊崇義帝：戰國時楚懷王之孫，熊氏，名心。秦末項梁起兵，擁立其爲懷王，以爲號召。秦末項羽稱王後，立楚懷王爲義帝。

[7]石勒：字世龍，本書卷一〇四有載記。　跋扈：驕横强暴。

[8]琅邪：指東晋朝廷。因東晋元帝封琅邪王，故言。

雄以中原喪亂，乃頻遣使朝貢，與晋穆帝分天下。[1]張駿領秦梁，先是，遣傅穎假道於蜀，通表京師，雄弗許。駿又遣治中從事張淳稱藩於蜀，[2]託以假道。雄大悦，謂淳曰：“貴主英名蓋世，土險兵强，何不自稱帝一方？”淳曰：“寡君以乃祖世濟忠良，未能雪天下之耻，解衆人之倒懸，日昃忘食，枕戈待旦。以琅邪中興江東，故萬里翼戴，將成桓文之事，[3]何言自取邪！”雄有慚色，曰：“我乃祖乃父亦是晋臣，往與六郡避難此地，爲同盟所推，遂有今日。琅邪若能中興大晋於中夏，亦當率衆輔之。”[4]淳還，通表京師，天子嘉之。

[1]與晋穆帝分天下：中華本校勘記：“《商榷》：雄死在咸和八年，是成帝時，何云‘與晋穆帝分天下’，‘穆’字誤。按：語出《魏書·李雄傳》，本無‘晋’字，穆帝乃指魏追謚穆帝之猗盧。《載記》采《魏書》，妄增‘晋’字。”

[2]治中從事：官名，亦稱治中從事史，省稱治中。州之佐吏，掌選署及文書案卷。魏晋之世，身份雖低，職權極重。

[3]桓：齊桓公，春秋時齊國國君，名小白，僖公之子，襄公之弟。公元前685至前643年在位。爲公子時因國家内亂出走至莒，襄公死後被迎回立爲國君。在位時任用管仲，改革内政，國力漸

强。九合諸侯，尊王攘夷，成爲春秋五霸之首。　文：晋文公，名重耳，晋獻公之子，因受迫害而流亡在外十九年，歷盡艱難險阻。回國即位後改革朝政，加强軍備，國力漸强，終成春秋五霸之一。

[4]亦當：亦，宋本作“示”。

時李驤死，以其子壽爲大將軍、西夷校尉，[1]督征南費黑、征東任砚攻陷巴東，[2]太守楊謙退保建平。[3]壽别遣費黑寇建平，晋巴東監軍毌丘奥退保宜都。[4]雄遣李壽攻朱提，[5]以費黑、印攀爲前鋒，[6]又遣鎮南任回征木落，[7]分寧州之援。寧州刺史尹奉降，遂有南中之地。[8]雄於是赦其境内，使班討平寧州夷，以班爲撫軍。[9]

[1]西夷校尉：官名，亦稱護西夷校尉。晋武帝太康三年（282）置，治寧州，寧州併入益州後以益州刺史兼領。東晋平蜀後復置，持節統兵，掌益州少數民族事務。立府，置長史、司馬，可與刺史一樣舉秀才、廉吏、良吏。晋四品。十六國前秦亦置，掌益州及西部地區少數民族事務。北凉段業亦置，掌凉興以西少數民族事務。

[2]征南：官名，即征南將軍。與征東、征西、征北將軍合稱四征將軍。三國魏蜀、吴兩晋皆置，出鎮方面，地位顯要。晋三品，加持節都督者二品。　任砚：原本“砚”字作一字空白，宋本作“砚”，殿本作“回”，此據宋本補。中華本校勘記：“《華陽國志》九‘砚’作‘邵’。疑本作‘卲’，即‘昭’字。《魏書·莊帝紀》尒朱榮所殺常山王邵，新出《墓誌》‘邵’作‘卲’，可證。”

[3]建平：郡名，治所在巫縣（今重慶市巫山縣）。

[4]監軍：官名，軍隊出征所置官員，掌監視將帥，權勢頗重。

晋四品。　宜都：郡名，治所在夷陵縣（今湖北省宜昌市東南長江北岸）。

[5]朱提：郡名，治所在朱提縣（今雲南省昭通市）。

[6]印攀：中華本校勘記："《華陽國志》'印'作'邵'。"

[7]鎮南：官名，即鎮南將軍。與鎮東、鎮西、鎮北將軍合稱四鎮將軍。多爲持節都督，出鎮方面。曹魏二品。晋改三品，加持節都督者二品。

[8]南中：地區名，相當今四川省南部及雲貴地區。

[9]撫軍：官名，即撫軍將軍。三國蜀漢、孫吴皆置，爲加官，以示權重。晋沿置，與中軍將軍、鎮軍將軍並爲三名號將軍。晋三品。

咸和八年，雄生瘍於頭，六日死，[1]時年六十一，在位三十年。[2]僞謚武帝，廟曰太宗，墓號安都陵。

[1]咸和八年，雄生瘍於頭，六日死：中華本校勘記："《校文》：《成帝紀》及《華陽國志》皆言雄死於九年六月，此誤前一年。《通鑑》書雄卒於九年六月丁卯，亦不從《載記》。《舉正》：《魏書》，烈帝六年李雄死，即咸和九年也。按：《御覽》一二三引《蜀録》，謂雄卒於玉衡二十四年。永嘉五年，雄改年玉衡，二十四年正當咸和九年。此作八年誤。又《御覽》引《蜀録》，稱'五月雄寢疾，六月丁卯薨'。丁卯乃六月二十五日，必非病六日死。此處'日'字當爲'月'之訛。"

[2]在位三十年：中華本校勘記："雄以永興元年稱成都王，至咸和九年應爲三十一年。此少一年，亦以雄死誤爲咸和八年之故。"

雄性寬厚，簡刑約法，甚有名稱。氐苻成、隗文既降復叛，[1]手傷雄母，及其來也，咸釋其罪，厚加待納。

由是夷夏安之，威震西土。時海内大亂，而蜀獨無事，故歸之者相尋。[2]雄乃興學校，置史官，聽覽之暇，手不釋卷。其賦男丁歲穀三斛，女丁半之，户調絹不過數丈，綿數兩。事少役稀，百姓富實，閭門不閉，無相侵盜。然雄意在招致遠方，國用不足，故諸將每進金銀珍寶，多有以得官者。丞相楊褒諫曰："陛下爲天下主，當網羅四海，何有以官買金邪！"雄遜辭謝之。後雄嘗酒醉而推中書令，[3]杖太官令，[4]褒進曰："天子穆穆，諸侯皇皇，安有天子而爲酗也！"雄即捨之。雄無事小出，褒於後持矛馳馬過雄。雄怪問之，對曰："夫統天下之重，如臣乘惡馬而持矛也，急之則慮自傷，緩之則懼其失，是以馬馳而不制也。"雄寤，即還。雄爲國無威儀，官無禄秩，班序不别，[5]君子小人服章不殊；[6]行軍無號令，用兵無部隊，[7]戰勝不相讓，敗不相救，攻城破邑動以虜獲爲先。此其所以失也。

[1]氐苻成、隗文既降：隗文，原本、宋本、殿本倒作"文隗"，據中華本校勘記乙正。

[2]歸之者相尋：歸附的人接連不斷。

[3]中書令：官名，掌收納尚書奏事，傳達皇帝詔旨。三國魏文帝初年分秘書置中書省，設中書監和中書令，職權甚重。晋三品。

[4]太官令：官名，亦作"大官令"。漢魏屬少府，兩晋屬光禄勛。掌宫廷飲食。晋七品。

[5]班序不别：没有品秩序列的差别。

[6]服章：古代表示官階身份的服飾。

[7]用兵無部隊：隊，原本、殿本作"對"，宋本作"隊"，據

宋本改。

李班

班，字世文。初署平南將軍，[1]後立爲太子。班謙虚博納，敬愛儒賢，自何點、李釗，班皆師之，又引名士王嘏及隴西董融、天水文夔等以爲賓友。[2]每謂融等曰："觀周景王太子晋、魏太子丕、吴太子孫登，[3]文章鑒識，超然卓絶，未嘗不有慚色。何古賢之高朗，後人之莫逮也！"爲性汎愛，動修軌度。時諸李子弟皆尚奢靡，而班常戒厲之。每朝有大議，雄輒令豫之。班以古者墾田均平，貧富獲所，今貴者廣占荒田，貧者種殖無地，富者以己所餘而賣之，此豈王者大均之義乎！雄納之。及雄寢疾，班晝夜侍側。雄少數攻戰，多被傷夷，至是疾甚，痕皆膿潰，雄子越等惡而遠之。班爲吮膿，殊無難色，每嘗藥流涕，不脱衣冠，其孝誠如此。

[1]平南將軍：官名，與平東、平西、平北將軍合稱四平將軍。多持節都督或監某一地區的軍事，有時作爲刺史等地方官員監理軍務的加官。晋三品，加持節都督者二品。

[2]天水：郡名，東漢、三國魏治所在冀縣（今甘肅省甘谷縣東南），西晋治所在上邽縣（今甘肅省天水市）。

[3]周景王太子晋：王子喬。《列仙傳·王子喬》："王子喬者，周靈王太子晋也。好吹笙作鳳凰鳴。遊伊、洛之間，道士浮邱公接以上嵩高山。三十餘年後，求之於山上，見桓良，曰：'告我家，七月七日待我於緱氏山巔。'至時，果乘白鶴駐山頭。望之不得到，舉手謝時人，數日而去。亦立祠於緱氏山下，及嵩山首焉。"　魏太子丕：即魏文帝曹丕，字子桓，曹操次子。公元220至226年在

位。曹操時任五官中郎將，後被立爲王太子。建康元年十月代漢稱帝，建立曹魏。卒謚文帝，廟號世祖。　吴太子孫登：孫登，三國時吴郡富春（今浙江省杭州市富陽區）人，字子高。孫權長子，孫權爲吴王，立爲王太子，後孫權稱帝，立爲皇太子。立凡二十一年，年三十三卒，謚宣太子。

雄死，嗣僞位，以李壽録尚書事輔政。[1]班居中執喪禮，政事皆委壽及司徒何點、尚書令王瓌等。越時鎮江陽，以班非雄所生，意甚不平。至此，奔喪，與其弟期密計圖之。李玝勸班遣越還江陽，以期爲梁州刺史，鎮葭萌。班以未葬，不忍遣，推誠居厚，心無纖芥。[2]時有白氣二道帶天，太史令韓豹奏：[3]“宫中有陰謀兵氣，戒在親戚。”班不悟。咸和九年，班因夜哭，越殺班於殯宫，時年四十七，在位一年，遂立雄之子期嗣位焉。

[1]録尚書事：官名，初爲職銜名，重臣加此名義始得總知國事，綜理政務，成爲真宰相。魏晋多以公卿權重者居之，總領尚書省政務，凡重號將軍、刺史皆得命曹授用，位在三公之上。

[2]心無纖芥：對誰都没有一點兒嫌隙。芥，殿本作“介”。

[3]太史令：官名，屬太常。掌天時、星曆、歲終奏新年曆。記録瑞應、灾異等。晋七品。

李期

期，字世運，雄第四子也。聰慧好學，弱冠能屬文，輕財好施，虚心招納。初爲建威將軍，[1]雄令諸子及宗室子弟以恩信合衆，多者不至數百，而期獨致千餘人。其所表薦，雄多納之，故長史列署頗出其門。[2]

[1]建威將軍：官名，領兵征戰，曹魏、孫吴、西晋皆置。晋四品。

[2]長史：官名，掌顧問參謀，爲所在官署掾屬之長。魏晋南北朝時王府、公府、軍府、邊郡均置。晋八至六品。

既殺班，欲立越爲主，越以期雄妻任氏所養，又多才藝，乃讓位於期。於是僭即皇帝位，大赦境内，改元玉恒。誅班弟都。使李壽伐都弟玝於涪，玝棄城降晋。封壽漢王，拜梁州刺史、東羌校尉、中護軍、録尚書事；[1]封兄越建寧王，拜相國、大將軍、録尚書事。[2]立妻閻氏爲皇后。以其衛將軍尹奉爲右丞相、驃騎將軍、尚書令，[3]王瓌爲司徒。期自以謀大事既果，輕諸舊臣，外則信任尚書令景騫、尚書姚華、田褒。[4]褒無他才藝，雄時勸立期，故寵待甚厚。内則信宦豎許涪等。國之刑政，希復關之卿相，慶賞威刑，皆決數人而已，於是綱維紊矣。乃誣其尚書僕射、武陵公李載謀反，[5]下獄死。

[1]東羌校尉：官名，亦稱護東羌校尉，掌管雍、秦、梁等州内羌族事務，領兵，下設東羌督、東羌獵將等部屬。晋四品。　中護軍：官名，掌武官選舉，與中領軍同掌禁軍。曹魏四品，晋三品。

[2]相國：官名，春秋戰國時稱宰輔大臣爲相國，秦漢時稱爲丞相。魏晋南北朝時不常置，職權品秩略同於丞相但位又比丞相尊貴，非尋常人臣之職。

[3]衛將軍：官名，魏晋時位在名號將軍之上，多爲軍府名號，

加給大臣、重要州郡長官。晉二品，開府位從公者一品。　右丞相：官名，魏晉南北朝時丞相有時分左右，此時地位低於左丞相。　驃騎將軍：官名，西漢時爲重號將軍，東漢以後，居諸名號將軍之首，僅作爲軍府名號加授大臣或重要州郡長官。晉二品，開府位從公者一品。

[4]尚書：官名，東漢尚書臺六曹各置尚書，秩六百石。魏晉出爲朝官，分掌尚書省諸曹，品秩提高。晉三品。

[5]尚書僕射：官名，秦漢爲尚書令副貳，東漢建安四年（199）分置左、右，爲尚書省次官。晉三品。

先是，晉建威將軍司馬勛屯漢中，[1]期遣李壽攻而陷之，遂置守宰，戍南鄭。

[1]司馬勛：東晉人，任梁州刺史、建威將軍。後反叛，自稱成都王。後被朱序斬殺。

雄子霸、保並不病而死，皆云期鴆殺之，於是大臣懷懼，人不自安。天雨大魚於宫中，其色黄。又宫中豕犬交。期多所誅夷，籍沒婦女資財以實後庭，内外兇兇，道路以目，[1]諫者獲罪，人懷苟免。期又鴆殺其安北李攸。[2]攸，壽之養弟也。於是與越及景騫、田褒、姚華謀襲壽等，欲因燒市橋而發兵。[3]期又累遣中常侍許涪至壽所，[4]伺其動静。及殺攸，壽大懼，又疑許涪往來之數也，乃率步騎一萬，自涪向成都，表稱景騫、田褒亂政，興晉陽之甲，[5]以除君側之惡。以李奕爲先登。[6]壽到成都，期、越不虞其至，素不備設，壽遂取其城，屯兵至門。[7]期遣侍中勞壽，[8]壽奏相國、建寧王越，尚書令、河南公景騫，尚書田褒、姚華，中常侍許涪，征西將軍李遐及將軍李西等，[9]皆懷奸亂政，[10]謀傾社稷，大逆不道，罪合夷滅。期從之，於是殺越、騫等。壽矯任氏令，廢期爲邛都縣公，幽之别宫。期嘆曰："天下主乃當於小縣公，不如死也！"咸康三年，自縊而死，[11]時年二十五，在位三年。[12]謚曰幽公。及葬，賜鸞輅九旒，[13]餘如王禮。雄之子皆爲壽所殺。

［1］道路以目：典出《國語·周語上》："厲王虐，國人謗王，邵公告王曰：'民不堪命矣！'王怒，得衛巫，使監謗者，以告，則殺之。國人莫敢言，道路以目。"

［2］安北：官名，即安北將軍。東漢建安年間置，與安東、安南、安西將軍合稱四安將軍，爲出鎮某一地區的軍事長官，或作爲刺史等兼理軍務的加官，權任頗重。晋三品，加持節都督者二品。

［3］市橋：又名冲星橋，位於今四川省成都市西南南河上。

［4］中常侍：官名，秦漢時爲加官，始稱常侍，元帝後稱中常侍。東漢改爲正式官員，侍從皇帝左右，出入宫禁顧問應對。和帝以後權任日重，有"在日月之側，聲勢震天下"之稱。曹魏時與散騎合併，稱散騎常侍。孫吴稱"散騎中常侍"，簡稱中常侍。十六國漢、成漢置爲高級宦官，地位與諸少卿相等，侍從帝后左右，傳達詔命，受理尚書門下奏事，職權甚重。晋三品。

［5］晋陽之甲：《左傳·定公十三年》記載：晋趙鞅起晋陽之兵，以清君側爲名，逐荀寅、士吉射。後因稱地方長吏不滿朝廷而舉兵内向爲興"晋陽之甲"。

［6］以李奕爲先登：亦，殿本作"弈"。本卷下文此人名同。

［7］屯兵至門：至，宋本作"室"。李之亮認爲，"屯兵至門"語義含混，不知是城門還是宫門。《十六國春秋》卷七八《蜀録·李期傳》："及壽到成都，期不虞其卒至，既不設備。壽世子勢爲翊

門校尉，開門納之，遂剋成都，屯兵宫門。”《資治通鑑》卷九六《晋紀》成帝咸康四年：“期不意其至，初不設備。壽世子勢爲翊軍校尉，開門納之，遂克成都，屯兵宫門。”（參見李之亮、許華偉《〈晋書〉、〈十六國春秋〉對勘劄記》，《鄭州大學學報》1998年第3期）

［8］侍中：官名，東漢建安中與給事黄門侍郎出入禁中，省尚書事。曹魏時爲門下之侍中省長官。常侍衛皇帝左右，掌顧問應對、諫諍糾察、平議奏事、駁奏異議等，權力甚重。晋三品。

［9］征西將軍：官名，東漢永元年間置，地位與雜號將軍、偏將軍、裨將軍等同。建安年間與征東、征南、征北將軍合稱四征將軍，地位提高。晋三品，加持節都督者二品。

［10］亂政：亂，宋本作“國”。

［11］咸康三年自縊而死：中華本校勘記：“《成紀》、《華陽國志》九、《通鑑》九六俱繫期死於咸康四年，《魏書·李壽傳》，壽廢期自立在什翼犍之建國元年，亦即咸康四年，此作‘三年’，亦因雄死誤前一年而誤。”

［12］在位三年：中華本校勘記：“《校文》：《成帝紀》，期立於咸和九年十月（《華陽國志》同），死於咸康四年四月（當從《國志》作五月），凡五年。此《傳》以期死屬之三年固誤，謂在位三年，亦駁文也。”

［13］鸞輅：天子所乘之車。　九旒：天子所用垂飾。《禮記·樂記》：“龍旂九旒，天子之旌也。”《管子·小匡》：“登受賞服大路，龍旗九游，渠門赤旂。”

李壽

壽，字武考，驤之子也。敏而好學，雅量豁然，少尚禮容，異於李氏諸子。雄奇其才，以爲足荷重任，拜前將軍、督巴西軍事，[1]遷征東將軍。時年十九，聘處士譙秀以爲賓客，[2]盡其讜言，[3]在巴西威惠甚著。驤死，遷大將軍、大都督、侍中，封扶風公，録尚書事。征寧州，攻圍百餘日，悉平諸郡，雄大悦，封建寧王。雄死，受遺輔政。期立，改封漢王，食梁州五郡，領梁州刺史。

[1]督巴西軍事：即督巴西諸軍事，巴西地區軍事行政長官，位低於都督和監。

[2]處士：閑居不仕之人。

[3]讜言：正直之言，直言。《漢書》卷一〇〇上《叙傳上》："吾久不見班生，今日復聞讜言！"顔師古注："讜言，善言也。"

壽威名遠振，深爲李越、景騫等所憚，壽深憂之。代李玝屯涪，每應期朝覲，常自陳邊疆寇警，[1]不可曠鎮，[2]故得不朝。壽又見期、越兄弟十餘人年方壯大，而並有强兵，懼不自全，乃數聘禮巴西龔壯。壯雖不應聘，數往見壽。時岷山崩，[3]江水竭，壽惡之，每問壯以自安之術。壯以特殺其父及叔，欲假手報仇，未有其由，因説壽曰："節下若能捨小從大，以危易安，則開國裂土，長爲諸侯，名高桓文，勛流百代矣。"壽從之，陰與長史略陽羅恒、巴西解思明共謀據成都，[4]稱藩歸順。乃誓文武，得數千人，襲成都，克之，縱兵虜掠，至乃奸略雄女及李氏諸婦，多所殘害，數日乃定。

[1]邊疆：疆，原本"彊"，宋本、殿本作"疆"，據宋本、殿本改。

[2]曠鎮：無人鎮守。

[3]岷山：一作汶山，位於今四川省松潘縣北。

[4]羅恒：原本、宋本作“羅桓”，殿本作“羅恒”，據殿本、中華本校勘記改。

恒與思明及李奕、王利等勸壽稱鎮西將軍、益州牧、成都王，[1]稱藩於晋，而任調與司馬蔡興、侍中李艷及張烈等勸壽自立。[2]壽命筮之，占者曰：“可數年天子。”調喜曰：“一日尚爲足，而况數年乎！”思明曰：“數年天子，孰與百世諸侯！”壽曰：“朝聞道，夕死可矣。[3]任侯之言，策之上也。”遂以咸康四年僭即僞位，赦其境内，改元爲漢興。以董皎爲相國，羅恒、馬當爲股肱，李奕、任調、李閎爲爪牙，解思明爲謀主。以安車束帛聘龔壯爲太師，[4]壯固辭，特聽縞巾素帶，居師友之位。拔擢幽滯，處之顯列。追尊父驤爲獻帝，母昝氏爲太后，立妻閻氏爲皇后，世子勢爲太子。

[1]鎮西將軍：官名，與鎮東、鎮南、鎮北將軍合稱四鎮將軍。多爲持節都督，出鎮方面。曹魏二品。晋改三品，加持節都督者二品。

[2]司馬：官名，府署高級幕僚。掌參讚軍務、管理府内武職，位僅次於長史。魏晋南北朝時王府、公府、軍府、邊郡均置。晋八至六品。

[3]朝聞道，夕死可矣：語出《論語·里仁》。

[4]安車：可以坐乘的車，供老年或貴婦用。　太師：官名，因避司馬師名諱而改名太宰。八公之一，居上公之首，爲宰相之任。十六國亦置。晋一品。

有告廣漢太守李乾與大臣通謀，[1]欲廢壽者。壽令其子廣與大臣盟于前殿，徙乾漢嘉太守。大風暴雨，震其端門。壽深自悔責，[2]命群臣極盡忠言，勿拘忌諱。

[1]廣漢：郡名，治所在廣漢縣（今四川省射洪市南）。

[2]深自悔責：深，原本作一字空白，宋本作“深”，殿本作“倏”，據宋本改。

遣其散騎常侍王嘏、中常侍王廣聘於石季龍。[1]先是，季龍遺壽書，欲連横入寇，約分天下。壽大悦，乃大修船艦，嚴兵繕甲，吏卒皆備糇糧。[2]以其尚書令馬當爲六軍都督，[3]假節鉞，[4]營東場大閲，軍士七萬餘人，舟師泝江而上。過成都，鼓譟盈江，壽登城觀之。其群臣咸曰：“我國小衆寡，吴會險遠，[5]圖之未易。”解思明又切諫懇至，[6]壽於是命群臣陳其利害。[7]龔壯諫曰：“陛下與胡通，孰如與晋通？胡，豺狼國也。晋既滅，不得不北面事之。若與之争天下，則强弱勢異。此虞虢之成範，[8]已然之明戒，願陛下熟慮之。”群臣以壯之言爲然，叩頭泣諫，壽乃止，士衆咸稱萬歲。

[1]散騎常侍：官名，三國魏文帝黄初年置，侍從皇帝左右，諫諍得失、顧問應對，與侍中等共平尚書奏事。也用作宰相、諸公等加官，入宫議政。晋三品。　石季龍：即石虎，字季龍，本書卷一〇六有載記。

[2]糇糧：干粮；食粮。

[3]六軍都督：六軍的最高統帥。

[4]假節鉞：授予節鉞。

[5]吴會險遠：宋本“吴”上有“以”字。

[6]切諫：切，原本、殿本作“竊”，宋本作“切”，據宋本改。

[7]陳其利害：陳，宋本作“議”。

[8]虞虢：虞國和虢國，春秋時兩個國家。《左傳》僖公五年：“晋侯復假道於虞以伐虢。宫之奇諫曰：‘虢，虞之表也；虢亡，虞必從之。晋不可啓，寇不可玩，一之謂甚，其可再乎？諺所謂“輔車相依，唇亡齒寒”者，其虞虢之謂也。’”

遣其鎮東大將軍李奕征牂柯，[1]太守謝恕保城距守者積日，不拔。會奕糧盡，引還。

[1]鎮東大將軍：官名，三國魏置，職掌與鎮東將軍同，唯資歷深者得任此職。晋二品，開府位從公者一品。　牂柯：郡名，西漢武帝置，治所在故且蘭縣（今貴州省黄平縣西南），西晋治所在萬壽縣（今貴州省甕安縣東北）。

壽以其太子勢領大將軍、録尚書事。[1]

[1]領：以地位較高的官員兼理較低的職務。

壽承雄寛儉，新行篡奪，因循雄政，未逞其志欲。會李閎、王嘏從鄴還，[1]盛稱季龍威强，宫觀美麗，[2]鄴中殷實。壽又聞季龍虐用刑法，王遜亦以殺罰御下，[3]並能控制邦域，壽心欣慕，人有小過，輒殺以立威。又以郊甸未實，都邑空虚，工匠器械，[4]事未充盈，乃徙傍郡户三丁已上以實成都，興尚方御府，[5]發州郡工巧以充之，廣修宮室，引水入城，務於奢侈。又廣太學，[6]起讌殿。百姓疲於使役，呼嗟滿道，思亂者十室而九矣。其左僕射蔡興切諫，[7]壽以爲誹謗，誅之。右僕射李嶷數以直言忤旨，[8]壽積忿非一，託以他罪，下獄殺之。

［1］鄴：縣名，曹魏五都之一。治所在今河北省臨漳縣西南。

［2］美麗：美，宋本作“靡”。

［3］王遜：西晋寧州刺史，本書卷八一有傳。

［4］器械：殿本乙作“械器”。

［5］尚方：官名，亦作上方。隸屬少府，掌役使工匠製造新奇貴重手工藝品及宮廷器用、刀劍等。從東漢至西晋，均分左中右三部。　御府：官署名，兩漢隸屬少府，西晋改隸屬光禄勛。管理宮廷金錢、衣服、刀劍、玉器、珍玩等。

［6］太學：古代设於京城的最高學府，主要從事儒學教育。

［7］左僕射：官名，即尚書左僕射，尚書省次官。輔助尚書令執行政務，參議大政、諫諍得失、監察糾彈百官。有時尚書省不置令，衹設左右僕射，此時左僕射居右僕射之上。晋三品。

［8］右僕射：官名，即尚書右僕射。尚書令副手，掌拆閲封緘奏章文書、參議政事、諫諍駁議、監察百官。位在左僕射之下。晋三品。

壽疾篤，常見李期、蔡興爲祟。八年，壽死，[1]時年四十四，在位五年。[2]僞謚昭文帝，廟曰中宗，墓曰安昌陵。

［1］八年，壽死：中華本校勘記：“《康紀》及《華陽國志》九

并謂壽死於建元元年，此作咸康八年，誤前一年。”

［2］在位五年：中華本校勘記：“《校文》：《帝紀》，壽立於咸康四年，卒於建元元年，計在位六年。《華陽國志》所記年月與《帝紀》同，《御覽》一二三引《蜀録》亦云壽死於漢興六年（即晋建元元年），此云五年誤。按：此誤以壽死於咸康八年，故少一年。”

壽初爲王，好學愛士，庶幾善道，[1]每覽良將賢相建功立事者，未嘗不反覆誦之，故能征伐四克，闢國千里。雄既垂心於上，壽亦盡誠於下，號爲賢相。及即僞位之後，改立宗廟，以父驤爲漢始祖廟，特、雄爲大成廟，又下書言與期、越别族，凡諸制度，皆有改易。公卿以下，率用己之僚佐，雄時舊臣及六郡士人，皆見廢黜。壽初病，思明等復議奉王室，壽不從。李演自越巂上書，勸壽歸正返本，釋帝稱王，壽怒殺之，以威龔壯、思明等。壯作詩七篇，託言應璩以諷壽。[2]壽報曰：“省詩知意。若今人所作，賢哲之話言也。古人所作，死鬼之常辭耳！”動慕漢武、魏明之所爲，[3]耻聞父兄時事，上書者不得言先世政化，自以已勝之也。

［1］庶幾：希望。

［2］應璩：三國時汝南南頓（今河南省項城市西南）人，字休璉，應瑒弟。博學好屬文，善爲書記。歷任散騎常侍、侍中、大將軍長史。曾作“百一詩”，以諷曹爽秉政，爲當世所傳。

［3］魏明：即魏明帝曹叡，字元仲，文帝曹丕長子，公元 226 至 239 年在位。死後謚曰明，廟號烈祖。

李勢

勢，字子仁，壽之長子也。初，壽妻閻氏無子，驤殺李鳳，爲壽納鳳女，生勢。期愛勢姿貌，拜翊軍將軍、漢王世子。[1]勢身長七尺九寸，腰帶十四圍，善於俯仰，[2]時人異之。壽死，勢嗣僞位，赦其境内，改元曰太和。尊母閻氏爲太后，妻李氏爲皇后。[3]

[1]翊軍將軍：官名，地位與北軍五校尉同。皇帝出行，與五校並行護駕。十六國成漢亦置。晋四品。

[2]善於俯仰：善於周旋應付。

[3]李氏：原本作“季氏”，宋本、殿本作“李氏”，據宋本、殿本改。

太史令韓皓奏熒惑守心，[1]以宗廟禮廢，勢命群臣議之。其相國董皎、侍中王嘏等以爲景武昌業，獻文承基，至親不遠，無宜疏絶。勢更令祭特、雄，同號曰漢王。

[1]熒惑守心：火星進入心宿。熒惑，火星。心，星宿名，二十八宿之一，苍龍七宿之第四宿。有星四顆。

勢弟大將軍、漢王廣以勢無子，求爲太弟，勢弗許。馬當、解思明以勢兄弟不多，若有所廢，則益孤危，固勸許之。勢疑當等與廣有謀，遣其太保李奕襲廣於涪城，命董皎收馬當、思明斬之，夷其三族。貶廣爲臨邛侯，廣自殺。思明有計謀，强諫諍，馬當甚得人心，自此之後，無復紀綱及諫諍者。

李奕自晋壽舉兵反之，[1]蜀人多有從奕者，[2]衆至數萬。勢登城距戰。奕單騎突門，門者射而殺之，衆乃潰散。勢既誅奕，大赦境内，改年嘉寧。

[1]晋壽：郡名，東晋太元十五年（390）置，治所在晋壽縣（今四川省廣元市南）。

[2]從奕者：宋本無“奕”字。

初，蜀土無獠，[1]至此，始從山而出，北至犍爲、梓潼，布在山谷，十餘萬落，不可禁制，大爲百姓之患。勢既驕吝，而性愛財色，常殺人而取其妻，荒淫不恤國事。夷獠叛亂，軍守離缺，境宇日蹙。加之荒儉，性多忌害，誅殘大臣，刑獄濫加，人懷危懼。斥外父祖臣佐，親任左右小人，群小因行威福。又常居内，少見公卿。史官屢陳灾譴，乃加董皎太師，以名位優之，實欲與分灾眚。[2]

[1]獠（lǎo）：亦作“僚”，古族名，分布於今四川、陝西、貴州、云南、廣西等地。

[2]灾眚：灾殃禍患。

大司馬桓温率水軍伐勢。[1]温次青衣，[2]勢大發軍距守，又遣李福與昝堅等數千人從山陽趣合水距温。[3]謂温從步道而上，諸將皆欲設伏於江南以待王師，[4]昝堅不從，率諸軍從江北鴛鴦碕渡向犍爲。[5]而温從山陽出江南，昝堅到犍爲，方知與温異道，乃回從沙頭津北渡。[6]及堅至，温已造成都之十里陌，[7]昝堅衆自潰。温至城下，縱火燒其大城諸門。勢衆惶懼，無復固志，其中書監王嘏、散騎常侍常璩等勸勢降。[8]勢以問侍中馮孚，孚言："昔吴漢征蜀，[9]盡誅公孫氏。今晋下書，不赦諸李，雖降，恐無全理。"勢乃夜出東門，與昝堅走至晋壽，然後送降文於温曰："僞嘉寧二年三月十七日，略陽李勢叩頭死罪。伏惟大將軍節下，先人播流，恃險因釁，竊有汶蜀。[10]勢以暗弱，復統末緒，偷安荏苒，未能改圖。猥煩朱軒，[11]踐冒險阻。將士狂愚，干犯天威。仰慚俯愧，精魂飛散，甘受斧鑕，以釁軍鼓。伏惟大晋，天網恢弘，澤及四海，恩過陽日。逼迫倉卒，自投草野。[12]即日到白水城，[13]謹遣私署散騎常侍王幼奉箋以聞，并敕州郡投戈釋杖。窮池之魚，待命漏刻。"勢尋輿櫬面縛軍門，[14]温解其縛，焚其櫬，遷勢及弟福、從兄權親族十餘人於建康，[15]封勢歸義侯。升平五年，死于建康。在位五年而敗。

[1]大司馬：官名，八公之一，位在上公之下、大將軍及三公之上，高級將帥，多爲大臣加官。晋一品。　桓温：字元子，本書卷九八有傳。

[2]青衣：即青衣江，源出於今四川省寶興縣北，東至樂山市入岷江。

[3]山陽：山的南面。　合水：即今四川省眉山市彭山區境岷江河段。

[4]王師：指東晋軍隊。

[5]鴛鴦碕：位於今四川省眉山市彭山區東。

[6]沙頭津：位於今四川省眉山市彭山區北岷江上。

[7]十里陌：地名，在今四川省成都市南。

[8]中書監：官名，中書省長官之一。三國魏文帝初年分秘書置中書省，長官爲中書監、中書令。掌收納奏章、草擬詔令。平常不分高下，入朝時監略高於令。晉三品。　常璩：東晉江原（今四川省崇州市東南）人，字道將。十六國成漢李勢時任散騎常侍。桓温伐蜀，常璩勸李勢投降。著有《華陽國志》一書傳世。

[9]吴漢：東漢初南陽宛（今河南省南陽市）人，字子顔。新莽末亡命漁陽，以販馬爲業。後爲劉秀偏將軍，遷大將軍。東漢建立後任大司馬。屢建戰功，雲臺二十八將之一。

[10]竊有汶蜀：有，宋本作“自”。

[11]猥煩朱軒：煩勞您乘戰車前來征伐。朱軒，紅色的車子，此指戰車。

[12]自投：投，宋本作“殺”。

[13]白水城：白水縣城，位於今四川省青川縣東北白水鎮。

[14]尋輿櫬面縛：櫬，宋本作“襯”。

[15]遷勢及弟福：中華本校勘記：“周校：《桓温傳》作‘勢叔父福’爲是。《校文》：《桓温傳》作‘勢叔父福’，《御覽》一二三引《蜀録》、三二四引《晉書》並同。按：‘弟’上疑脱‘壽’字。”

始，李特以惠帝太安元年起兵，至此六世，凡四十六年，[1]以穆帝永和三年滅。

[1]始李特以惠帝太安元年起兵，至此六世，凡四十六年：中華本校勘記：“《惠紀》，李特於永寧元年起兵，至永和三年滅，應是四十七年，《御覽》一二三引《蜀録》即云‘合四十七年’，此

云太安元年起兵，故少一年，實誤。”

史臣曰：昔周德方隆，古公切逾梁之患；[1]漢祚斯永，宣后興渡湟之師。[2]是知戎狄亂華，釁深自古，况乎巴濮雜種，[3]厥類實繁，資剽竊以全生，[4]習獷悍而成俗。李特世傳凶狡，早擅梟雄，太息劍門，志吞井絡。[5]屬晋綱之落紐，[6]乘羅侯之無斷，騁馬屬鞬，[7]同聲雲集，殲殄蜀漢，薦食巴梁，沃野無半菽之資，華陽有析骸之爨。[8]蓋上失其道，覆敗之至於斯！

［1］古公切逾梁之患：《史記》卷四《周本紀》：“古公亶父復脩后稷、公劉之業，積德行義，國人皆戴之。薰育戎狄攻之，欲得財物，予之。已復攻，欲得地與民。民皆怒，欲戰。古公曰：‘有民立君，將以利之。今戎狄所爲攻戰，以吾地與民。民之在我，與其在彼，何異。民欲以我故戰，殺人父子而君之，予不忍爲。’乃與私屬遂去豳，度漆、沮，逾梁山，止於岐下。”

［2］宣后興渡湟之師：宣后，漢宣帝王皇后。立於元康二年（前64），漢軍出兵渡湟水擊羌，也是在元康年間。《漢書》卷六九《趙充國傳》：元康三年，先零羌渡過湟水，與諸羌種豪二百餘人結盟。趙充國認爲，應該防患於未然。果然月餘後，羌侯狼何遣使至匈奴借兵，欲擊鄯善、敦煌以絶漢道。於是漢朝廷乃派趙充國討伐叛羌。

［3］巴濮：巴人和濮人，兩個古代民族。中國古族名。最早見於《尚書·牧誓》，爲商周時八個少數民族之一。分佈在江漢之南或楚國西南。曾參加周武王伐紂會盟。周匡王二年（前611），與麇人伐楚。周景王二十二年（前523），楚爲舟師以伐濮。以後，滇西南亦有濮人記載。其演變有三説：一説戰國以後演變爲百越，發展爲漢藏語系壯侗語族各族；一説百濮與百越是兩個不同的族

體，元代以後稱蒲人，以後發展爲南亞語系孟高棉語族各族；一説前期的百濮與百越有密切關係，後期的百濮指孟高棉語族各族。

［4］剽竊：掠奪。

［5］井絡：井宿的分野，指岷山一帶。此泛指蜀地。

［6］落紐：意謂衰落。紐，器物上用以提携懸系的襻紐。《周禮·夏官·弁師》："弁師掌王之五冕，皆玄冕朱裹延紐。"鄭玄注："紐，小鼻，在武上，笄所貫也。"孫詒讓正義："冕鼻謂之紐，猶印鼻謂之鈕也。"

［7］鞬：宋本作"犍"。

［8］華陽：地區名，相當今陝西秦嶺以南，川、雲、貴地區。析骸之爨：《左傳·宣公十五年》：春秋時，楚國攻打宋國，長期圍困宋城。宋人派華元夜入楚軍，對楚軍統帥子反説："寡君使元以病告，曰：'敝邑易子而食，析骸以爨。雖然，城下之盟，有以國斃，不能從也。去我三十里，唯命是聽。'"析骸之爨意指被圍日久，糧盡柴絶，剖屍骸而食。

仲儁天挺英姿，見稱奇偉，推鋒累載，克隆霸業。蹈玄德之前基，[1]掩子陽之故地，[2]薄賦而綏弊俗，約法而悦新邦，擬於其倫，實孫權之亞也。[3]若夫立子以嫡，往哲通訓，繼體承基，前修茂範。而雄闇經國之遠圖，蹈匹夫之小節，傳大統於猶子，託强兵於厥胤。遺骸莫斂，尋戈之釁已深；星紀未周，[4]傾巢之釁便及。雖云天道，抑亦人謀。

［1］玄德：劉備，三國時蜀漢的建立者，字玄德，涿郡涿縣（今河北省涿州市）人。公元221至223年在位。

［2］子陽之故地：指今四川省地區。子陽即公孫述，扶風茂陵（今陝西省興平市）人，字子陽。西漢末更始政權蜀郡太守，後自

立爲蜀王，旋又稱帝，建都成都，國號成家，建元龍興。

[3]孫權：三國孫吴創建者。吴郡富春（今浙江省杭州市富陽區）人，字仲謀，公元229至252年在位。

[4]星紀未周：不滿一周歲。星紀，歲月。

班以寬愛罹灾，期以暴戾速禍，殊塗並失，異術同亡。武考憑藉世資，窮兵竊位，罪百周帶，[1]毒甚楚圍，[2]獲保歸全，何其幸也！子仁承緒，繼傳昏虐，驅率餘燼，敢距大邦。授甲晨征，則理均於困獸；斬關宵遁，則義殊於前禽。宜其懸首國門，以明大戮，遂得禮同劉禪，[3]不亦優乎！

[1]周帶：王子帶，又稱叔帶、太叔帶。春秋周惠王之子，襄王之弟。因食邑於甘，又稱甘昭公。周襄王三年（前649），他招揚、拒、泉、皋、伊、雒等戎族同伐京師，爲秦晋之師所敗，次年逃往齊國。後來被襄王召回。又與襄王狄后私通。十六年，又勾結狄人攻打京師，迫使襄王出逃，遂與狄后同居於温。後被勤王的晋文公所殺。

[2]楚圍：楚靈王，春秋時楚國國君，名圍，即位後改名虔，楚共王之子。公元前540至前529年在位。原任令尹，後弒君篡位。在位期間驕奢暴虐、窮兵黷武，致使内外交怨。後公子比等人趁他率師在外之機，率兵攻入郢都，殺太子。公子比自立爲楚王。楚靈王聞訊回軍，因部下潰散，復位無望，自殺。

[3]劉禪：蜀漢末代皇帝。字公嗣，劉備子。建興元年（223）即位，炎興元年（263）蜀漢滅亡降魏，賜爵安樂公。

贊曰：晋圖弛馭，百六斯鍾。[1]天垂伏鱉，[2]野戰群龍。李特窺釁，盜我巴庸。世歷五朝，年將四紀。[3]篡殺移國，昏狂繼軌。德之不修，險亦難恃。

[1]百六：古代道家稱天厄爲“陽九”，地厄爲“百六”。《文選·袁宏〈三國名臣序贊〉》：“百六道喪，干戈迭用。”吕延濟注：“四千六百一十七歲爲一元，一百六歲曰陽九之厄。”因以“陽九百六”指灾難或厄運。

[2]天垂伏鱉：天上出現蚩尤旗。蚩尤旗被視爲灾星。伏鱉，即蚩尤旗。《史記》卷二七《天官書》：“蚩尤之旗，類彗而後曲，象旗。見則王者征伐四方。旬始，出於北斗旁，狀如雄鷄。其怒，青黑，象伏鱉。”

[3]紀：古代紀年單位，十二年爲一紀。

晋書　卷一二二

載記第二十二

呂光　呂纂　呂隆

呂光

呂光，字世明，略陽氐人也。[1]其先呂文和，漢文帝初，自沛避難徙焉，[2]世爲酋豪。父婆樓，佐命苻堅，[3]官至太尉。[4]光生于枋頭，[5]夜有神光之異，故以光爲名。年十歲，與諸童兒游戲邑里，爲戰陣之法，儔類咸推爲主。部分詳平，群童嘆服。不樂讀書，唯好鷹馬。及長，身長八尺四寸，目重瞳子，[6]左肘有肉印。沉毅凝重，寬簡有大量，喜怒不形於色。時人莫之識也，唯王猛異之，[7]曰："此非常人。"言之苻堅，舉賢良，除美陽令，[8]夷夏愛服。遷鷹揚將軍。[9]從堅征張平，戰于銅壁，[10]刺平養子蚝，中之，自是威名大著。

[1]略陽：郡名，西晋泰始中以廣魏郡改名，治所在臨渭縣（今甘肅省天水市東北渭河北岸）。　氐：古代生活在中國西北地區

的少數民族。黄烈先生《中國古代民族研究》（人民出版社 1987 年版）對氐人的源流有詳細考證。

［2］沛：縣名，治所在今江蘇省沛縣。

［3］苻堅：字永固，本書卷一一三有載記。苻，宋本作“符”，本卷下文此姓字同。

［4］太尉：官名，曹操爲丞相後，太尉府屬官歸相府，晋時太尉雖爲八公之一、三公之首，實爲名譽宰相，多爲大臣加官。晋一品。

［5］枋頭：地名，在今河南省浚縣西南淇門渡。

［6］重瞳子：瞳，宋本作“童”。

［7］王猛：字景略，本書卷一一四有載記。

［8］美陽：縣名，治所在今陝西省武功縣武功鎮西。

［9］鷹揚將軍：官名，雜號將軍中地位較高者，曾作爲荆州、兖州等州刺史的加官。晋五品。

［10］銅壁：銅壁戍，位於今山西省太原市西南汾水上。

苻雙反于秦州，[1]堅將楊成世爲雙將苟興所敗，光與王鑒討之。鑒欲速戰，光曰：“興初破成世，奸氣漸張，宜持重以待其弊。乘勝輕來，[2]糧竭必退，退而擊之，可以破也。”二旬而興退，諸將不知所爲，光曰：“揆其奸計，必攻榆眉。[3]若得榆眉，據城斷路，資儲復贍，非國之利也，宜速進師。若興攻城，尤須赴救。如其奔也，彼糧既盡，可以滅之。”鑒從焉，果敗興軍。從王猛滅慕容暐，[4]封都亭侯。

［1］秦州：治所在上邽縣（今甘肅省天水市）。

［2］乘勝：宋本、殿本“乘”上有“興”字。

[3]榆眉：榆眉城，位於今陝西省千陽縣東。

[4]慕容暐：字景茂，本書卷一一一有載記。

苻重之鎮洛陽，[1]以光爲長史。[2]及重謀反，苻堅聞之，曰："吕光忠孝方正，必不同也。"馳使命光檻重送之。尋入爲太子右率，[3]甚見敬重。

[1]洛陽：古都名，位於今河南省洛陽市東北。

[2]長史：官名，掌顧問參謀，爲所在官署掾屬之長。魏晋南北朝時王府、公府、軍府、邊郡均置。晋八至六品。

[3]太子右率：官名，即太子右衛率。西晋武帝泰始五年（269）分太子衛率而置太子左右衛率，領精兵萬人，宿衛東宫，亦任征伐。五品。

蜀人李焉聚衆二萬，攻逼益州。[1]堅以光爲破虜將軍，[2]率兵討滅之，遷步兵校尉。[3]苻洛反，光又擊平之，拜驍騎將軍。[4]

[1]益州：治所在成都縣（今四川省成都市）。

[2]破虜將軍：官名，東漢末獻帝初平年間置，孫堅曾任此職。十六國前秦亦置。

[3]步兵校尉：官名，東漢時隸屬北軍中候，爲北軍五校尉之一，魏晋時隸屬中領軍，領宿衛營兵。晋四品。

[4]驍騎將軍：官名，三國魏爲内軍將領，統營兵。兩晋與領軍、護軍、左右衛、游擊諸將軍合稱六軍，擔當宿衛之任，是護衛宫廷的主要將領。晋四品。

堅既平山東，士馬强盛，遂有圖西域之志，[1]乃授光使持節、都督西討諸軍事，[2]率將軍姜飛、彭晃、杜進、康盛等總兵七萬，鐵騎五千，以討西域。以隴西董方、馮翊郭抱、武威賈虔、弘農楊穎爲四府佐將。[3]堅太子宏執光手曰："君器相非常，必有大福，宜深保愛。"行至高昌，[4]聞堅寇晋，光欲更須後命。部將杜進曰："節下受任金方，[5]赴機宜速，有何不了，而更留乎！"光乃進及流沙，[6]三百餘里無水，將士失色。光曰："吾聞李廣利精誠玄感，[7]飛泉涌出，吾等豈獨無感致乎！皇天必將有濟，諸君不足憂也。"俄而大雨，平地三尺。進兵至焉耆，[8]其王泥流率其旁國請降。龜兹王帛純距光，[9]光軍其城南，五里爲一營，深溝高壘，廣設疑兵，以木爲人，被之以甲，羅之壘上。帛純驅徙城外人入于城中，附庸侯王各嬰城自守。

[1]西域：古代對玉門關以西地區的總稱。狹義西域指葱嶺以東、玉門關以西地區，廣義則指通過狹義西域所能到達的地區。

[2]使持節：漢朝官吏奉使外出時，或由皇帝授予節杖，以提高其權力。魏晋以後，凡重要軍事長官出征或出鎮，加使持節，可誅殺二千石以下官員。　都督西討諸軍事：西討事務最高軍事行政長官。

[3]隴西：郡名，治所原在狄道縣（今甘肅省臨洮縣），曹魏時徙治襄武縣（今甘肅省隴西縣東南）。　馮翊：郡名，三國魏以左馮翊改置，治所在臨晋縣（今陝西省大荔縣）。　郭抱：抱，宋本作"砲"。　武威：郡名，西漢武帝置，治所在姑臧縣（今甘肅省武威市）。　弘農：郡名，治所在弘農縣（今河南省靈寶市）。　楊穎：穎，宋本、殿本作"潁"。　四府：指太尉府、司徒府、

司空府、大將軍府。

[4]高昌：郡名，治所在高昌城（今新疆維吾爾自治區吐魯番市東南高昌廢址）。

[5]金方：西方。《吕氏春秋·孟秋》："某日立秋，盛德在金。"高誘注："盛德在金，金主西方也。"

[6]流沙：西域地區。

[7]李廣利：西漢中山（今河北省定州市）人，武帝寵姬李夫人之兄。曾任貳師將軍征大宛，又曾率軍出五原征匈奴。李廣利刺山出飛泉的傳説見《後漢書》卷一九《耿恭傳》。

[8]焉耆：西域國名，國都在員渠城（今新疆焉耆縣西南四十里城子；一説在四十里城子西北日仔和田舊城）。

[9]龜兹：西域國名，本書卷九七有傳。

至是，光左臂内脉起成字，[1]文曰"巨霸"。營外夜有一黑物，大如斷堤，摇動有頭角，目光若電，及明而雲霧四周，遂不復見。旦視其處，南北五里，東西三十餘步，鱗甲隱地之所，昭然猶在。光笑曰："黑龍也。"俄而雲起西北，暴雨滅其跡。杜進言於光曰："龍者神獸，人君利見之象。《易》曰：'見龍在田，德施普也。'斯誠明將軍道合靈和，德符幽顯。願將軍勉之，以成大慶。"光有喜色。

[1]内脉：内，殿本作"肉"。

又進攻龜兹城，夜夢金象飛越城外。光曰："此謂佛神去之，胡必亡矣。"光攻城既急，帛純乃傾國財寶請救獪胡。獪胡弟吶龍、侯將馗率騎二十餘萬，并引温宿、尉頭等國王，[1]合七十餘萬以救之。胡便弓馬，善矛矟，鎧如連鎖，射不可入，以革索爲羂，[2]策馬擲人，多有中者。衆甚憚之。諸將咸欲每營結陣，案兵以距之。光曰："彼衆我寡，營又相遠，勢分力散，非良策也。"於是遷營相接陣，爲句鎖之法，[3]精騎爲游軍，彌縫其闕。戰于城西，大敗之，斬萬餘級。帛純收其珍寶而走，王侯降者三十餘國。光入其城，大饗將士，賦詩言志。見其宫室壯麗，命參軍京兆段業著《龜兹宫賦》以譏之。[4]胡人奢侈，厚於養生，家有蒲桃酒，或至千斛，經十年不敗，士卒淪没酒藏者相繼矣。諸國憚光威名，[5]貢款屬路，乃立帛純弟震爲王以安之。光撫寧西域，威恩甚著，桀黠胡王昔所未賓者，不遠萬里皆來歸附，上漢所賜節傳，光皆表而易之。

[1]尉頭：頭，原本、宋本作"湏"，殿本作"須"，據中華本校勘記改。

[2]革索爲羂（juàn）：以皮革繩作的網羅。羂，網羅。

[3]句鎖：句，殿本作"勾"。

[4]參軍：官名，亦作參軍事，謂參謀軍事。兩晋公府、軍府皆置。　京兆：郡名，治所在長安縣（今陝西省西安市西北）。段業：十六國時京兆（今陝西省西安市西北）人，歷任後凉參事、尚書、建康太守。後叛後凉自稱凉州牧，改元神璽，又自稱凉王。後被沮渠蒙遜所殺。

[5]憚光威名：憚，宋本作"悦"。

堅聞光平西域，以爲使持節、散騎常侍、都督玉門已西諸軍事、安西將軍、西域校尉，[1]道絶不通。光既平龜兹，有留焉之志。時始獲鳩摩羅什，[2]羅什勸之東還，語在西夷傳。[3]光於是大饗文武，博議進止。衆咸請還，光從之，以駝二萬餘頭致外國珍寶及奇伎異戲、殊禽怪獸千有餘品，駿馬萬餘匹。而苻堅高昌太守楊翰説其凉州刺史梁熙距守高桐、伊吾二關，[4]熙不從。光至高昌，翰以郡迎降。初，光聞翰之説，惡之，又聞苻堅喪敗，長安危逼，謀欲停師。杜進諫曰："梁熙文雅有餘，機鑒不足，終不能納善從説也，願不足憂之。聞其上下未同，宜在速進，進而不捷，請受過言之誅。"光從之。及至玉門，[5]梁熙傳檄責光擅命還師，遣子胤與振威姚皓、别駕衛翰率衆五萬，[6]距光於酒泉。[7]光報檄凉州，[8]責熙無赴難之誠，數其遏歸師之罪。遣彭晃、杜進、姜飛等爲前鋒，擊胤，大敗之。胤輕將麾下數百騎東奔，杜進追擒之。於是四山胡夷皆來款附。[9]武威太守彭濟執熙請降。光入姑臧，[10]自領凉州刺史、護羌校尉，[11]表杜進爲輔國將軍、武威太守，[12]封武始侯，自餘封拜各有差。

[1]散騎常侍：官名，三國魏文帝黄初年置，侍從皇帝左右，諫諍得失、顧問應對，與侍中等共平尚書奏事。也用作宰相、諸公等加官，入宫議政。晋三品。　都督玉門已西諸軍事：玉門以西地區最高軍事行政長官。　安西將軍：官名，東漢建安年間置，與安東、安南、安北將軍合稱四安將軍，爲出鎮某一地區的軍事長官，或作爲刺史等兼理軍務的加官，權任頗重。晋三品，加持節都督者二品。　西域校尉：亦稱護西域校尉，掌管西域少數民族事務。晋四品。

[2]鳩摩羅什：天竺人，本書卷九五有傳。

[3]語在西夷傳：中華本校勘記："周校：羅什語見《藝術傳》，誤作《西夷》。《斠注》：本書《西戎傳》但云光進軍討平龜兹，並無始獲羅什及勸其東還之語，且《傳》稱'西戎'，非'西夷'。"

[4]凉州刺史梁熙距守高桐：中華本校勘記："《苻丕載記》'高桐'作'高梧'，《通鑑》一〇六從之，胡注云'當在高昌西界'，未能確指其地。《讀史方輿紀要》引或説，'高梧，交河之譌'。今按：或説近是，則此'桐'字乃'梧'之訛。但無確證。"伊吾：縣名，治所在今甘肅省瓜州縣北。

[5]玉門：縣名，治所在今甘肅省玉門市赤金鎮稍東。

[6]振威：官名，即振威將軍，雜號將軍，統兵出征。晋四品。别駕：官名，别駕從事、别駕從事史省稱。州部佐官，因從刺史行部，别乘傳車，故稱。位居州吏之右。

[7]酒泉：郡名，西漢武帝置，治所在福禄縣（今甘肅省酒泉市）。

[8]凉州：東漢治所在隴縣（今甘肅省張家川回族自治縣），三國魏移治姑臧縣（今甘肅省武威市）。

[9]於是四山胡夷皆來：四，原本、殿本作"西"，宋本作"四"，據宋本改。

[10]姑臧：縣名，治所在今甘肅省武威市。

[11]護羌校尉：官名，監護内附羌人、戍衛邊塞、領羌人軍隊作戰。晋四品。

[12]輔國將軍：官名，屬將軍名號，三國兩皆置。晋三品。

光主簿尉祐，[1]奸佞傾薄人也，見棄前朝，與彭濟同謀執梁熙，光深見寵任，乃譖誅南安姚皓、天水尹景等名士十餘人，遠近頗以此離貳。[2]光尋擢祐爲寧遠將軍、金城太守。[3]祐次允吾，[4]襲據外城以叛，祐從弟隨據鸇陰以應之。[5]光遣其將魏真討隨，隨敗，奔祐，光將姜飛又擊敗祐衆。祐奔據興城，[6]扇動百姓，夷夏多從之。飛司馬張象、參軍郭雅謀殺飛應祐，[7]發覺，逃奔。

[1]主簿：官名，開府屬官，典領文書籍簿、省録衆事，職權甚重。

[2]離貳：懷有二心。

[3]寧遠將軍：官名，屬名號將軍。晋五品。　金城：郡名，治所原來在允吾縣（今甘肅省永靖縣西北），曹魏時移治榆中縣（今甘肅省榆中縣西北黄河南岸）。

[4]允吾：縣名，治所在今甘肅省永靖縣西北湟水南岸。

[5]鸇陰：縣名，治所在今甘肅省靖遠縣西北。

[6]興城：地名，在今陝西省略陽縣南。

[7]司馬：官名，府署高級幕僚。掌參讚軍務、管理府内武職，位僅次於長史。魏晋南北朝時王府、公府、軍府、邊郡均置。晋八至六品。

初，苻堅之敗，張天錫南奔，[1]其世子大豫爲長水校尉王穆所匿。[2]及堅還長安，穆將大豫奔秃髪思復鞬，思復鞬送之魏安。[3]是月，魏安人焦松、齊肅、張濟等起兵數千，迎大豫於揖次，[4]陷昌松郡。[5]光遣其將杜進討之，爲大豫所敗。大豫遂進逼姑臧，求决勝負，王穆諫曰："吕光糧豐城固，甲兵精鋭，逼之非利。不如席卷嶺西，厲兵積粟，東向而争，不及期年，可以平也。"大豫不從，乃遣穆求救於嶺西諸郡，建康太守李隰、祁連都尉嚴純及閻襲起兵應之。[6]大豫進屯城西，王穆率衆三萬及思復鞬子奚于等陣於城南。[7]光出擊，破之，斬奚于等二萬餘級。光謂諸將曰："大豫若用王穆之言，恐未可平也。"諸將曰："大豫豈不及此邪！皇天欲贊成明公八百之業，故令大豫迷於良算耳。"光大悦，賜金帛有差。大豫自西郡詣臨洮，[8]驅略百姓五千餘户，保據俱城。[9]光將彭晃、徐炅攻破之，大豫奔廣武，[10]穆奔建康。廣武人執大豫，送之，斬於姑臧市。

[1]張天錫：字純嘏，本書卷八六有傳。

[2]長水校尉：官名，五校尉之一，統宿衛兵，魏晋時隸屬中領軍。晋四品。

[3]魏安：郡名，治所在今甘肅省古浪縣東。

[4]揖次：即揟次，古縣名，治所在今甘肅省武威市東南。

[5]昌松郡：治所在昌松縣（今甘肅省古浪縣）。

[6]建康：縣名，治所在今甘肅省高臺縣西南。　祁連都尉：執行特定職務的名號官員，負責祁連地區軍務。

[7]思復鞬子奚于：于，殿本作"干"。

[8]西郡：治所在日勒縣（今甘肅省永昌縣西北）。　臨洮：縣名，治所在今甘肅省岷縣。

[9]俱城：《資治通鑑》卷一〇六《晋紀》孝武帝太元十一年："張大豫自西郡入臨洮，掠民五千餘户，保據俱城。"胡三省注："俱城在臨洮界。"

[10]廣武：縣名，治所在今甘肅省永登縣西南。

光至是始聞苻堅爲姚萇所害，[1]奮怒哀號，三軍縞素，大臨于城南，[2]僞謚堅曰文昭皇帝，長吏百石已上服斬縗三月，庶人哭泣三日。光於是大赦境内，建元曰太安，[3]自稱使持節、侍中、中外大都督、督隴右河西諸軍事、大將軍、領護匈奴中郎將、凉州牧、酒泉公。[4]王穆襲據酒泉，自稱大將軍、凉州牧。時穀價踴貴，斗直五百，人相食，死者太半。[5]光西平太守康寧自稱匈奴王，[6]阻兵以叛，光屢遣討之，不捷。

[1]姚萇：字景茂，本書卷一一六有載記。

[2]大臨：聚哭告哀。

[3]建元曰太安：中華本校勘記："《御覽》一二五引《後凉録》、《通鑑》一〇六'太'作'大'。按：'太安'乃苻丕年號，此時光自稱大將軍、凉州牧、酒泉公，當是用丕年號，非自建元。故《魏書·吕光傳》稱光紀年始於麟嘉，不記建元太安事。"

[4]侍中：官名，東漢建安中與給事黄門侍郎出入禁中，省尚書事。曹魏時爲門下之侍中省長官。常侍衛皇帝左右，掌顧問應對、諫諍糾察、平議奏事、駁奏異議等，權力甚重。晋三品。　中外大都督：指揮全國軍隊，地位極高。　督隴右河西諸軍事：隴右、河西地區最高軍事行政長官。　大將軍：官名，高級軍事統帥。曹魏時多以之屯駐長安，對付蜀漢，蜀漢以其爲最高軍事長官，孫吴則别置上大將軍居其上。西晋時爲八公之一，位居上公、大司馬下，三公之上。東晋時常專擅軍政事務。晋一品。　領：以地位較高的官員兼理較低的職務。　護匈奴中郎將：官名，亦作使匈奴中郎將、匈奴中郎將，掌監護南匈奴事務，多以并州刺史兼任，使持節或假節。晋四品。

[5]死者太半：太，殿本作"大"。

[6]西平：郡名，治所在西都縣（今青海省西寧市）。

初，光之定河西也，[1]杜進有力焉，以爲輔國將軍、武威太守。既居都尹，[2]權高一時，出入羽儀，與光相亞。光甥石聰至自關中，[3]光曰："中州人言吾政化何如？"聰曰："止知有杜進耳，實不聞有舅。"光默然，因此誅進。光後讌群寮，酒酣，語及政事。時刑法峻重，參軍段業進曰："嚴刑重憲，非明王之義也。"光曰："商鞅之法至峻，[4]而兼諸侯；吴起之術無親，[5]而荆蠻以霸，何也？"業曰："明公受天眷命，方君臨四海，景行堯舜，猶懼有弊，奈何欲以商申之末法臨道義之神州，[6]豈此州士女所望於明公哉！"光改容謝之，於是下令責躬，及崇寬簡之政。

[1]河西：地區名，今甘肅、青海二省之間黄河南段以西地區，即河西走廊、湟水流域一帶。

[2]都尹：都城行政長官。

[3]關中：地區名，函谷關以西秦國故地，包括今河南省靈寶市以西及陝西省、甘肅省東部和四川省部分地區。

[4]商鞅：戰國時衛國人，公孫氏，名鞅，亦稱衛鞅、公孫鞅、商君鞅、商君。助秦孝公變法强國。孝公死後被殺。

[5]吴起：戰國時衛國左氏（今山東省菏澤市定陶區西）人，初事魯，後入魏，終入楚，幫助楚悼王改革，使楚國强盛。

[6]商申：商鞅和申不害。商鞅見前注。申不害，戰國時鄭國京（今河南滎陽市東南）人，後爲韓昭侯相。其思想本於黄老而主刑名，主張法治，尤其重"術"。相韓十五年，内修政教，外應諸侯，使國治兵强。

其將徐炅與張掖太守彭晃謀叛，[1]光遣師討炅，炅奔晃。晃東結康寧，西通王穆，光議將討之，諸將咸曰："今康寧在南，阻兵伺隙，若大駕西行，寧必乘虚出于嶺左。晃、穆未平，康寧復至，進退狼狽，勢必大危。”光曰：“事勢實如卿言。今而不往，當坐待其來。晃、穆共相唇齒，寧又同惡相救，東西交至，城外非吾之有，若是，大事去矣。今晃叛逆始爾，寧、穆與之情契未密，及其倉卒，取之爲易。且隆替命也，[2]卿勿復言。”光於是自率步騎三萬，倍道兼行。既至，攻之二旬，晃將寇顗斬關納光，於是誅彭晃。王穆以其黨索嘏爲敦煌太守，[3]既而忌其威名，率衆攻嘏。光聞之，謂諸將曰：“二虜相攻，此成擒也。”光將攻之，衆咸以爲不可。光曰：“取亂侮亡，武之善經，不可以累征之勞而失永逸之舉。”率步騎二萬攻酒泉，克之，進次涼興。[4]穆引師東還，路中衆散，穆單騎奔騂馬，[5]騂馬令郭文斬首送之。

[1]張掖：郡名，西漢置，治所在觻得縣（今甘肅省張掖市西北），晋改觻得縣名永平縣（今甘肅省張掖市西北）。

[2]隆替：盛衰，興廢。

[3]敦煌：郡名，治所在敦煌縣（今甘肅省敦煌市西）。

[4]涼興：縣名，治所在今甘肅省瓜州縣東。

[5]騂馬：縣名，治所在今甘肅省酒泉市境内。《資治通鑑》卷一〇七《晋紀》太元十二年胡三省注：“騂馬縣，屬酒泉郡，蓋魏晋間所置也。”

是時麟見金澤縣，[1]百獸從之，光以爲己瑞，以孝武太元十四年僭即三河王位，置百官自丞郎已下，赦其境内，年號麟嘉。光妻石氏、子紹、弟德世至自仇池，[2]光迎於城東，大饗群臣。遣其子左將軍他、武賁中郎將纂討北虜匹勤於三巖山，[3]大破之。立妻石氏爲王妃，子紹爲世子。讌其群臣於内苑新堂。太廟新成，追尊其高祖爲敬公，曾祖爲恭公，祖爲宣公，父爲景昭王，母曰昭烈妃。其中書侍郎楊穎上疏，[4]請依三代故事，追尊吕望爲始祖，[5]永爲不遷之廟，光從之。

[1]金澤縣：治所在今甘肅省張掖市南。

[2]仇池：位於今甘肅省西和縣西仇池山上，又名百頃池。

[3]遣其子左將軍他、武賁中郎將纂：中華本校勘記："舉正：'下吕超及隆殺吕纂，吕緯説他擊之。他妻梁氏曰："緯、超俱兄弟之子。"又他謂緯曰："吾老矣。"而超告他呼爲"叔父"。夫隆爲光弟寶之子，超乃隆弟。使他爲光子，則超爲從兄弟，不應稱叔父；而是時光没甫三年，他亦不應言老，并以超爲兄弟之子。尋前後文義，當爲光弟，非子也。'按：《舉正》説是，'子'字當在'武賁中郎將纂'上，此處當作'弟'。"　左將軍：官名，漢代爲重號將軍，與前、後、右將軍並爲上卿。魏晋時爲常設官職，權位較兩漢漸低，僅爲武官名號，略高於一般雜號將軍，不典禁兵。晋三品。　武賁中郎將：官名，光禄勛屬官，統率宿衛兵。"武"爲唐人避"虎"之字。　匹勤：勤，殿本作"勒"。

[4]中書侍郎：官名，三國魏文帝黄初初年設中書省，在長官中書監、中書令以下有通事郎，後增設中書郎，亦稱中書侍郎。掌草擬詔書，外出執行重要使命等。晋五品。

[5]吕望：又稱太公望、吕尚。西周開國大臣，姜姓，吕氏，字子牙。助文王興國，佐武王滅商。

是歲，張掖督郵傅曜考覈屬縣，[1]而丘池令尹興殺之，[2]投諸空井。曜見夢於光曰："臣張掖郡小吏，案校諸縣，而丘池令尹興贓狀狼藉，[3]懼臣言之，殺臣投於南亭空井中。臣衣服形狀如是。"光寤而猶見，久之乃滅。遣使覆之如夢，光怒，殺興。著作郎段業以光未能揚清激濁，[4]使賢愚殊貫，因療疾於天梯山，[5]作表志詩九嘆、七諷十六篇以諷焉。光覽而悦之。

[1]督郵：官名，郡府屬吏。本名督郵書掾，或謂督郵曹掾，省稱郵掾、督郵。掌督送郵書，此外還代表郡守督查諸縣、宣達教令，兼及按擊盜賊、點録囚徒、催繳租賦等。不由朝廷任命，守相自辟，職權甚重。督郵分部，有二部、三部、四部、五部不等。其職名或冠以東西南北中，或稱五部督郵。

[2]丘池：中華本校勘記："洪亮吉《十六國疆域志》一〇：'按兩漢張掖有氐池縣。《晋書·武帝紀》泰始三年四月"張掖太守焦勝上言，氐池大神谷口有玄石一所，白畫成文"。是晋初有氐池縣，本未嘗省。《地理志》失載也。"丘池"即"氐池"之誤。'按：《禿髮烏孤載記》《傉檀載記》《沮渠蒙遜載記》並見'氐池'，洪説是。"

[3]贓狀狼藉：贓，原本作"臧"，宋本、殿本作"贓"，據宋本、殿本改。

[4]著作郎：官名，三國時爲著作局長官，隸屬中書省。西晋時著作局别自署省，長官仍爲著作郎，改隸屬秘書省。西晋後亦稱大著作郎、大著作、著作，掌國史及起居注的修撰。兩晋南北朝時爲清要之官，多由有名望的文學之士擔任，也用司空、侍中、尚書等官典領。職閑位重，南朝時多爲貴族起家官。晋六品。

[5]天梯山：即今甘肅省天祝藏族自治縣西北天梯山。

南羌彭奚念入攻白土，[1]都尉孫峙退奔興城。光遣其南中郎將吕方及其弟右將軍吕寶、振威楊範、强弩竇苟討乞伏乾歸於金城。[2]方屯河北，寶進師濟河，爲乾歸所敗，寶死之。武賁吕纂、强弩竇苟率步騎五千南討彭奚念，戰於盤夷，大敗而歸。光親討乾歸、奚念，遣纂及揚武楊軌、建忠沮渠羅仇、建武梁恭軍於左南。奚念大懼，於白土津累石爲堤，[3]以水自固，遣精兵一萬距守河津。光遣將軍王寶潛趣上津，夜度湟河。[4]光濟自石堤，攻克枹罕，[5]奚念單騎奔甘松，[6]光振旅而旋。

[1]白土：縣名，治所在今青海省循化撒拉族自治縣北黄河北岸。

[2]南中郎將：官名，與東、西、北中郎將並稱四中郎將，統兵征戰，權職甚重。晋四品。　右將軍：官名，漢代重號將軍之一，與前、左、後將軍並爲上卿。魏晋時常設，權位漸低，僅爲武官名號，略高於一般雜號將軍。晋三品。　强弩：官名，即强弩將軍，兩漢爲雜號將軍，省置無常。三國魏末司馬昭置以掌宿衛。西晋武帝太康十年（289）立弩營，以爲長官，充任皇帝侍衛。晋四品。　乞伏乾歸：十六國時西秦主，本書卷一二五有載記。

[3]白土津：古黄河渡口，位於今青海省循化撒拉族自治縣境内。

[4]湟河：湟水，又稱西寧河、洛都水。即今黄河上游支流湟水，源出青海省青海湖東北。

[5]枹罕：縣名，治所在今甘肅省臨夏縣西南。

[6]甘松：地名，在今甘肅省迭部縣一帶。

初，光徙西海郡人於諸郡，[1]至是，謡曰：“朔馬心何悲？念舊中心勞。燕雀何徘徊？意欲還故巢。”頃之，遂相扇動，復徙之於西河樂都。[2]

[1]西海郡：治所在居延縣（今内蒙古自治區額濟納旗東南）。

[2]西河：地區名，即河西，今甘肅、青海二省之間黄河南段以西地區，即河西走廊、湟水流域一帶。　樂都：郡名，治所在今青海省海東市樂都區。都，宋本作“郡”，殿本作“部”。

群議以高昌雖在西垂，地居形勝，外接胡虜，易生翻覆，宜遣子弟鎮之。光以子覆爲使持節、鎮西將軍、都督玉門已西諸軍事、西域大都護，[1]鎮高昌，命大臣子弟隨之。

[1]鎮西將軍：官名，與鎮東、鎮南、鎮北將軍合稱四鎮將軍。多爲持節都督，出鎮方面。曹魏二品。晋改三品，加持節都督者二品。　都督玉門已西諸軍事：玉門以西地區最高軍事行政長官。　西域大都護：官名，即西域都護，加“大”字以示地位高。十六國前趙、後凉均置。

光於是以太元二十一年僭即天王位，大赦境内，改年龍飛。立世子紹爲太子，諸子弟爲公侯者二十人。中書令王詳爲尚書左僕射，[1]段業等五人爲尚書。[2]

[1]中書令：官名，掌收納尚書奏事，傳達皇帝詔旨。三國魏文帝初年分秘書置中書省，設中書監和中書令，職權甚重。晋三品。　尚書左僕射：官名，尚書省次官，輔助尚書令執行政務，参議大政、諫諍得失、監察糾彈百官。有時尚書省不置令，衹設左右僕射，此時左僕射居右僕射之上。晋三品。

[2]尚書：官名，東漢尚書臺六曹各置尚書，秩六百石。魏晋出爲朝官，分掌尚書省諸曹，品秩提高。晋三品。

乾歸從弟軻彈來奔，光下書曰："乾歸狼子野心，前後反覆。朕方東清秦趙，勒銘會稽，[1]豈令豎子鴟峙洮南！[2]且其兄弟内相離間，可乘之機，勿過今也。其敕中外戒嚴，朕當親討。"光於是次於長最，[3]使吕纂率楊軌、竇苟等步騎三萬攻金城。乾歸率衆二萬救之。光遣其將王寶、徐炅率騎五千邀之，乾歸懼而不進。光又遣其將梁恭、金石生以甲卒萬餘出陽武下峽，[4]與秦州刺史没奕于攻其東，[5]光弟天水公延以枹罕之衆攻臨洮、武始、河關，[6]皆克之。吕纂克金城，擒乾歸金城太守衛鞬，鞬瞋目謂光曰："我寧守節斷頭，不爲降虜也。"光義而免之。乾歸因大震，泣嘆曰："死中求生，正在今日也。"乃縱反間，稱乾歸衆潰，東奔成紀。[7]吕延信之，引師輕進。延司馬耿稚諫曰："乾歸雄勇過人，權略難測，破王廣，克楊定，皆羸師以誘之，雖蕞爾小國，亦不可輕也。困獸猶鬥，况乾歸而可望風自散乎！且告者視高而色動，必爲奸計。而今宜部陣而前，步騎相接，徐待諸軍大集，可一舉滅之。"延不從，與乾歸相遇，戰敗，死之。耿稚及將軍姜顯收集散卒，屯於枹罕。光還於姑臧。

[1]會稽：郡名，治所在山陰縣（今浙江省紹興市）。

[2]鴟峙：像鴟鴞一樣相持對立。　洮南：洮水之南。洮水，即今甘肅省境内黄河支流洮河。

[3]長最：地名，在今甘肅省永登縣南。

[4]陽武：《資治通鑑》卷一〇九《晋紀》安帝隆安元年："光又遣其將梁恭等以甲卒萬餘出陽武下峽。"胡三省注："陽武下峽在高平西，河水所經也。"高平在今寧夏回族自治區固原市一帶。《資治通鑑》卷一一二《晋紀》安帝隆安五年："魏主珪遣常山王遵、定陵公和跋帥衆五萬襲没弈干於高平。"胡三省注："高平，漢屬安定，魏收志屬涇州新平郡。又原州有高平郡；酈道元云：高平川西南去安定三百四十里。"

[5]没奕于：奕，原本、宋本作"弈"，殿本作"奕"，據殿本改。

[6]武始：郡名，治所在狄道縣（今甘肅省臨洮縣）。　河關：縣名，治所在今甘肅省積石山保安族東鄉族撒拉族自治縣西北長寧驛古城。

[7]成紀：縣名，治所在今甘肅省静寧縣西南治平河西岸。

光荒耄信讒，殺尚書沮渠羅仇、三河太守沮渠麴粥。[1]羅仇弟子蒙遜叛光，[2]殺中田護軍馬邃，[3]攻陷臨松郡，屯兵金山，大爲百姓之患。蒙遜從兄男成先爲將軍，守晋昌，[4]聞蒙遜起兵，逃奔貲虜，[5]扇動諸夷，衆至數千，進攻福禄、建安。[6]寧戎護軍趙策擊敗之，[7]男成退屯樂涫。[8]吕纂敗蒙遜于忽谷。[9]酒泉太守壘澄率將軍趙策、趙陵步騎萬餘討男成于樂涫，戰敗，澄、策死之。男成進攻建康，説太守段業曰："吕氏政衰，權臣擅命，刑罰失中，人不堪役，一州之地，叛者連城，瓦解之形，[10]昭然在目，百姓嗷然，無所宗附。府君豈可以蓋世之才，而立忠於垂亡之世！男成等既唱大義，[11]欲屈府君撫臨鄙州，使塗炭之餘蒙來蘇之惠。"[12]業不從。相持二旬而外救不至，郡人高逵、史惠等言於業曰："今孤城獨立，臺無救援，府君雖心過田單，[13]而地非即墨，[14]宜思高算，轉禍爲福。"業先與光侍中房晷、僕射王詳不平，[15]慮不自容，乃許之。男成等推業爲大都督、龍驤大將軍、涼州牧、建康公。[16]光命吕纂討業，沮渠蒙遜進屯臨洮，爲業聲勢。戰于合離，[17]纂師大敗。

[1]三河：郡名，治所在白土縣（今青海省循化撒拉族自治縣北黄河北岸）。

[2]蒙遜：盧水胡人，十六國北凉主，本書卷一二九有載記。

[3]護軍：官名，軍事要鎮長官，管理轄區軍事民政，職掌與郡守相類。晋四品。

[4]晋昌：郡名，治所在冥安縣（今甘肅省瓜州縣鎖陽城鎮）。

[5]貲虜：西北地區少數民族泛稱。《太平寰宇記》卷一八八《四夷·吐谷渾》："青海西十五里，有地方數千里。其西北諸雜種謂之阿貲虜。"

[6]福禄：縣名，治所在今甘肅省酒泉市。　建安：建安城，位於今甘肅省成縣北。

[7]寧戎護軍：官名，統兵，常隨征伐目的而置。

[8]樂涫：縣名，治所在今甘肅省酒泉市東南。

[9]忽谷：中華本校勘記："《通鑑》一〇九'忽谷'作'忽谷'。"

[10]瓦解之形：形，殿本作"勢"。

[11]唱大義：唱，殿本作"倡"。

[12]來蘇：謂因其來而於困苦中獲得蘇息。

[13]田單：戰國時齊國臨淄（今山東省淄博市東北）人，初爲臨淄市掾。燕將樂毅伐齊，連下七十餘城，國都臨淄失守。田單

堅守即墨，阻止了燕軍進軍步伐。又用反間計，使燕國以騎劫代替樂毅。繼而用火牛陣大敗燕軍，盡復所失之城。

[14]即墨：縣名，治所在今山東省平度市東南。

[15]僕射：官名，即尚書僕射。秦漢爲尚書令副貳，東漢建安四年（199）分置左、右，爲尚書省次官。晋三品。

[16]大都督：官名，高級軍事長官。三國初作爲加官於戰時臨時設置，後逐漸成爲常設加官官職，地位極高。　龍驤大將軍：官名，西晋置，禄賜與特進同。十六國後趙、後涼亦置。晋二品，開府位從公者一品。

[17]合離：即今甘肅省高臺縣、張掖市北境的合黎山。

光散騎常侍、太常郭黂明天文，[1]善占候，謂王詳曰："於天文，涼之分野將有大兵。主上老病，太子冲暗，[2]纂等凶武，一旦不諱，必有難作。以吾二人久居内要，常有不善之言，恐禍及人，深宜慮之。田胡王氣乞機部衆最强，[3]二苑之人多其故衆。吾今與公唱義，推機爲主，則二苑之衆盡我有也。克城之後，徐更圖之。"詳以爲然。夜燒光洪範門，二苑之衆皆附之，詳爲内應。事發，光誅之。黂遂據東苑以叛。光馳使召纂，諸將勸纂曰："業聞師迴，必躡軍後。若潛師夜還，庶無後患矣。"纂曰："業雖憑城阻衆，無雄略之才，若夜潛還，張其奸志。"乃遣使告業曰："郭黂作亂，吾今還都。卿能决者，可出戰。"於是引還。業不敢出。纂司馬楊統謂其從兄桓曰："郭黂明善天文，起兵其當有以。京城之外非復朝廷之有，纂今還都，復何所補！統請除纂，勒兵推兄爲盟主，西襲吕弘，據張掖以號令諸郡，亦千載一時也。"桓怒曰："吾聞臣子之事君親，有隕無二，吾未有包胥存救之效，[4]豈可安榮其禄，亂增其難乎！吕宗若敗，吾爲弘演矣。”[5]統懼，至番禾，[6]遂奔郭黁。黁遣軍邀纂于白石，[7]纂大敗。光西安太守石元良率步騎五千赴難，[8]與纂共擊黁軍，破之，遂入于姑臧。黁之叛也，得光孫八人於東苑。及軍敗，恚甚，悉投之於鋒刃之上，枝分節解，飲血盟衆，衆皆掩目不忍視之，黁悠然自若。

[1]太常：官名，漢代稱奉常，本掌禮樂宗廟、社稷祭祀，魏晋時此職掌歸尚書裁定，太常成爲閑職。晋三品。　郭黁：本書卷九五有傳。

[2]冲暗：年幼蒙昧。

[3]王氣乞機：中華本校勘記：“周校：《藝術・郭黁傳》及《秃髮載記》俱作‘王乞基’，‘機’‘基’同音通用。‘氣’古爲‘气’，今爲‘乞’，一字誤書，當去其一。參卷九五校記。”

[4]包胥：申包胥，春秋時楚國人，與伍員是好朋友。伍員受迫害逃離楚國，臨行對申包胥説：“我一定顛覆楚國。”申包胥説：“您能颠覆楚國，我一定能復興楚國。”後伍員率吴軍在柏舉大敗楚軍，攻入郢都。申包胥入秦告急，求救於秦。秦不許。包胥立於秦廷，晝夜哭，七日七夜不絶其聲。秦哀公憐之，乃發兵救楚擊吴。敗吴兵於稷。

[5]弘演：春秋時衛人。《吕氏春秋・忠廉》：“衛懿公有臣曰弘演，有所於使。翟人攻衛，其民曰：‘君之所予位禄者鶴也，所貴富者宫人也，君使宫人與鶴戰，余焉能戰！’遂潰而去。翟人至，及懿公於榮澤，殺之，盡食其肉，獨舍其肝。弘演至，報使於肝，畢，呼天而啼，盡哀而止，曰：‘臣請爲褮。’因自殺，先出其腹實，内懿公之肝。”

[6]番禾：治所在番禾縣（今甘肅省永昌縣）。

[7]白石：地名，在今甘肅省武威市附近。吕纂死於武威，墓曰白石陵，可證。

[8]西安：郡名，治所在西安城（今甘肅省張掖市東南）。

麐推後將軍楊軌爲盟主，[1]軌自稱大將軍、凉州牧、西平公。吕纂擊麐將王斐於城西，大破之，自是麐勢漸衰。光遣楊軌書曰："自羌胡不靖，郭麐叛逆，南藩安否，音問兩絶。行人風傳，[2]云卿擁逼百姓，爲麐脣齒。卿雅志忠貞，有史魚之操，[3]鑒察成敗，遠侔古人，豈宜聽納奸邪，以虧大美！陵霜不彫者松柏也，臨難不移者君子也，何圖松柏彫於微霜，鷄鳴已於風雨！郭麐巫卜小數，時或誤中，考之大理，率多虛謬。朕宰化寡方，澤不逮遠，致世事紛紜，百城離叛。戮力一心，同濟巨海者，望之於卿也。今中倉積粟數百千萬，東人戰士一當百餘，入則言笑晏晏，出則武步凉州，吞麐咀業，綽有餘暇。但與卿形雖君臣，心過父子，欲全卿名節，不使貽笑將來。"軌不答，率步騎二萬北赴郭麐。至姑臧，壘于城北。軌以士馬之盛，議欲大决成敗，麐每以天文裁之。吕弘爲段業所逼，光遣吕纂迎之。軌謀於衆曰："吕弘精兵一萬，若與光合，則敵强我弱。養獸不討，將爲後患。"遂率兵邀纂，纂擊敗之。郭麐聞軌敗，東走魏安，遂奔於乞伏乾歸。楊軌聞麐走，南奔廉川。[4]

[1]後將軍：官名，漢代爲重號將軍，與前、左、右將軍並爲上卿。魏晋以後權位漸低，僅爲將軍名號，略高於一般雜號將軍。

晋三品。

［2］行人：使者通稱。

［3］史魚：春秋時衛國人，名佗，字子魚，官太祝，故稱祝佗。善於辭令，諳熟歷史典章制度，又稱史魚。多次直言相諫衛靈公，甚至臨死時都勸衛靈公進賢去佞，孔子稱讚説："直哉史魚，邦有道如矢，邦無道如矢。"

［4］廉川：地名，在今青海省民和回族土族自治縣西北。

光疾甚，[1]立其太子紹爲天王，自號太上皇帝。以吕纂爲太尉，吕弘爲司徒。[2]謂紹曰："吾疾病唯增，恐將不濟。三寇闚關，迭伺國隙。吾終之後，使纂統六軍，弘管朝政，汝恭己無爲，委重二兄，庶可以濟。若内相猜貳，釁起蕭牆，則晋趙之變旦夕至矣。"[3]又謂纂、弘曰："永業才非撥亂，直以正嫡有常，猥居元首。今外有强寇，人心未寧，汝兄弟緝穆，[4]則貽厥萬世。若内自相圖，則禍不旋踵。"纂、弘泣曰："不敢有二心。"光以安帝隆安三年死，時年六十三，[5]在位十年。[6]僞謚懿武皇帝，廟號太祖，墓號高陵。

［1］光疾甚：疾，殿本作"病"。

［2］司徒：官名，西漢哀帝元壽二年（前1）改丞相爲大司徒，東漢光武帝時改名爲司徒，東漢末又改爲丞相。三國魏恢復三公制，改丞相爲司徒，管理民政。兩晋沿制，爲八公之一，在太尉之下、司空之上。與丞相通職，一般不並置，爲名譽宰相。晋一品。

［3］晋趙之變：指西晋末年八王之亂、十六國後趙石勒死後石氏手足相殘之事。

［4］緝穆：和睦。

［5］時年六十三：中華本校勘記："《御覽》三八五引《凉州記》，謂光石氏建武四年生。按：石趙建武四年當晋咸康四年，至隆安三年，則是六十二歲。"

［6］在位十年：中華本校勘記："上文及《孝武紀》並云太元十四年即三河王位，隆安三年卒，應云'十一年'。"

呂纂

纂，字永緒，光之庶長子也。少便弓馬，好鷹犬。苻堅時入太學，[1]不好讀書，唯以交結公侯聲樂爲務。及堅亂，西奔上邽，[2]轉至姑臧，拜武賁中郎將，封太原公。

［1］太學：古代设於京城的最高學府，主要從事儒學教育。

［2］上邽：縣名，治所在今甘肅省天水市。

光死，呂紹秘不發喪，纂排閤入哭，盡哀而出。紹懼爲纂所害，以位讓之，曰："兄功高年長，宜承大統，願兄勿疑。"纂曰："臣雖年長，陛下，國家之冢嫡，不可以私愛而亂大倫。"紹固以讓纂，纂不許之。及紹嗣僞位，呂超言於紹曰："纂統戎積年，威震内外，臨喪不哀，步高視遠，觀其舉止亂常，恐成大變，宜早除之，以安社稷。"紹曰："先帝顧命，[1]音猶在耳，兄弟至親，豈有此乎！吾弱年而荷大任，方賴二兄以寧家國。縱其圖我，我視死如歸，終不忍有此意也，卿慎勿過言。"超曰："纂威名素盛，安忍無親，今不圖之，後必噬臍矣。"[2]紹曰："吾每念袁尚兄弟，[3]未曾不痛心忘寢食，寧坐而死，豈忍行之。”超曰：“聖人稱知機其神，[4]陛下臨機不斷，臣見大事去矣。”既而纂見紹於湛露堂，超執刀侍紹，目纂請收之，紹弗許。

［1］顧命：皇帝遺命。

［2］噬臍：自齧腹臍。喻後悔不及。《左傳·莊公六年》：“楚文王伐申，過鄧。鄧祁侯曰：‘吾甥也。’止而享之。騅甥、聃甥、養甥請殺楚子，鄧侯弗許。三甥曰：‘亡鄧國者，必此人也。若不早圖，後君噬齊，其及圖之乎？圖之，此爲時矣。’鄧侯曰：‘人將不食吾餘。’對曰：‘若不從三臣，抑社稷實不血食，而君焉取餘？’弗從。還年，楚子伐鄧。十六年，楚復伐鄧，滅之。”

［3］袁尚：字顯甫，東漢末袁紹少子。袁紹死後，逢紀等人矯稱袁紹遺命立袁尚爲嗣。其兄袁譚不服，乃自稱車騎將軍，出軍黎陽與袁尚争位，并在曹兵援助下打敗袁尚。

［4］稱知機其神：機，殿本作“幾”。下文“臨機不斷”同。

初，光欲立弘爲世子，會聞紹在仇池，乃止，弘由是有憾於紹。遣尚書姜紀密告纂曰：“先帝登遐，主上闇弱，兄總攝内外，威恩被于遐邇，輒欲遠追廢昌邑之義，[1]以兄爲中宗何如？”[2]纂於是夜率壯士數百，逾北城，攻廣夏門，弘率東苑之衆斫洪範門。左衛齊從守融明觀，[3]逆問之曰：“誰也？”衆曰：“太原公。”從曰：“國有大故，主上新立，太原公行不由道，夜入禁城，將爲亂邪？”因抽劍直前，斫纂中額。纂左右擒之，纂曰：“義士也，勿殺。”紹遣武賁中郎將吕開率其禁兵距戰於端門，驍騎吕超率卒二千赴之。衆素憚纂，悉皆潰散。

[1]昌邑：即西漢昌邑王劉賀，漢武帝孫，襲父爵爲昌邑王。昭帝死後被霍光立爲帝，旋即廢黜，宣帝時封爲海昏侯。

[2]中宗：西漢宣帝。

[3]左衛：官名，即左衛將軍。三國魏咸熙二年（265），司馬炎即晋王位，分中衛將軍爲左、右衛將軍。掌佽飛虎賁及前驅、由基、强弩三部司馬，屬下還有虎賁、羽林、上騎、異力、命中五部督，負責宫禁侍衛。西晋屬中軍將軍，後屬領軍將軍。爲禁衛軍主要統帥之一，權任很重。晋四品。

纂入自青角門，升于謙光殿。紹登紫閣自殺，吕超出奔廣武。纂憚弘兵强，[1]勸弘即位。弘曰："自以紹弟也而承大統，衆心不順，是以違先帝遺敕，慚負黄泉。今復越兄而立，何面目以視息世間！大兄長且賢，威名振于二賊，宜速即大位，以安國家。"纂以隆安四年遂僭即天王位，[2]大赦境内，改元爲咸寧。謚紹爲隱王。以弘爲使持節、侍中、大都督、都督中外諸軍事、大司馬、車騎大將軍、司隸校尉、録尚書事，[3]改封番禾郡公，其餘封拜各有差。

[1]兵强：强，宋本作"疆"。

[2]纂以隆安四年遂僭即天王位：中華本校勘記："吕光死於隆安三年十二月，吕紹立五日而自殺，纂即位即在本年十二月内。《御覽》一二五引《後凉録》稱纂改龍飛四年爲咸寧元年。龍飛四年即晋隆安三年。可證其即位改元在隆安三年歲末。此作'四年'誤。"

[3]都督中外諸軍事：官名，亦稱都督中外諸軍。全國最高軍事統帥，總統中央地方的内外諸軍，權力極大。　大司馬：官名，

八公之一，位在上公之下、大將軍及三公之上，高級將帥，多爲大臣加官。晋一品。　車騎大將軍：官名，西晋置，位在車騎將軍之上，多授予元老重臣，以示尊崇。開府置僚屬，一般不領兵。晋二品，開府位從公者一品。　司隸校尉：官名，三國魏時先治弘農，後治河南，轄司州所屬河南、河東、河内、弘農、平陽五郡。掌監察京師、糾察京都百官。西晋沿置。晋三品。　録尚書事：官名，初爲職銜名，重臣加此名義始得總知國事，綜理政務，成爲真宰相。魏晋多以公卿權重者居之，總領尚書省政務，凡重號將軍、刺史皆得命曹授用，位在三公之上。

纂謂齊從曰："卿前斫我，一何甚也！"從泣曰："隱王先帝所立，陛下雖應天順時，而微心未達，唯恐陛下不死，[1]何謂甚也！"纂嘉其忠，善遇之。纂遣使謂征東吕方曰：[2]"超實忠臣，義勇可嘉，但不識經國大體，權變之宜。方賴其忠節，誕濟世難，可以此意諭之。"超上疏陳謝，纂復其爵位。

[1]唯恐：唯，宋本作"惟"。

[2]征東：官名，即征東將軍。東漢末置，與征西、征南、征北將軍並稱四征將軍。三國魏時多爲持節都督，出鎮方面。晋三品，加持節都督者二品。

吕弘自以功名崇重，恐不爲纂所容，纂亦深忌之。弘遂起兵東苑，劫尹文、楊桓以爲謀主，請宗燮俱行。燮曰："老臣受先帝大恩，位爲列棘，[1]不能隕身授命，[2]死有餘罪，而復從殿下，親爲戎首者，豈天地所容乎！且智不能謀，衆不足恃，將焉用之！"弘曰："君爲義士，我爲亂臣！”乃率兵攻纂。纂遣其將焦辨擊弘，弘衆潰，出奔廣武。纂縱兵大掠，以東苑婦女賞軍，弘之妻子亦爲士卒所辱。纂笑謂群臣曰：“今日之戰何如？”其侍中房晷對曰：“天禍涼室，釁起戚藩。先帝始崩，隱王幽逼，山陵甫訖，[3]大司馬驚疑肆逆，京邑交兵，友于接刃。[4]雖弘自取夷滅，亦由陛下無棠棣之義。[5]宜考己責躬，以謝百姓，而反縱兵大掠，幽辱士女。釁自由弘，百姓何罪！且弘妻，陛下之弟婦也；弘女，陛下之姪女也，奈何使無賴小人辱爲婢妾。天地神明，豈忍見此！”遂歔欷悲泣。纂改容謝之，召弘妻及男女于東宫，厚撫之。吕方執弘繫獄，馳使告纂，纂遣力士康龍拉殺之。是月，立其妻楊氏爲皇后，以楊氏父桓爲散騎常侍、尚書左僕射、涼都尹，[6]封金城侯。

[1]列棘：相傳周代朝廷内樹棘，以定卿大夫公侯等之位置，後因稱位列公卿者爲“登列棘”或“列棘”。

[2]隕身：隕，殿本作“殞”。

[3]山陵：皇帝陵墓。

[4]友于：借指兄弟。

[5]棠棣：典出《詩·小雅·常棣》篇，是一首申述兄弟應該互相友愛的詩。

[6]涼都尹：後涼都城行政長官。

纂將伐禿髮利鹿孤，[1]中書令楊穎諫曰：“夫起師動衆，必參之天人，苟非其時，聖賢所不爲。禿髮利鹿孤上下用命，國未有釁，不可以伐。宜繕甲養鋭，勸課農殖，待可乘之機，然後一舉蕩滅。比年多事，公私罄竭，不深根固本，恐爲患將來，願抑赫斯之怒，思萬全之算。”纂不從。度浩亹河，[2]爲鹿孤弟傉檀所敗，[3]遂西襲張掖。姜紀諫曰：“方今盛夏，百姓廢農，所利既少，所喪者多。若師至嶺西，虜必乘虚寇抄都下，宜且迴師以爲後圖。”纂曰：“虜無大志，聞朕西征，正可自固耳。今速襲之，可以得志。”遂圍張掖，略地建康。聞傉檀寇姑臧，乃還。

[1]禿髮利鹿孤：十六國南凉主，本書卷一二六有載記。

[2]浩亹河：即今青海省境内湟水支流大通河。

[3]傉檀：禿髮傉檀，十六國南凉主，本書卷一二六有載記。

即序胡安據盗發張駿墓，[1]見駿貌如生，得真珠篚、琉璃榼、白玉樽、赤玉簫、紫玉笛、珊瑚鞭、馬腦鐘，[2]水陸奇珍不可勝紀。纂誅安據黨五十餘家，遣使吊祭駿，并繕修其墓。

[1]張駿：字公庭，本書卷八六有傳。

[2]真珠篚：中華本校勘記：“《册府》九三〇‘篚’作‘簾’。《御覽》三五九引《後凉録》，七〇〇、七〇一引《凉州記》，八〇二引《晋書》並作‘簾’。疑‘篚’字訛。”　榼（kē）：古代盛酒或貯水的器具。　樽：酒器。　鐘：宋本、殿本作“鍾”。

道士句摩羅耆婆言於纂曰：“潜龍屢出，豕犬見妖，將有下人謀上之禍，宜增修德政，以答天戒。”纂納之。

耆婆，即羅什之别名也。

纂游田無度，荒耽酒色，其太常楊穎諫曰："臣聞皇天降鑒，唯德是與。[1]德由人弘，天應以福，故勃焉之美奄在聖躬。[2]大業已爾，宜以道守之，廓靈基於日新，邀洪福於萬祀。自陛下龍飛，疆宇未闢，崎嶇二嶺之内，綱維未振於九州。當兢兢夕惕，[3]經略四方，成先帝之遺志，拯蒼生於荼蓼。而更飲酒過度，出入無恒，宴安游盤之樂，沉湎樽酒之間，不以寇仇爲慮，竊爲陛下危之。糟丘酒池，[4]洛汭不返，[5]皆陛下之殷鑒。臣蒙先帝夷險之恩，故不敢避干將之戮。"[6]纂曰："朕之罪也。不有貞亮之士，誰匡邪僻之君！"然昏虐自任，終不能改。常與左右因醉馳獵於坑澗之間，殿中侍御史王回、中書侍郎王儒扣馬諫曰：[7]"千金之子坐不垂堂，[8]萬乘之主清道而行，奈何去輿輦之安，冒奔騎之危！銜橜之變，[9]動有不測之禍。愚臣竊所不安，敢以死争。願陛下遠思袁盎攬轡之言，不令臣等受譏千載。"纂不納。

[1]唯德是與：唯，宋本、殿本作"惟"。

[2]勃焉之美：《左傳·莊公十一年》："臧文仲曰：'宋其興乎。禹、湯罪己，其興也勃焉；桀、紂罪人，其亡也忽焉……'"

[3]兢兢夕惕：殿本第一個"兢"字作"競"。

[4]糟丘酒池：《史記》卷三《殷本紀》載，商紂王"以酒爲池，縣肉爲林"。張守節正義引《括地志》："酒池在衛州衛縣西二十三里。太公六韜云紂爲酒池，迴船糟丘而牛飲者三千餘人爲輩。"

[5]洛汭：位於今河南省鞏縣境，即洛水入黄河處。

[6]干將：古劍名。《吴越春秋·闔閭内傳》載：春秋時吴國有干將、莫邪夫婦善鑄劍，干將鑄劍，五山之鐵精，六合之金英。候天伺地，陰陽同光，百神臨觀，天氣下降，而金鐵之精不化。干將妻莫邪乃斷發剪爪，投於爐中，使童女童男三百人鼓橐裝炭，金鐵乃濡。遂以成劍，陽曰干將，陰曰莫耶。

[7]殿中侍御史：官名，亦稱殿中御史，隸屬御史臺，掌糾察宫殿中違法。晋六品。

[8]千金之子坐不垂堂：《漢書》卷四九《袁盎傳》載，孝文帝想駕車從陡坡上冲下來，袁盎勸諫説："臣聞千金之子不垂堂，百金之子不騎衡，聖主不乘危，不徼幸。今陛下騁六飛，馳不測山，有如馬驚車敗，陛下縱自輕，奈高廟、太后何？"

[9]銜橜之變：指車馬傾覆的危險。亦喻意外發生的事故。《漢書》卷五七下《司馬相如傳下》："且夫清道而後行，中路而馳，猶時有銜橜之變。"顏師古注："張揖曰：'銜，馬勒銜也，橜，騑馬口長銜也。'橜謂車之鉤心也。銜橜之變，言馬銜或斷，鉤心或出，則致傾敗以傷人也。"

纂番禾太守吕超擅伐鮮卑思盤，思盤遣弟乞珍訴超於纂，纂召超將盤入朝。超至姑臧，大懼，自結於殿中監杜尚。[1]纂見超，怒曰："卿恃兄弟桓桓，欲欺吾也，要當斬卿，然後天下可定。"超頓首不敢。纂因引超及其諸臣讌于内殿。吕隆屢勸纂酒，已至昏醉，乘步輓車將超等游于内。[2]至琨華堂東閤，車不得過，纂親將竇川、駱騰倚劍於壁，推車過閤。超取劍擊纂，纂下車擒超，超刺纂洞胸，奔于宣德堂。川、騰與超格戰，超殺之。纂妻楊氏命禁兵討超，杜尚約兵舍杖。將軍魏益多入，斬纂首以徇曰："纂違先帝之命，殺害太子，荒耽酒獵，昵近小人，輕害忠良，以百姓爲草芥。番禾太守超以骨肉之親，懼社稷顛覆，已除之矣。上以安宗廟，下爲太子報仇。凡我士庶，同兹休慶。”

[1]殿中監：官名，三國魏置，掌殿中張設監護之事，領禁兵。兩晋及十六國後凉皆領禁兵，掌殿中宿衛，管理皇帝生活事務，亦代宣詔旨，地位雖低，頗有權勢。晋七品。

[2]步輓車：即步挽車。《資治通鑑》卷一一二《晋紀》安帝隆安五年：“纂醉，乘步輓車。”胡三省注：“步輓車不用牛馬若羊等，令人步而輓之。”

僞巴西公吕他、隴西公吕緯時在北城，或説緯曰：“超陵天逆上，士衆不附。明公以懿弟之親，投戈而起，姜紀、焦辨在南城，楊桓、田誠在東苑，皆我之黨也，何慮不濟！”緯乃嚴兵謂他曰：“隆、超弑逆，所宜擊之。昔田恒之亂，[1]孔子鄰國之臣，猶抗言於哀公，况今蕭牆有難，而可坐觀乎！”他將從之，他妻梁氏止之曰：“緯、超俱兄弟之子，何爲舍超助緯而爲禍首乎！”他謂緯曰：“超事已立，據武庫，擁精兵，圖之爲難。且吾老矣，無能爲也。”超聞而登城告他曰：[2]“纂信讒言，將滅超兄弟。超以身命之切，且懼社稷覆亡，故出萬死之計，爲國家唱義，叔父當有以亮之。”超弟邈有寵於緯，説緯曰：“纂殘國破家，誅戮兄弟，隆、超此舉應天人之心，正欲尊立明公耳。先帝之子，明公爲長，四海顒顒，人無異議。隆、超雖不達臧否，[3]終不以孽代宗，更圖異望也，願公勿疑。”緯信之，與隆、超結盟，單馬入城，超執而殺之。

[1]田恒之亂：《史記》卷六七《仲尼弟子列傳》載："宰我爲臨菑大夫，與田常作亂，以夷其族，孔子耻之。"田常亦稱田恒。

[2]聞而登城：殿本無"而"字。

[3]臧否：善恶得失。

初，纂嘗與鳩摩羅什棋，殺羅什子，曰："斫胡奴頭。"羅什曰："不斫胡奴頭，胡奴斫人頭。"超小字胡奴，竟以殺纂。纂在位三年，以元興元年死。[1]隆既篡位，僞謚纂靈皇帝，墓號白石陵。

[1]纂在位三年，以元興元年死：中華本校勘記："周校：《安帝紀》，纂死在隆安五年。按：《通鑑》一一二同《紀》，纂改元咸寧在隆安三年，在位三年正是隆安五年。《載記》既誤纂即位改元在隆安四年，故其死亦誤後一年。"

吕隆

隆，字永基，光弟寶之子也。美姿貌，善騎射。光末拜北部護軍，[1]稍歷顯位，有聲稱。

[1]北部護軍：官名，統兵武職。較大的郡國分南北部，北部護軍爲管理轄區軍事民政的長官，職掌與郡守相類。晋五品。

超既殺纂，讓位於隆，隆有難色。超曰："今猶乘龍上天，豈可中下！"隆以安帝元興元年遂僭即天王位。[1]超先於番禾得小鼎，[2]以爲神瑞，大赦，改元爲神鼎。追尊父寶爲文皇帝，母衛氏爲皇太后，妻楊氏爲皇后。以弟超有佐命之勛，拜使持節、侍中、都督中外諸軍事、輔國大將軍、司隸校尉、録尚書事，[3]封安定公。

[1]隆以安帝元興元年遂僭即天王位：中華本校勘記："周校：《紀》作隆安五年。按：《通鑑》一一二同《紀》。《御覽》一二五引《後凉録》，吕隆即位，'改咸寧三年爲神鼎元年'，咸寧三年即晋隆安五年，《魏書·太祖紀》隆立在天興四年，亦即隆安五年，此誤後一年。參上條校記。"

[2]先於番禾得小鼎：於，宋本、殿本作"以"。

[3]輔國大將軍：官名，高級統帥，禄與特進同。晋二品，開府位從公者一品。

隆多殺豪望，以立威名，内外囂然，人不自固。魏安人焦朗遣使説姚興將姚碩德曰："吕氏因秦之亂，制命此州，自武皇棄世，諸子競尋干戈，德刑不恤，殘暴是先，饑饉流亡，死者太半，唯泣訴昊天，而精誠無感。伏惟明公道邁前賢，任尊分陝，宜兼弱攻昧，經略此方，救生靈之沉溺，布徽政于玉門。纂奪之際，爲功不難。"遣妻子爲質。碩德遂率衆至姑臧。其部將姚國方言於碩德曰："今懸師三千，後無繼援，師之難也。宜曜勁鋒，示其威武。彼以我遠來，必决死距戰，可一舉而平。"碩德從之。吕超出戰，大敗，遁還。隆收集離散，嬰城固守。

時熒惑犯帝坐，[1]有群雀鬥于太廟，死者數萬。東人多謀外叛，將軍魏益多又唱動群心，乃謀殺隆、超，事發，誅之，死者三百餘家。於是群臣表求與姚興通好，隆弗許。吕超諫曰：“通塞有時，艱泰相襲，孫權屈身於魏，[2]譙周勸主迎降，[3]豈非大丈夫哉？勢屈故也。天錫承七世之資，樹恩百載，武旅十萬，謀臣盈朝，[4]秦師臨境，識者導以見機，而愎諫自專，社稷爲墟。前鑒不遠，我之元龜也。[5]何惜尺書單使，不以危易安！且令卑辭以退敵，然後内修德政，廢興由人，未損大略。”隆曰：“吾雖常人，屬當家國之重，不能嗣守成基，保安社稷，以太祖之業委之於人，何面目見先帝於地下！”超曰：“應龍以屈伸爲靈，大人以知機爲美。今連兵積歲，資儲内盡，强寇外逼，百姓嗷然無糊口之寄，假使張、陳、韓、白，[6]亦無如之何！陛下宜思權變大綱，割區區常慮。苟卜世有期，不在和好。若天命去矣，宗族可全。”隆從之，乃請降。碩德表隆爲使持節、鎮西大將軍、凉州刺史、建康公。[7]於是遣母弟愛子文武舊臣慕容筑、楊穎、史難、閻松等五十餘家質于長安，碩德乃還。姚興謀臣皆曰：“隆藉伯父餘資，制命河外。[8]今雖飢窘，尚能自支。若將來豐贍，終非國有。凉州險絶，世難先違，道清後順，不如因其飢弊而取之。”興乃遣使來觀虚實。

[1]熒惑：火星。

[2]孫權：吴郡富春（今浙江省杭州市富陽區）人，字仲謀。三國孫吴創建者。公元229至252年在位。

[3]譙周：三國蜀漢巴西西充（今四川省閬中市西南）人，字允南。蜀中儒學大師，歷任蜀漢勸學從事、典學從事、太子家令、

光禄大夫。後勸後主降魏。西晋時任騎都尉、散騎常侍等職。

[4]謀臣：殿本無此二字。

[5]元龜：可借鑒的往事。

[6]張：張良，秦末人，字子房，韓國貴族後裔。隨劉邦起兵反秦，爲重要謀士。屢出奇策，被劉邦譽爲“運籌帷幄之中，决勝千里之外”。劉邦稱帝後封爲留侯。　陳：陳平，秦末陽武（今河南省原陽縣東南）人，少治黄老之術。秦末天下大亂，先後事魏王咎、項羽，後歸劉邦。歷任都尉、亞將、護軍中尉，爲劉邦重要謀士，屢出奇計。漢朝建立後封户牖侯和曲逆侯。惠帝時歷任郎中令、左右丞相。吕后死，又與周勃等人誅除諸吕，迎立文帝。　韓信：秦末淮陰（今江蘇省淮安市淮陰區南）人，早年家貧，常從人寄食。後隨項羽起兵，因不受重用，轉投劉邦。受蕭何舉薦，拜大將軍。功勛卓著，爲漢初三傑之一。漢立封楚王，後貶爲淮陰侯。終爲吕后設計所殺。　白：白起，戰國郿（今陝西省眉縣東渭河北岸）人，一稱公孫起。戰國名將，歷任秦國左庶長、左更、國尉、大良造。先後攻韓國新城，破韓魏聯軍於伊闕，攻破楚都郢城，大破趙軍於長平，坑殺降卒四十餘萬。後因與范雎有隙，被免爲士伍，自殺。

[7]鎮西大將軍：官名，三國魏置，職掌與鎮西將軍同，唯資歷深者得任此職，不常置。晋二品，開府位從公者一品。

[8]河外：河西。

沮渠蒙遜又伐隆，隆擊敗之，蒙遜請和結盟，留穀萬餘斛以振飢人。姑臧穀價踴貴，斗直錢五千文，[1]人相食，餓死者十餘萬口。城門晝閉，樵采路絶，百姓請出城乞爲夷虜奴婢者日有數百。隆懼沮動人情，盡坑之，於是積屍盈于衢路。

[1]直錢五千文：直，殿本作“值”。

秃髮傉檀及蒙遜頻來伐之，隆以二寇之逼也，遣超率騎二百，多賫珍寶，請迎于姚興。興乃遣其將齊難等步騎四萬迎之。難至姑臧，隆素車白馬迎于道旁。使胤告光廟曰：[1]“陛下往運神略，開建西夏，德被蒼生，威振遐裔。枝嗣不臧，迭相篡弑。二虜交逼，將歸東京，謹與陛下奉訣於此。”歔欷慟泣，酸感興軍。隆率騎一萬，[2]隨難東遷，至長安，興以隆爲散騎常侍，公如故；超爲安定太守；[3]文武三十餘人皆擢叙之。其後隆坐與子弼謀反，爲興所誅。

[1]使胤告光廟曰：宋本、殿本“使”下有“吕”字。

[2]隆率騎一萬：中華本校勘記：“《御覽》一二五引《後凉録》、《通鑑》一一三‘騎’作‘户’。按：《姚興載記》云吕隆降後，‘興徙河西豪右萬餘户於長安’，即隆所率東遷之衆。作‘户’是。”

[3]安定：郡名，西漢置，治所在高平縣（今寧夏回族自治區固原市），東漢改治臨涇縣（今甘肅省鎮原縣東南），東晋改治安定縣（今甘肅省涇川縣北）。

吕光以孝武太元十二年定凉州，十五年僭立，至隆凡十有三載，[1]以安帝元興三年滅。[2]

[1]吕光以孝武太元十二年定凉州，十五年僭立，至隆凡十有三載：中華本校勘記：“所謂‘定凉州’，當指光據姑臧，稱酒泉公，事在太元十年（《孝武紀》在九年誤）。所謂‘僭立’，若指稱

‘三河王’，改元大赦，則在太元十四年，前有明文；若指稱‘天王’，則在二十一年，亦有明文。此處紀年誤。”

[2]以安帝元興三年滅：中華本校勘記：“《通鑑》一一三在‘二年’。按：《御覽》一二五引《後凉録》稱隆滅於神鼎三年，歲在癸卯，當晋元興二年。此作‘三年’亦誤後一年。”

史臣曰：自晋室不綱，[1]中原蕩析，苻氏乘釁，竊號神州。世明委質僞朝，位居上將，爰以心膂，受脤遐征。鐵騎如雲，出玉門而長騖；琱戈耀景，[2]捐金丘而一息。[3]蕞爾夷陬，[4]承風霧卷，宏圖壯節，亦足稱焉。屬永固運銷，群雄競起，班師右地，便有覬覦。於是要結六戎，潛窺雁鼎；并吞五郡，遂假鴻名。控黄河以設險，負玄漠而爲固，自謂克昌霸業，貽厥孫謀。尋而耄及政昏，親離衆叛，瞑目甫爾，釁發蕭墻。紹纂凡才，負乘致寇；弘超凶狡，職爲亂階；永基庸庸，面縛姚氏。昔竇融歸順，[5]榮焕累葉；隗囂干紀，[6]靡終身世。而光棄兹勝躅，遵彼覆車，十數年間，終致殘滅。向使矯邪歸正，革僞爲忠，鳴檄而蕃晋朝，仗義而誅醜虜，則燕秦之地可定，桓文之功可立，[7]郭麐、段業豈得肆其奸，蒙遜、烏孤無所窺其隙矣。而猥竊非據，何其謬哉！夫天地之大德曰生，聖人之大寶曰位。非其人而處其位者，其禍必速；在其位而忘其德者，其殃必至。天鑒非遠，庸可濫乎！

[1]晋室：晋，宋本作“漢”。

[2]琱戈：刻鏤之戈。亦爲戈的美稱。

[3]捐金丘而一息：放棄征伐西域的使命而暫時留在那裏。指苻堅命吕光征龜兹並帶鳩摩羅什回國，而吕光獲鳩摩羅什後聞苻堅死訊便留在涼州建立政權一事。金丘，西方，指西域。

[4]蕞爾：形容小。

[5]竇融：東漢初扶風平陵（今陝西省咸陽市西北）人，字周公。世代仕宦河西。新莽末任波水將軍。後歸降更始，任張掖屬國都尉。更始敗，又聯合酒泉、金城、張掖、敦煌、武威五郡，割據河西，稱行河西五郡大將軍事。東漢建武五年（29）歸附光武帝，歷任涼州牧、冀州牧、大司空、行衛尉事等職，並兼領將作大匠。

[6]隗囂：西漢末天水成紀（今甘肅省静寧縣西南）人，字季孟。新莽末年起兵，攻佔隴西、武都、酒泉等地。東漢建立後歸附劉秀，但内心圖謀割據。公孫述割據蜀地，隗囂予以響應配合，後因手下大將王遵等率兵十餘萬歸降東漢，因大勢已去，憂憤而死。

[7]桓：齊桓公，春秋時齊國國君，名小白，僖公之子，襄公之弟。公元前685至前643年在位。爲公子時因國家内亂出走至莒，襄公死後被迎回立爲國君。在位時任用管仲，改革内政，國力漸强。九合諸侯，尊王攘夷，成爲春秋五霸之首。　文：晋文公，名重耳，晋獻公之子，因受迫害而流亡在外十九年，歷盡艱難險阻。回國即位後改革朝政，加强軍備，國力漸强，終成春秋五霸之一。

贊曰：金行不競，[1]寶業斯屯。[2]瓜分九寓，沴聚三秦。吕氏伺隙，欺我人神。天命難假，終亦傾淪。

[1]金行：指晋朝。因晋朝以金德王，故稱。　不競：不振。

[2]寶業斯屯：國運逢灾。屯，卦名，《易·屯》："彖曰：'屯，剛柔始交而難生。'"